CONTACTS EXTRATERRESTRES

DU MÊME AUTEUR

E.T. Connection. Les extraterrestres sont parmi nous, Presses de la Cité, 1994.

PHÉNOMÈNES MYSTÉRIEUX
Collection dirigée par Gildas Bourdais

TIMOTHY GOOD

CONTACTS EXTRATERRESTRES

traduit de l'anglais
par Lise-Éliane Pomier

PRESSES DU CHÂTELET

Ce livre a été publié sous le titre
Alien Base
par Century, Londres, 1998.

Si vous désirez recevoir notre catalogue et être tenu au courant de nos publications, envoyez vos nom et adresse, en citant ce livre, aux Presses du Châtelet,
4, rue Chapon, 75003 Paris.
Et, pour le Canada, à
Édipresse Inc., 945, avenue Beaumont,
Montréal, Québec H3N 1W3.

ISBN 2-911217-53-5

Ce livre est dédié à Gordon Creighton, infatigable rédacteur en chef de *Flying Saucer Review*[1], magazine créé en 1955, auquel j'ai emprunté un certain nombre de témoignages. Creighton est l'un des derniers pionniers de cette science nouvelle qu'on appelle l'ufologie. Il s'est intéressé aux ovnis dès 1941, date à laquelle lui-même en a vu un, alors qu'il travaillait au consulat de Grande-Bretagne à Chongqing, en Chine. Agent des services secrets britanniques dans les années 50, il a eu connaissance de recherches ultra-secrètes menées conjointement par la RAF et l'armée de l'air des États-Unis. Tous ceux qui se passionnent pour les ovnis lui doivent beaucoup.

Avant-propos

Il ne se passe pas une semaine sans que la presse à sensation n'évoque d'horribles créatures aux yeux globuleux venues d'un autre monde pour enlever un malheureux humain et réaliser sur sa personne de sinistres expériences. Une pléthore de films, d'émissions télévisées et de magazines contribue à entretenir l'intérêt du public pour le phénomène ovni, mais aussi à multiplier le nombre des témoignages individuels.

Plusieurs ouvrages ont été publiés sur ce sujet. Ils ont suscité eux aussi quantité de nouveaux témoignages de personnes prétendant avoir été enlevées par de petites créatures grisâtres aux yeux proéminents (les « petits hommes gris »), avoir été arrachées de leur lit, jetées sans ménagement dans un vaisseau spatial et soumises à diverses expériences médicales ou chirurgicales telles que l'ablation des ovaires par de cruels extraterrestres bien décidés, de leur propre aveu, à créer une race hybride.

Pour avoir rencontré moi-même quelques-uns de ces « abductés », je suis convaincu que certains se sont effectivement trouvés en contact avec des formes de vie étranges ou étrangères. Toutefois, on peut légitimement se demander si la multiplicité de ces témoignages ne procède pas d'une sorte de phénomène de mode. On remarquera sans surprise que le nombre de ces récits, notamment en

Angleterre, a considérablement augmenté depuis la diffusion de la série *Aux frontières du réel.*

Un autre problème préoccupant est celui de la prolifération de soi-disant « psychothérapeutes », sans aucun bagage médical ni psychiatrique, qui mettent à profit cette situation pour organiser des « séances » d'hypnose censées aider toutes les personnes traumatisées par un enlèvement à y voir plus clair. « Ces prétendus enquêteurs commettent la redoutable erreur de laisser croire qu'ils comprennent cet immense mystère », déclare l'ufologue Whitley Strieber [1]. D'ailleurs, dit-il encore, « les rapports ainsi obtenus ne sont même pas exacts. Ils sont le fruit de l'hypnose et d'un conditionnement culturel [2] ».

Les histoires d'enlèvements extraterrestres sont à la mode, ce qui leur ôte beaucoup de crédibilité. L'une des raisons pour lesquelles j'ai décidé d'écrire ce livre est précisément la nécessité de rétablir l'équilibre, en rapportant des témoignages pratiquement oubliés, dont certains remontent aux années 20.

Il est aujourd'hui de bon ton d'afficher un certain mépris à l'égard des contactés, au motif que les messages que leur auraient confiés leurs « frères d'un autre monde » sont d'un banal évangélisme, et parce que l'image qu'ils donnent de ces créatures extraterrestres n'est pas conforme aux idées préconçues que nous en avons. Budd Hopkins, dont les intéressantes recherches sur les abductés sont par ailleurs des plus estimables, n'est pas exempt de ce travers :

> *Dans les années 50 et 60,* écrit-il, *un certain nombre de soi-disant contactés prétendaient avoir voyagé dans des soucoupes volantes en direction de Mars, Vénus ou d'un autre point de notre système solaire, et, une fois arrivés, avoir reçu de quelques superbes Frères ou Sœurs de l'espace des messages pacifistes et des mises en garde relatives à l'environnement. Ces récits, pour la plupart, avaient pour objet de distinguer leurs auteurs du commun des mortels, d'en faire des Terriens élus, objets des attentions des extraterrestres et détenteurs privilégiés de la sagesse de l'univers* [3].

C'est une vue un peu sommaire. D'abord, les premiers témoignages de rencontres avec des extraterrestres datent de bien avant les années 50. Ensuite, la plupart des contactés ne cherchent pas à attirer l'attention sur eux ; c'est même souvent tout le contraire. Enfin, aussi banal que cela paraisse, ce sont bien des « messages pacifistes et de mise en garde relative à l'environnement » que la plupart des abductés déclarent avoir entendus. Ils rapportent souvent des messages tout aussi banals. Du même coup, la distinction que certains tiennent à établir entre « abductés » et « contactés » est marginale et génératrice de confusion.

Il est trop facile de balayer d'un revers de main les récits de ces « contactés » en arguant qu'ils souffraient peut-être d'hallucinations ou d'un excès d'imagination. Il existe trop de points communs entre ces divers témoignages recueillis aux quatre coins du monde pour qu'on ne s'y intéresse pas de plus près. « On ne peut se contenter de rejeter en bloc ces récits, affirmait l'amiral Herbert Knowles en 1957. Ils contiennent peut-être d'authentiques informations. Il ne faut rien négliger si l'on veut parvenir à la vérité[4]. »

Dans mes précédents ouvrages, j'ai montré que la réticence des gouvernements à reconnaître la véracité de ces témoignages s'explique essentiellement par la peur du ridicule. Personne n'a envie d'avoir le mauvais rôle, surtout pas les dirigeants politiques et militaires. Ceux d'entre eux, et ils sont rares, qui ont bien voulu donner quelque crédit à ces témoignages, tels le président Ronald Reagan en 1987[5] ou Javier Pérez de Cuellar, ex-secrétaire général des Nations unies, dont on raconte qu'il a lui-même été enlevé avec ses gardes du corps en 1989[6], sont la risée des médias. En 1997, dans son autobiographie[7], sir Peter Horsley, général de corps aérien, qui fut pendant sept ans écuyer de la reine Élisabeth et du prince Philip, a révélé qu'en 1954, il s'était trouvé face à une créature très vraisemblablement extraterrestre. La réaction – prévisible – ne s'est pas fait attendre. « Mon Dieu... a éloquemment commenté un ex-officier du ministère de la Défense. Dire qu'il a fallu attendre quarante ans pour apprendre que l'homme qui avait le pouvoir d'appuyer sur le bouton rouge était la proie des petits hommes verts[8] ! » Thomas Stuttaford, dans un article du *Times* au ton infiniment condescendant, suggérait que le général avait probablement été abusé, ou qu'il souffrait d'hallucinations[9].

Mes propres enquêtes me conduisent à penser qu'un certain nombre de témoignages d'abductés et de contactés sont effectivement teintés d'affabulation. L'exemple d'Elizabeth Klarer, qui prétendait avoir donné naissance à un enfant engendré par un homme de l'espace, nommé « Akon », natif tantôt de Vénus, tantôt de Meton, une des planètes de Proxima du Centaure, est assez révélateur à cet égard[10]. Je suis persuadé que plusieurs des témoins que j'ai rencontrés ont sciemment ou non enjolivé leurs aventures, soit pour satisfaire leur ego, soit pour attirer l'attention sur eux. Cela n'enlève rien à la validité de leur récit initial.

Une autre des raisons pour lesquelles j'ai entrepris cette enquête était la nécessité de montrer que les extraterrestres appartiennent à des espèces plus variées qu'on ne le croit généralement, et que les « petits gris » n'ont fait leur apparition que très récemment. Superbes filles, gnomes informes, petits hommes verts... Tous ont leur place dans cet ouvrage.

La plupart des objections des sceptiques portent en général sur l'apparence anthropomorphique des extraterrestres :

> *L'une des principales raisons pour lesquelles j'ai beaucoup de mal à croire aux contacts extraterrestres,* écrit le célèbre auteur de science-fiction Arthur C. Clarke en 1997, *c'est que les occupants de ces mystérieux vaisseaux de l'espace ont toujours forme humaine ! Certes, on note des variantes – grands yeux, oreilles pointues... –, mais, dans l'ensemble, ils sont tous faits comme vous et moi. Si les extraterrestres existent, il y a toutes les chances pour qu'ils soient réellement autres[11] !*

Certaines créatures, telles les *chupacabras*, n'ont rien de commun avec les Terriens. Cependant, il est vrai que, pour des milliers de témoins, du moins au XXe siècle, les êtres qu'ils ont rencontrés étaient généralement humanoïdes. « Vous marquez un point, m'a répondu Clarke. Ce qui me chagrine, c'est qu'aucun E.T. ne se soit montré à moi. Quelle faute de goût impardonnable [12] ! » Et si, tout simplement, l'*Homo sapiens* était apparenté à une espèce extraterrestre ?

La plupart des anecdotes contenues dans ce livre sont inédites. Aux témoignages de contactés, j'ai ajouté des comptes rendus mal connus d'observateurs militaires ou civils, et des scènes de « réparation » de véhicules endommagés, ainsi que des récits de découvertes de corps ou d'appareils accidentés antérieures à l'incident de Roswell. Nous n'avons encore aucune preuve concrète à l'appui de ces diverses déclarations. Mais les présomptions, convenons-en, sont de plus en plus fortes.

En 1997, l'armée de l'air américaine a cru mettre un terme définitif à l'« affaire Roswell ». En 1947, un appareil inconnu et ses occupants avaient été retrouvés au Nouveau-Mexique par des militaires ; les corps, nous annonça-t-on, étaient en réalité des mannequins utilisés dans les années 50 pour tester les effets du parachutage en haute altitude sur l'organisme humain [13]. L'ennui, c'est que les premiers mannequins utilisés à cette fin n'ont été fabriqués que bien des années après l'incident, et qu'on peut se demander pourquoi l'explication a tant tardé. Car il ne faut pas être bien malin pour prendre un mannequin pour un extraterrestre. C'était à l'évidence une tentative du Pentagone pour tuer dans l'œuf l'intérêt du public pour l'ufologie, en détruisant l'une de ses icônes ; mais la tentative était si maladroite (autant que les déclarations de la CIA [14] expliquant que les prétendues rencontres des années 50 concernaient des avions espions) que le public a fini par se demander ce que l'on cherchait à lui cacher.

La politique de dissimulation ne trompe plus personne, affirme John Pike, directeur de la politique de l'espace auprès de la Fédération des savants américains. *Les amateurs d'ufologie ne s'en laissent pas si facilement conter*[15].

Le lieutenant-colonel Philip Corso, aujourd'hui à la retraite, faisait partie du personnel du Conseil de sécurité sous la présidence d'Eisenhower. Il n'hésite pas à affirmer que le matériel découvert à bord de l'engin de Roswell (puces électroniques, fibres optiques, lasers, etc.) était très en avance sur notre technologie et que ces découvertes ont eu sur la géopolitique une influence majeure, notamment en permettant aux Américains de surpasser les Soviétiques, en instituant la « Guerre des étoiles » et, en dernière analyse, en mettant fin à la guerre froide :

Peut-être n'étions-nous pas en mesure, dans les années 60, d'intercepter leurs vaisseaux. Mais nous avons bon espoir, grâce aux nouveaux moyens de surveillance par satellite, de repérer sur notre planète une signature venue d'ailleurs. Si nous leur rendons la tâche trop difficile, ils se contenteront sans doute de partir[16].

Ils ne l'ont pas fait.

1

RECONNAISSANCE STRATÉGIQUE

5 avril 1943, 9 h 50. Gerry Casey, instructeur dans l'armée de l'air américaine, se trouve à bord d'un Vultee Valiant BT-13, en compagnie d'un élève pilote. Partis de la base de Long Beach, en Californie, ils ont crevé le plafond de nuages et volent à 1 600 mètres depuis quarante minutes. A cette altitude, la visibilité est parfaite. Soudain, Casey croit apercevoir un éclair lumineux du côté du mont Santiago, vers l'est.

> *En regardant mieux, j'ai aperçu un engin qui se dirigeait à vive allure vers notre appareil, et je me suis préparé à esquiver, le cas échéant. [...] L'engin qui s'approchait de nous était peint en orange vif. Il s'apprêtait de toute évidence à passer sur notre flanc gauche. J'étais incapable de déterminer la marque et le modèle de l'engin, qui ne ressemblait à aucun de ceux que je connaissais. A mon grand étonnement, il régla son vol sur le nôtre, à bonne distance de notre aile gauche.*

Casey demande à son élève de quitter la cagoule dont il est affublé (une technique de vol « à l'aveugle », qui consiste à piloter uniquement aux instruments, sans visibilité) et lui raconte ce qui se passe. Seule explication possible : ils volent désormais en formation avec le nouvel avion secret de Lockheed, dont les rumeurs disent qu'il est dépourvu d'hélices (en réalité, le Shooting Star P-80 de Lockheed ne devait sortir qu'en janvier de l'année suivante). Casey se saisit machinalement de son appareil photo, mais se ravise, à l'idée qu'il risque d'avoir de sérieux ennuis s'il photographie un prototype. Pour lui, l'avion inconnu défie toute description.

> *J'ai remarqué qu'il se réglait instantanément sur notre altitude et notre vitesse. On aurait dit que les deux appareils étaient reliés l'un à l'autre par une barre de fer. Puis, d'un seul coup, en moins de deux secondes, il a disparu.*

UN BIEN ÉTRANGE APPAREIL

De retour à la base, Casey et son élève échangent leurs impressions. Ils sont d'accord sur la couleur orange, qui virait au blanc sous l'effet de la vitesse. Les deux pilotes se rappellent que le cockpit ne présentait aucune ouverture et qu'il était difficile de déterminer le mode de propulsion. D'après eux, l'engin mesurait environ 3 mètres de diamètre. Cependant, Casey affirme qu'il avait la forme d'une ellipse, tandis que son élève penche plutôt pour une forme circulaire. Ils se souviennent tous deux qu'il était renflé dessus et dessous. Ils estiment sa vitesse à plus de 10 000 km/h.

> *Je ne l'ai vu qu'une minute et demie à peine, mais il continue d'occuper mon esprit,* s'étonnait Casey. *J'ai fait un croquis, qui confirme ses courbes hélicoïdales. Sa trajectoire et sa capacité d'accélération dépassaient l'entendement.*

Après la guerre, Casey est devenu inspecteur de l'aéronautique civile à Seattle, chez Boeing. Il est resté convaincu que son élève et lui-même ont vu une machine volante dont les capacités étaient « à des années-lumière » de la technologie terrienne. Par peur du ridicule, il n'a pratiquement jamais évoqué l'incident devant ses collègues. Mais, en 1948, un mémo de l'administration fédérale de l'aviation présentait le « Projet Sign » (devenu le « Projet Grudge » et, un peu plus tard, le projet « Blue Book »), invitant les éventuels témoins d'objets volants à se faire connaître.

> *J'ai fait ce que je considérais comme mon devoir. Mais personne n'a jamais demandé à m'interroger à ce sujet,* raconte Casey. *Depuis cette expérience, de nombreux pilotes ont connu des aventures semblables à la nôtre. Plusieurs d'entre eux ont vu des appareils étranges, comme celui que nous avons croisé en 1943. Ils ne peuvent pas l'oublier, pas plus qu'ils ne sont capables d'identifier ces machines volantes. Des chercheurs dignes de foi ont remarqué que des rencontres de ce genre étaient particulièrement nombreuses à proximité des centrales atomiques ou des installations militaires. La plupart des rencontres rapprochées interviennent dans des endroits isolés.*

D'après Casey, l'obstination de l'humanité à détériorer son environnement naturel et à s'autodétruire justifie parfaitement l'intervention d'une force extérieure. « Il est possible que la perte vers laquelle notre civilisation marche à grands pas mette en péril l'équilibre d'autres planètes dans un système voisin du nôtre et que des créatures d'une race supérieure s'en inquiètent à juste titre[1]. »

RENCONTRE EN UKRAINE

Au cours de l'année 1944, Boris Surikov et un officier supérieur, le commandant Bajenov, se trouvent en mission au-dessus de l'Ukraine, à une altitude d'environ 5 000 mètres. Ils se dirigent vers la Roumanie, où ils doivent bombarder les postes de ravitaillement en carburant de l'armée allemande. Soudain, ils rencontrent un appareil tout à fait extraordinaire. « Un immense objet hélicoïdal est venu à notre rencontre », déclarera Surikov à deux journalistes de la télévision britannique, Lawrence Moore et Livia Russell, en 1994 à Moscou :

> *Nous savions que les Allemands avaient mis au point des armes nouvelles, mais nous n'avions jamais rien vu de pareil. Notre énorme appareil, qui pesait plus de*

14 tonnes, s'est mis à trembler, la pression d'huile est montée et, lorsque je me suis appuyé contre la carlingue, j'ai senti une forte décharge d'électricité statique. J'ai pensé que l'avion allait exploser. La chose nous a frôlés, puis elle a disparu. Mais les ailes de notre avion sont restées chargées d'électricité pendant un bon moment.

Le commandant, conscient lui aussi que l'avion risque de prendre feu, ordonne à l'équipage de se débarrasser des bombes. « Tout l'avion était fluorescent, et les ailes brillaient comme un arc-en-ciel. Cela ne devait pas nous faire abandonner notre mission pour autant. J'aurais sauté en parachute si les choses avaient mal tourné », assure Surikov. Mais le commandant en décide autrement. Dans leur rapport, les deux hommes ne font aucune mention de l'incident. Ils affirment avoir mené leur mission à bien et bombardé les sites prévus en Roumanie. « Si nous avions dit la vérité, nous serions passés en cour martiale », se défend Surikov.

D'après lui, l'engin avait beaucoup de points communs avec les modernes navettes américaines et soviétiques. « Il ne ressemblait pas du tout à un missile antiaérien. Il était surtout beaucoup plus grand. » Après la guerre, Surikov a consulté un certain nombre de spécialistes pour leur demander leur avis. « Ils m'ont répondu qu'il n'était pas exclu que l'électrification de l'appareil ait été provoquée par un champ ionisant produit par le système de propulsion d'un ovni. »

Spécialiste des roquettes et des armes nucléaires, Surikov a travaillé plusieurs années pour le QG de l'armée soviétique sur les moyens de destruction massive. « Mais je suis fier d'avoir participé au traité de limitation des armes offensives, s'empresse-t-il de préciser. J'ai travaillé longtemps en tant qu'expert à Genève, et nous avons tenté de promouvoir la suppression de certains types d'armes, nucléaires, radiologiques, etc. »

Officier retraité, Surikov s'occupe désormais de problèmes d'environnement. Il s'est lui aussi penché sur la signification globale du phénomène ovni :

Nous ne pouvons pas écarter l'idée que des créatures supérieures s'intéressent à ce qui se passe chez nous. Les savants avec lesquels j'ai discuté de la question estiment que ces civilisations avancées ont découvert de nouvelles sources d'énergie qui leur permettent de voyager très vite et très loin. Il est donc très important pour nous d'étudier ces découvertes et d'utiliser les résultats pour améliorer la vie sur la Terre[2].

TOURNEZ MANÈGES

Pendant la Seconde Guerre mondiale, Daniel Léger, âgé de dix-neuf ans, habite un petit village de la Sarthe, à une quinzaine de kilomètres au sud du Mans, où il est garçon boucher[3]. Au cours de l'été 1941, il aperçoit une espèce de « manège » qui tourne dans le ciel, au-dessus d'un aéroport occupé par les Allemands, à Raineries. Une dizaine d'appareils allemands tournoient dans les airs, autour d'une sorte de « nuage » gris acier qui se déplace lentement à l'horizontale. Un peu plus haut, un second « nuage », très lumineux, se déplace à la même vitesse.

Intrigué, Daniel saute sur sa bicyclette et sort du village pour observer le spectacle de plus près. A environ 2 kilomètres de là, avec d'autres curieux, il est arrêté par un cordon de police militaire. Les avions continuent de tournoyer autour de la « chose », sans se décider à ouvrir le feu. Les appareils qui tentent de s'approcher se mettent en vrille pour repartir aussitôt, comme si leur moteur tombait en panne par saccades. Daniel observe la scène pendant près d'une heure et rentre chez lui. Après la guerre, il se rend à la bibliothèque municipale du Mans pour y consulter les journaux de l'époque. Il ne trouve aucune mention de l'événement. La Luftwaffe aurait-elle exercé sa censure ?

Sur l'arrêt momentané des moteurs, de nombreux témoignages existent. Plusieurs avions américains en mission sur le continent ont connu ce genre de panne en retournant en Angleterre. Comme l'a déclaré un ancien agent de renseignement à Ralph Blum, on attribuait alors le phénomène à un nouveau dispositif allemand d'interférences susceptibles de stopper un moteur. Seul problème, selon le même témoin : la quantité d'électricité requise pour stopper les moteurs d'un Bombardier B-29 était égale à la production totale de l'Europe[4] !

DES OVNIS DANS LE CIEL ANGLAIS

En juin 1944, les Allemands décident de bombarder Londres avec les premiers V-1. Les rampes de lancement sont situées sur les côtes françaises et la trajectoire des obus est programmée. Près de huit mille de ces projectiles sont lancés sur la seule capitale britannique et des milliers d'autres sur des sites stratégiques alliés. Fort heureusement, les trois quarts d'entre eux n'atteindront pas leur cible, détruits par les barrages antiaériens ou victimes de leurs propres défaillances. Sur le quart restant, plusieurs n'exploseront pas[5].

Bill Steele, qui travaille dans une carrière près d'Hastings, observe fréquemment le vol des V-1 et leur repérage par les patrouilles d'observation. A deux reprises, au cours de l'été, il remarque un phénomène étrange :

> *En observant les V-1, j'ai aperçu des disques bizarres. Ils tournaient autour des projectiles et les longeaient sans difficulté apparente. Je croyais qu'il s'agissait de dispositifs de surveillance de la RAF. Mais ils n'avaient aucun effet sur les V-1. Le plus curieux, c'était le sifflement mélodieux qu'ils émettaient*[6].

DES HUMANOÏDES EN FRANCE

On n'a pas observé que des engins volants pendant la Seconde Guerre mondiale. Un témoin, au moins, affirme avoir vu leurs occupants, au cours de l'été 1944. Madeleine

Arnoux, qui n'avait à l'époque que treize ans, a conservé de cette rencontre un souvenir vivace. Elle cueillait des fruits dans une ferme, près du village du Verger, en Saône-et-Loire.

> *Je marchais lentement, cherchant des baies dans les buissons, lorsque j'ai aperçu un engin près des arbres, et plusieurs personnes qui se trouvaient à côté. L'engin était de couleur grise, à peu près de la taille d'une voiture.*

Les occupants de l'appareil la fixent sans un mot. La petite fille prend peur. Elle rentre à la ferme en courant, mais se garde bien de raconter son aventure, craignant d'être prise pour une menteuse, puis elle s'empresse d'oublier cet épisode. Ce n'est que dans les années 50, lorsqu'elle entend parler de «soucoupes volantes», que Madeleine Arnoux prend conscience de l'importance de cette rencontre. Elle demeure persuadée qu'il ne pouvait s'agir ni de soldats allemands, ni de maquisards, ainsi qu'elle l'explique en 1972 à F. Lagarde[7]. On notera avec intérêt que Madeleine Arnoux s'est sentie frappée de paralysie, comme plusieurs témoins d'une rencontre du troisième type, et qu'elle se souvient, comme la plupart d'entre eux, d'un «vent violent» qui couchait les arbres.

MACABRES DÉCOUVERTES

On croit généralement que la première découverte d'un ovni endommagé fut celle de Roswell, au Nouveau-Mexique, en juillet 1947. Pourtant, un certain nombre de circonstances du même genre ont été rapportées bien avant cette date.

Raymond Fowler, ufologue émérite, s'est fait l'écho de l'aventure vécue par le révérend William Huffman et rapportée par sa petite-fille, Charlotte Mann. L'accident, survenu près de Cape Girardeau, dans le Missouri, dans le sud des États-Unis, remonte au printemps 1941. Dans une lettre adressée à feu Leonard Stringfield, agent des services de renseignements de l'armée de l'air, spécialement chargé des recherches d'engins suspects, Charlotte Mann raconte :

Vers 21 heures, grand-père reçut un appel téléphonique. Un avion venait de s'écraser à proximité de la ville; on pouvait avoir besoin de lui. On lui dépêcha une voiture; selon grand-mère, ce n'était pas une voiture de police. A son retour, grand-père raconta ce qu'il avait vu à ma grand-mère, à mon père Guy et à mon oncle Wayne; il leur expliqua qu'il avait donné sa parole et que personne ne devait plus jamais évoquer le sujet.

L'avion, nous dit-il, ne ressemblait à aucun appareil de sa connaissance. Il était très endommagé, mais il subsistait une partie intacte, de forme arrondie, en métal très brillant. Par le hublot, on apercevait un siège métallique et un panneau de commande couvert de cadrans et d'appareils de mesure inconnus.

Des officiers de police, des civils et des militaires s'affairaient sur les lieux. Trois corps qui n'avaient rien d'humain étaient étendus sur le sol. Grand-père récita des prières à leur intention, mais il ne les toucha pas. Les corps ne présentaient ni brûlure ni blessure apparentes. Ils étaient recouverts des pieds à la tête d'une sorte de protection en aluminium.

Plusieurs personnes prenaient des photos. Deux des civils soulevèrent l'une des victimes par les épaules. C'est cette photo que j'ai vue par la suite. Ensuite, les officiers ordonnèrent à grand-père d'observer la plus grande discrétion, pour des raisons de sécurité et pour éviter d'affoler la population. Lorsque grand-père fut rentré, il n'en parla qu'à sa famille. Quinze jours plus tard, il revint avec la photo des deux personnes qui soutenaient le petit homme.

Si j'en crois mes souvenirs, c'était un petit être d'environ 1,20 mètre, pourvu de longs bras et d'une grosse tête. Il était très fluet, mais on ne voyait pas son ossature. Il ressemblait à une poupée de chiffon, sans poils ni cheveux. Il avait de grands yeux ovales, fendus verticalement, mais pas d'oreilles. Deux trous lui servaient de narines, et une petite ligne droite marquait l'emplacement de sa bouche.

Sa peau – ou sa combinaison ? – semblait une feuille d'aluminium froissée. Je crois qu'il n'avait que trois doigts, mais je n'en suis pas absolument sûre.

Malheureusement, Charlotte Mann ne possède plus cette photo. Si les choses se sont réellement passées comme elle le dit, pourquoi d'autres témoins ne se sont-ils pas manifestés ? Ont-ils eu peur ? Quoi qu'il en soit, Stringfield a été favorablement impressionné par le témoignage de Charlotte ; il était persuadé qu'elle disait la vérité[8].

QUELQUE PART AU NORD

D'après un autre témoin entendu par Leonard Stringfield, un accident du même genre se serait produit quelque part « au nord de la Géorgie » au cours de l'été 1942. Ce témoin, connu sous le pseudonyme de Mary Nunn, servait à l'époque dans l'une des unités civiles de l'armée.

Mary Nunn se souvient qu'un vaisseau spatial s'est écrasé sur la base militaire, provoquant un certain nombre de dommages matériels. L'engin, de forme ronde et de couleur gris argenté, mesure environ 5 mètres de diamètre sur 3 mètres de haut. Il comporte une cabine de pilotage, un habitacle doté de quatre sièges et un compartiment inférieur muni d'un sas de sortie. Plusieurs hublots, dont un de grande taille, éclairent la cabine de pilotage. Quatre membres d'équipage sont secourus. Ils mourront moins de deux semaines plus tard, vraisemblablement d'inanition.

Ils mesuraient environ 1,50 mètre. Leur peau était très blanche et dépourvue de système pileux. Leurs yeux étaient grands et noirs, leurs oreilles petites, leur bouche réduite à une mince fente horizontale. Ils avaient cinq doigts longs et minces et des pieds minuscules pourvus d'orteils vigoureux. Leurs dents étaient petites et larges. [...] Comment se nourrissaient-ils ? Mystère. Il était possible de communiquer avec eux par télépathie, mais les questions portant sur les détails anatomiques, les considérations affectives ou la nature du vaisseau restèrent sans réponse[9].

UNE MYSTÉRIEUSE AVIATRICE

1943. Dans le cadre du STO (Service du travail obligatoire), Daniel Léger, dont nous avons déjà parlé, est envoyé au camp de travail de Gdynia (rebaptisé Gotenhafen par les Allemands) au nord de Gdansk, en Pologne. Le 18 juillet, il est autorisé à visiter la ville voisine d'Exelgroud. Il part à pied le long de la côte, à travers les dunes.

Parvenu sur une crête, il aperçoit un objet métallique grisâtre à moitié enfoui dans le sol sableux. Il s'approche. Une forme humaine est accroupie près de l'appareil, occupée à dégager l'objet du sable. C'est une femme. Sa taille est fine, elle a de longs cheveux blonds. Le jeune homme est persuadé qu'il s'agit d'une aviatrice allemande, car il n'ignore pas que la Luftwaffe emploie justement à Exelgroud un grand nombre d'ouvrières et de femmes pilotes. Malgré sa discrétion, il est repéré : la jeune femme s'est aperçue de sa présence. Elle se relève. Elle mesure environ 1,75 mètre, une taille supérieure à la moyenne, et porte une combinaison moulante de couleur marron, sans poches ni fermetures, mais pourvue d'une large ceinture garnie d'une grosse boucle en argent, qui met en valeur sa silhouette gracieuse. Il remarque qu'elle est chaussée de bottes matelassées. Ses traits sont réguliers, sa peau très blanche, dépourvue de tout maquillage. Ses yeux sont légèrement bridés, ses cheveux défaits. Ses mains sont remarquablement longues et fines, ses ongles courts : de véritables « mains de pianiste ».

L'appareil enfoui dans le sable ressemble à un « casque colonial ». Le jeune homme se souviendra qu'il était constitué de deux soucoupes collées l'une contre l'autre et séparées par deux anneaux marqués d'un trait noir. Il mesurait environ 6 mètres de diamètre sur 2 mètres de haut. Le disque supérieur, qui semblait fait d'une seule pièce, était percé de plusieurs ouvertures; aucun insigne, aucune marque, aucune soudure apparente.

L'aviatrice s'adresse à Daniel dans une langue qu'il ne connaît pas, ni allemand, ni polonais. Du russe? Quelques années plus tard, après avoir rencontré des Tahitiens, il constatera de nombreuses ressemblances entre leur langue essentiellement vocalique et celle de la mystérieuse aviatrice. Il a cependant le sentiment confus qu'elle doit comprendre le français. Elle lui demande alors par gestes de l'aider à dégager le vaisseau, ce qu'il fait sans discuter. La femme semble satisfaite du résultat et, ne parvenant toujours pas à se faire comprendre, elle frappe deux ou trois fois sur sa propre poitrine, puis sur celle de son interlocuteur. D'une simple pression sur sa boucle de ceinture, elle commande l'ouverture d'une trappe rectangulaire sous le vaisseau, puis disparaît à l'intérieur, après avoir fait signe au jeune homme de s'éloigner.

A travers un hublot, il voit l'aviatrice ramper. Au même moment, il entend un grondement sourd; les anneaux qui entourent le vaisseau se mettent à tourner de plus en plus vite, chacun dans un sens différent, et deviennent lumineux. L'appareil commence à vibrer. Le vaisseau se soulève du sol, lentement d'abord, puis de plus en plus rapidement, pour disparaître en direction du nord. Persuadé qu'il vient d'assister au vol expérimental d'un nouveau prototype, Daniel Léger se promet, tout en reprenant son chemin, de ne raconter à personne l'aventure qu'il vient de vivre.

LES SUITES

Après la Libération, Daniel est engagé dans une unité de l'armée de l'air américaine. Plusieurs de ses compagnons de travail, anciens pilotes de guerre, lui racontent qu'ils ont souvent été accompagnés ou suivis, au cours de leurs missions, par des objets circulaires lumineux, qu'ils surnomment «*foo-fighters*» – des armes secrètes allemandes ou russes, supposent-ils. Il est alors tenté de parler de sa rencontre de 1943 à son chef d'atelier, le sergent Chappedelaine. Celui-ci en informe son supérieur, le colonel qui commande l'unité, lequel prie Léger de lui raconter son histoire en détail.

En 1945, il entre aux usines Renault du Mans, où il restera jusqu'à sa retraite, en mars 1982. Depuis la fin de la guerre, il s'intéresse de près aux progrès récents de l'aéronautique, espérant trouver des éclaircissements sur l'engin qu'il a vu près de Gdynia. Il consulte toutes les informations relatives à la base de Peenemünde, sur la mer Baltique, centre expérimental dans lequel les Allemands ont mis au point les V-1, les V-2 et un certain nombre d'autres missiles meurtriers, sous la direction du professeur Wernher von Braun. Il s'intéresse tout particulièrement à Hanna Reitsch, la mythique pilote d'essai de l'armée allemande, qui a été aux commandes du V-1e (version « habitée » du V-1) et du prototype du bombardier Messerschmitt Me-163. Les faits que Daniel Léger parvient à rassembler, concernant les travaux de recherche des spécialistes allemands en aéronautique, le confortent dans son opinion : il a bien vu un avion de chasse unique. Mais il est sûr d'une chose : ce n'est pas Hanna Reitsch qui le pilotait. En effet, la description qui était faite de cette dernière, dont il avait par ailleurs vu des photos dans des magazines, ne coïncidait pas avec « son » aviatrice, cette mystérieuse femme qu'il avait rencontrée et aidée à Gdynia ; peut-être s'agissait-il alors de l'une de ses collègues ?

Un certain nombre de rumeurs ont circulé sur un projet allemand de V-7, dont certains auraient été pourvus d'ailes circulaires. La presse à sensations accuse même les nazis exilés en Amérique du Sud de préparer leur revanche. Bien évidemment, ces bruits ne peuvent qu'entretenir la confusion chez Daniel Léger[10].

Le professeur Hermann Oberth, qui fut le professeur de Wernher von Braun, est persuadé pour sa part que les V-7 ne sont pour rien dans les divers témoignages sur les ovnis datant de la guerre[11]. En tout état de cause, les prototypes effectivement élaborés n'ont presque aucun point commun avec le « disque » aperçu par Léger, et ils sont infiniment plus bruyants. D'ailleurs, selon Brian Ford[12], un spécialiste en recherches scientifiques, même si certains progrès ont pu être enregistrés dans le projet d'élaboration d'un aéroplane en forme de disque, les résultats ont été détruits, de peur qu'ils ne tombent entre des mains ennemies. Et pour Ronald Humble[13], un expert en aérospatiale et en défense, il est même hautement probable que ces prototypes n'ont jamais été capables de voler.

A la fin des années 50, Léger entend parler pour la première fois de « soucoupes volantes ». Il est toujours convaincu d'avoir vu un appareil révolutionnaire top-secret, mais commence néanmoins à s'interroger et rencontre, à plusieurs reprises, deux éminents représentants de la première génération d'ufologues français, René Fouéré et Marc Thirouin, mais se garde de leur faire des révélations, sans doute par peur du ridicule. En juin 1989, il fait la connaissance de Jean Sider ; le récit de Léger l'impressionne tant qu'il s'en fait largement l'écho dans son livre, *Ultra Top-Secret*.

QUELS POINTS COMMUNS AVEC LE TÉMOIGNAGE D'ADAMSKI ?

En novembre 1952, George Adamski a rencontré dans le désert californien un « Vénusien » (voir chapitre 6, p. 104) qui présente plusieurs points communs avec la créature décrite par Léger :

> *Ses doigts étaient longs et minces. Ses mains, très élégantes, ressemblaient à celles d'un artiste peintre ou d'un musicien. N'était ses vêtements, on aurait pu le prendre pour une femme.*
>
> *Il mesurait environ 1,70 mètre et devait avoir dans les vingt-huit ans. Son visage était rond, son front très haut. Ses grands yeux gris-vert étaient légèrement bridés, ses pommettes anormalement hautes et saillantes pour un*

Occidental. Sa peau était légèrement hâlée, et il semblait naturellement glabre. Ses cheveux blonds bouclés tombaient harmonieusement sur ses épaules.

Il était habillé d'une combinaison d'une seule pièce, couleur chocolat. Sa taille était prise dans une large ceinture. Ce vêtement ne comportait ni fermetures, ni boutons, ni poches, ni coutures. Il ne portait ni bague, ni montre, ni aucun bijou d'aucune sorte[14].

Malgré quelques différences (la combinaison de l'homme n'est pas spécialement « ajustée », et il ne porte pas des bottes, mais des chaussures d'un modèle inhabituel), plusieurs points rapprochent les descriptions de Léger et d'Adamski. Certes, il est possible que le Français se soit inspiré des déclarations de l'Américain : grand amateur d'ufologie, Léger possède sur le sujet près de quatre-vingt-dix ouvrages (en français). Il lit tout ce qui se rapporte à ce domaine. Interrogé sur Adamski, il répond sans hésiter que, si la première rencontre lui paraît véridique, l'Américain s'est en revanche laissé aller ensuite à des affabulations – ce qui est loin d'être invraisemblable ; nous y reviendrons.

Le récit de Léger comporte lui-même un certain nombre d'incohérences. Pour Jean Sider, c'est la preuve de la sincérité de Léger. A son avis, celui-ci n'a tenté à aucun moment d'abuser le public ou d'affabuler[15].

TROIS ANGES SONT VENUS CE SOIR...

En janvier 1945, au cours d'une alerte aérienne, quelques jours avant le pilonnage intensif d'une ville allemande, des civils rassemblés dans un abri reçoivent la visite de trois jeunes hommes venus inspecter les lieux. Ils portent des combinaisons de couleur sombre très ajustées à col montant. Malgré le froid intense qui règne au-dehors, ils ne portent ni couvre-chef, ni écharpe. Leurs chaussures de gymnastique semblent bien peu adaptées à la neige. Les témoins sont frappés par le fait qu'ils se déplacent sans aucun bruit et ne se parlent pas entre eux. Un seul de ces hommes leur adresse la parole, avec un accent bizarre. Tous trois se ressemblent singulièrement. Ils sont « très beaux, leurs traits sont réguliers ». Ils ont des cheveux noirs.

Les mystérieux visiteurs font rapidement le tour de l'abri. Leur porte-parole fait simplement remarquer aux personnes présentes qu'il vaudrait mieux pour elles qu'elles se précipitent à l'abri à la prochaine alerte. Puis, tous trois quittent le bâtiment. Personne d'autre ne les verra. Dans une clairière voisine, on découvre des traces de pas dans la neige, mais aucune empreinte de pneus de voiture, ni d'aucun autre véhicule. Les autorités déclarent qu'aucune inspection n'a été décidée ce soir-là. On pense un moment qu'il s'agit d'espions anglais, mais pourquoi des espions se feraient-ils remarquer de la sorte ?

Par peur du ridicule, le témoin par lequel cette rencontre nous est connue n'en parle d'abord à personne. Plus tard, en lisant le témoignage d'Adamski, il s'avisera que la description des chaussures du « Vénusien » est très proche de celles que portaient ses étranges visiteurs du soir. Il est intéressant de noter que l'immeuble a été complètement détruit lors du bombardement suivant, mais que tous les habitants qui, suivant le conseil des prétendus « inspecteurs », se sont réfugiés en hâte dans la cave, ont été épargnés [16].

Depuis la nuit des temps, les humains disent avoir rencontré des anges descendus du ciel. On peut sans doute trouver à ces manifestations diverses explications rationnelles. Toutefois, on ne peut s'empêcher de remarquer que le nombre de ces rencontres semble en nette augmentation depuis le milieu du XXe siècle...

2

LA PORTE DU MYSTÈRE

A la fin du XIXe siècle, pendant plusieurs dizaines d'années, la rumeur a couru qu'un groupe de personnes étranges, qui se tenait soigneusement à l'écart de la population locale, s'était installé à proximité du mont Shasta, en Californie. On racontait que ces gens faisaient de brusques apparitions en ville pour échanger des pépites ou de la poudre d'or contre des produits de première nécessité. Élancés, gracieux et agiles, ces étrangers avaient le front haut et de longs cheveux bouclés. Ils portaient de curieux vêtements, dont une sorte de coiffe ornée d'une languette descendant du front jusqu'à l'arête du nez.

De temps en temps, on apercevait de vives lumières dans la forêt, et l'on entendait une musique extraordinaire. Lorsqu'un villageois s'approchait de trop près, il était invariablement refoulé par « un homme de très grande taille, le visage caché, qui prenait l'intrus par le collet et le renvoyait d'où il venait [1] ». D'autres visiteurs trop curieux prétendaient avoir été momentanément frappés de paralysie. Les tentatives pour approcher cette mystérieuse tribu restèrent toutes sans effet. Les étrangers prenaient la fuite ou semblaient disparaître dans les airs.

> *Ceux qui se sont montrés en ville, en particulier à Weed,* raconte Wishar Cervé, *parlaient anglais à la perfection, avec une pointe d'accent britannique. Ils ne*

semblaient pas disposés à répondre aux questions. Les marchandises qu'ils achetaient étaient toujours payées en pépites d'or, dont la valeur était bien supérieure à l'achat effectué, et ils refusaient qu'on leur rendît la monnaie, affirmant que l'or n'avait aucune valeur pour eux et qu'ils n'avaient pas besoin d'argent[2].

Au début du XXe siècle, on racontait aussi que les voitures refusaient d'avancer à proximité de la zone habitée par ces étrangers – une caractéristique fréquente de ce type de rencontres. « Lorsqu'une lumière s'allumait, commente Cervé en 1931, les automobiles s'arrêtaient, comme si le circuit électrique ne fonctionnait plus. »

D'autres témoins ont parlé d'animaux étranges, différents de tous ceux qu'ils avaient pu voir jusque-là, et qui fuyaient à leur approche. Certains disaient aussi avoir vu des objets volants :

> *Des centaines de personnes affirment avoir remarqué de curieux vaisseaux qui flottaient dans les airs. Certains affirment qu'ils atterrissaient sur les plages de l'océan Pacifique et continuaient leur course sur l'eau. D'autres les ont vus redécoller pour gagner les îles. Récemment, un groupe de joueurs de golf, à proximité des contreforts de la Sierra Nevada, a vu distinctement un vaisseau argenté s'élever dans le ciel et disparaître derrière les crêtes. Cet avion très particulier ne ressemblait à aucun modèle connu, et on n'entendait aucun bruit de moteur*[3].

Cette mystérieuse peuplade venait-elle du continent perdu de Lémurie, comme le supposent Cervé et la Rose-Croix, ou d'une autre planète ? Il est bien difficile de répondre à cette question.

ZRET ET LES HABITANTS DE NORCA

Juin 1920. Le jeune Albert Coe, seize ans, fait du canoë dans l'Ontario en compagnie de son ami Rod. Albert, qui se trouve seul à ce moment-là, escalade la rive escarpée du Mattawa lorsqu'il entend un cri étouffé : « Au secours, à l'aide ! » Ne voyant rien alentour, il appelle. Une voix lui répond à sa droite : « Aidez-moi, je suis là, en bas... »

Je ne voyais toujours rien, raconte Coe, *alors je suis descendu une dizaine de mètres plus bas, jusqu'à une faille d'environ 1,50 mètre de large. Au fond de la crevasse se trouvait un jeune homme blond. Seul son bras dépassait. Je l'ai attrapé par le poignet, mais je n'arrivais pas à le soulever. Nous avions toujours sur nous une corde et un couteau. J'ai coupé une grosse branche de 3 ou 4 mètres pour faire levier, et j'ai laissé descendre la corde jusqu'à sa taille. Je l'ai prévenu que j'allais essayer de le sortir de là, mais que, si je n'y parvenais pas, mon copain viendrait m'aider.*

Coe parvient à dégager le jeune homme. Les jambes de ce dernier sont si engourdies qu'elles ne peuvent le porter. Sa hanche, son genou et son tibia gauches sont profondément meurtris. Son premier réflexe est de réclamer à boire à Coe, qui lui apporte de l'eau dans son chapeau, puis déchire son foulard pour bander les plaies. C'est alors qu'il remarque des détails étonnants :

Tout en le soignant, je cherchais à connaître son identité. Je lui racontai notre excursion, lui expliquai que nous cherchions à gagner le fleuve. Je remarquai qu'il portait une sorte de justaucorps de couleur grise taillé dans un tissu soyeux, lisse comme du cuir, sans ceinture ni attaches visibles. A hauteur de la poitrine se trouvait un petit panneau de commande. Plusieurs des boutons et des cadrans avaient été endommagés pendant la chute. Nous étions si loin de tout que je ne pus m'empêcher de lui demander d'où il venait, s'il faisait du bateau, et comment l'accident était arrivé. Il répondit qu'il n'était pas venu en canoë, mais en avion, lequel était posé dans une clairière, à 300 ou 400 mètres de là, et qu'il était descendu au bord de l'eau pour pêcher. En essayant d'enjamber la crevasse, il avait perdu pied et avait glissé dans le trou. Il venait d'abandonner tout espoir qu'on le retrouve vivant lorsqu'il avait entendu des pierres dévaler la pente. Il avait donc essayé d'appeler à l'aide et ma réponse lui était apparue comme un miracle.

A l'époque, les avions n'étaient pas très perfectionnés, ajoute Coe. *J'imaginais mal qu'un avion ait pu se poser dans une zone aussi montagneuse, couverte de rochers et de buissons. Je n'ai rien répondu ; je pensais que ce pauvre garçon n'avait pas toute sa tête. Je me disais qu'il s'était peut-être cogné la tête et qu'il délirait.*

L'étranger, qui renouvelle à Coe toute sa reconnaissance, insiste pour connaître son nom et son adresse. Il lui demande ensuite de chercher la boîte d'hameçons et la canne à pêche qu'il a perdues en tombant. Coe ne peut retrouver la boîte, mais il met la main sur la canne à pêche.

> *Le mystère s'épaississait. D'abord ce costume bizarre, ensuite cette histoire d'avion, et enfin cette canne à pêche, qui ne ressemblait à rien de ce que j'avais vu auparavant.*
>
> *Le manche, de couleur bleue, avait environ 2 centimètres de diamètre et semblait fait du même matériau que sa combinaison. Il présentait deux fentes, une de chaque côté, et se prolongeait par une fine tige d'aluminium. Il n'y avait pas de moulinet. La ligne sortait directement au bout et se terminait par une mouche tout à fait classique. Je lui demandai où il avait acheté sa canne. Il me répondit que son père était chercheur, et qu'il l'avait mise au point à son intention.*

Petit à petit, l'étranger reprend des forces. De temps en temps, il grimace de douleur, mais sa capacité de récupération est étonnante. Il refuse une première fois les soins de Coe.

Bientôt, leur embarcation se heurte à de grosses branches et autres débris flottants. Coe et Rod cherchent le moyen de passer à travers ou de contourner l'obstacle. L'étranger lui apprend alors que, du haut de son avion, il a remarqué que la rivière est encombrée sur une dizaine de kilomètres : les jeunes gens feraient mieux de tirer leur canoë plus près de la berge, où l'eau est moins profonde.

Il ne voulait pas me faire perdre plus de temps, il disait qu'il m'avait assez gêné comme ça. A voir l'état de sa jambe, j'étais sûr qu'il ne pourrait pas marcher. Je l'ai toutefois aidé à se mettre debout. Il a fait deux pas et s'est rattrapé à un arbre pour continuer. J'ai passé un bras autour de sa taille et ai placé son bras gauche sur mon épaule. Il a accepté mon aide, en me faisant promettre de ne rien raconter de tout ce qui s'était passé, ni de ce que je pourrais être amené à voir. Puis il m'a dit que son père avait mis au point un modèle d'avion ultra-secret, et que lui-même l'aidait souvent en rentrant de l'école. Son père lui avait permis de faire un vol expérimental. Il m'expliquerait plus tard en détail, ajouta-t-il.

Coe promet et, le portant à moitié, il aide l'étranger à regagner son appareil.

LE VAISSEAU

L'appareil, qui mesure à peine 2,50 mètres, se trouve dans une clairière, non loin de la rivière. Coe, qui s'attend à voir un avion ordinaire, est abasourdi.

Un disque d'argent, d'environ 6 mètres de diamètre, était posé sur un trépied. Il n'y avait ni hélice, ni moteur, ni ailes, ni fuselage. Tandis que nous nous en approchions, je remarquai de petites fentes le long de la bordure, ainsi qu'un dôme central. Nous dûmes nous accroupir pour passer sous l'appareil. Le fond, légèrement concave, était situé à environ 1,30 mètre du sol. «Surpris?», me dit-il. Le mot n'était pas assez fort, mais je ne posai aucune question. Je me demandais juste comment un pareil engin pouvait voler.

Il me demanda de le conduire au centre du vaisseau. Arrivé près d'un des trois panneaux coulissants qui formaient le dessous de l'appareil, il appuya sur un bouton. Une trappe s'ouvrit, qui était munie d'une échelle encastrée. Je fis un étrier de mes deux mains, il prit appui de sa jambe valide et monta à l'intérieur. Il se pencha par l'ouverture et me dit qu'il n'oublierait jamais ce que je venais de faire pour lui. «Rappelle-toi ta promesse, ajouta-t-il, et tiens-toi à distance pendant le décollage.»

Coe recule jusqu'à la lisière de la forêt et se retourne.

J'étais intrigué par l'absence de portes et de hublots, et je me demandais comment il pouvait voir à l'extérieur, à moins que les ouvertures ne fussent situées de l'autre côté. A ce moment-là, l'anneau extérieur se mit à tourner. Le sifflement s'amplifia jusqu'à devenir assourdissant. Je sentis mon cœur sauter dans ma poitrine. C'était comme si je rétrécissais de l'intérieur. L'engin se souleva de quelques mètres, les pieds se replièrent dans leur logement, et il disparut.

C'est dans un état d'égarement complet que Coe revient au campement.

J'avais l'impression d'avoir frappé à la porte du mystère. L'épisode n'avait pas duré plus d'une heure, et j'avais fait un bond d'un millier d'années dans le futur. J'avais le sentiment inconfortable d'avoir assisté à quelque chose qui n'existait pas, par saccades, comme dans un rêve.

Coe se met en tête de retrouver la boîte d'hameçons, sans succès. En revanche, le bandana taché de sang et le tronc qui a servi de levier sont toujours là.

Il ne reste à Coe et Rod qu'à reprendre leur course sur le Mattawa, qui se présente exactement comme l'étranger l'a dit. Ils finissent par atteindre le fleuve Ottawa et n'ont d'autre choix que de reprendre le cours de leurs vacances aventureuses.

Quelque temps plus tard, une nuit, à environ un jour de rame d'Ottawa, alors que Rod se trouve sous la tente, Coe, qui se repose près du feu de camp, est tiré de ses rêveries par un éclair argenté au sommet des collines.

La lueur disparut aussitôt, mais, dès cet instant, je n'eus plus aucun doute. Sur le ciel étoilé se découpait l'étrange vaisseau de mon curieux ami. Il planait maintenant à 2 mètres au-dessus de moi. Il oscillait de gauche à droite, comme pour me faire signe. J'étais sûr que c'était une façon de me faire savoir qu'il allait bien. Je me suis promis, si jamais je le revoyais, de lui demander comment il avait réussi à me retrouver dans la nuit obscure.

LE RETOUR

Six mois après cette première rencontre, Coe reçoit un mot signé « Xretsim », le priant de venir déjeuner au McAlpine Hotel, à Ottawa. Coe est certain que l'auteur de ce billet n'est autre que son mystérieux ami.

> *Je me demandais vaguement si je reconnaîtrais son visage,* raconte Coe. *Je suis entré dans la salle de restaurant, et il est venu vers moi pour me serrer la main.*

Mais ce n'est pas une poignée de mains comme les autres. L'étranger tient dans sa paume un gadget dont Coe apprendra plus tard qu'il s'agit d'un appareil pour enregistrer la « fréquence » de ses vibrations corporelles, donnée immédiatement transmise à distance, sur un écran. Une fois cette fréquence connue, on peut suivre chacun de ses mouvements. « C'était pour être sûr que je tiendrais ma promesse », explique Coe.

> *Je lui ai demandé comment prononcer son nom. Il m'a répondu avec désinvolture : « Appelle-moi Zret pour le moment. Tu comprendras plus tard. Merci encore de ton aide, ma jambe et moi nous portons bien. »*
>
> *J'avais un million de questions à lui poser, mais il monopolisait la parole, s'informant de mes vacances, de mes études, de mes activités, de mes projets, etc. Il me raconta qu'il nous avait suivis jusqu'à Ottawa pour être sûr que tout allait bien. Il m'expliqua que, dans la forêt, il m'avait localisé parce que ma silhouette se détachait sur la lueur orange du feu de camp.*

Après le déjeuner, Zret précise qu'il ne reviendra pas avant deux ou trois mois, mais qu'il serait ravi d'aller pêcher avec Coe à la fin du printemps. Début mai, ils se donnent donc rendez-vous à Hastings et se rendent au lac

Mahopac, dans la voiture de Zret – un véhicule tout à fait normal.

Ces rencontres se poursuivront pendant six décennies.

LA MISSION

Un jour, Zret demande à Coe s'il a informé ses parents de leur première rencontre. Le jeune garçon répond qu'il n'a jamais trahi sa promesse de ne rien dire. Zret reprend :

> *« Tu as sans doute compris que je n'appartiens pas à ce monde. Ma volonté de m'expliquer est une décision personnelle. Notre mission sur Terre doit rester aussi secrète que possible. Si les événements que nous prévoyons ne se réalisent pas, personne ne saura jamais rien de notre présence. Ma gratitude à ton égard, le fait que tu aies vu certaines choses, m'amènent à rompre la loi du silence. Je suis sûr que tu resteras aussi discret que tu l'as été dans le passé, et que je n'ai rien à craindre. Il faut pourtant que tu saches que le moindre manquement aurait les plus graves conséquences. »*

Cependant, Zret ne peut dévoiler sa véritable identité. Il consent néanmoins à apprendre à Coe qu'il appartient à un groupe de chercheurs venus sur Terre pour étudier le degré de nos connaissances scientifiques. Une fois arrivé à bon port, Zret a revêtu l'identité d'un étudiant en ingénierie électronique. La conception des armes de forte puissance est le principal motif de sa visite.

> *« Récemment,* ajoute-t-il, *plusieurs nations parmi les plus intelligentes et les plus avancées sont entrées dans une guerre sanglante. Elles ont fait un certain nombre de découvertes, spécialement conçues pour exterminer l'humanité. Ce potentiel militaire ne peut déboucher que sur l'horreur, la brutalité et le désastre d'une guerre mondiale. Nous avons pour principale mission d'étudier cette métamorphose du génie inventif de l'homme en force de destruction de plus en plus puissante. »*

Coe apprendra plus tard que les amis de Zret, de petits groupes de techniciens, se sont infiltrés dès 1904 dans quelques-unes des nations les plus puissantes pour suivre les progrès scientifiques des humains, sur le point de découvrir les secrets de l'atome, lesquels les mèneront à la catastrophe.

UN HABITANT DE TROIS PLANÈTES

Coe se montre curieux de savoir d'où vient exactement son ami. Zret lui répond qu'il habite alternativement deux planètes : la première, Mars, qui approche du terme de son évolution ; la seconde, Vénus, d'un développement plus récent que la Terre, présente pourtant avec celle-ci d'étranges ressemblances. Bien entendu, il passe également beaucoup de temps sur notre planète.

A l'occasion de rencontres ultérieures, Zret expliquera que la race dont il est issu provient d'une planète appelée Norca, plus petite que la Terre, mais dotée de quatre lunes et gravitant autour de Tau Ceti (une étoile située à environ onze années-lumière de notre soleil, mais de nature assez semblable). Quatorze mille ans plus tôt, Norca a entamé un processus de déshydratation inexorable ; seule solution pour sauver la population : gagner un autre système solaire. C'est le nôtre qui fut choisi, en raison de ses similitudes avec Norca. Au cours d'une mission d'exploration, les envoyés de Norca nouèrent des contacts avec des hommes préhistoriques. Décidés à coloniser la Terre, 243 000 habitants de Norca quittèrent leur planète, entassés dans soixante-deux gigantesques vaisseaux, accompagnés de diverses espèces d'animaux et de plantes. Presque tous les vaisseaux furent détruits en route, à l'exception d'une seule « Arche de Norca », qui s'écrasa sur Mars, ne laissant en vie que 3 700 des 5 000 sujets qui se trouvaient à bord.

Les habitants de Norca, ajoute Zret, s'accommodèrent assez bien de l'environnement pourtant hostile de Mars, et passèrent environ neuf siècles sur cette planète. Les générations qui suivirent mirent au point des sondes qui furent envoyées sur la Terre et sur Vénus en vue de coloniser ces planètes – projet qui sera mis à exécution. Dans un premier temps, des bases de recherches furent établies sur Vénus pour étudier son atmosphère particulière, mais c'est surtout la Terre qui intéressait leurs savants. Si l'on en croit Coe (et Zret), ces colonies s'établirent successivement sur le continent mythique de l'Atlantide, puis dans la vallée de Cuzco (dans la cordillère des Andes), en Lémurie (à environ 1 600 kilomètres à l'est des îles Marshall), dans le nord du Tibet et, enfin, au Liban. Les habitants de Norca s'accouplèrent avec les populations locales. A cette époque, les habitants de la Terre avaient les cheveux foncés et les yeux bruns, alors que la nouvelle race avait les cheveux blonds et le teint clair.

> «*Sur Vénus, la forme humaine ne s'est pas manifestée,* ajoute Zret. *Nous vivons essentiellement sur les hauts plateaux, et nous continuons nos recherches sur Mars, laboratoire idéal dont l'atmosphère très peu dense et les champs magnétiques permettent une réception parfaite.*»

On sait que la vie humaine sans protection est impossible sur Mars et sur Vénus. Pourtant, Coe n'est pas le premier à affirmer que ces deux planètes sont peuplées de créatures venues d'autres galaxies. Ce paradoxe tendrait-il à prouver que les habitants de Norca ont su, grâce à une technologie avancée, apprivoiser un environnement hostile ? Cette supposition n'a rien de fantaisiste. Le défunt Carl Sagan, qui fait autorité en matière de sciences planétaires, affirmait lui-même que des injections d'algues pourraient modifier l'atmosphère de Vénus et la rendre beaucoup plus supportable pour des êtres humains[4].

LES EXPLICATIONS DE ZRET

Zret expliquera par la suite à Coe qu'à l'époque de leur première rencontre, il était en vacances, et qu'il en avait profité pour rendre visite à certains de ses amis qui travaillaient dans leur base terrestre. Grâce à son vaisseau, il avait pu goûter aux plaisirs de la pêche dans différentes régions du Canada autrement inaccessibles. En quittant la base, il avait prévenu ses collègues qu'il serait absent pendant une semaine et qu'ils ne devaient pas s'inquiéter de son absence tant que l'avion émettrait un signal radio toutes les vingt minutes.

> *« C'était une grave erreur de ma part,* admet Zret. *Tu te souviens sans doute de ce panneau de contrôle sur le devant de ma combinaison ? Il couvrait une série d'électrodes. Deux d'entre elles étaient branchées sur ma nuque, l'une enregistrant les ondes de mon cerveau et la seconde recevant tous les signaux de la glande pituitaire, le principal "interrupteur" du corps. Un signal d'alarme aurait donc dû être transmis par ce biais au système émetteur de l'avion, qui l'aurait transformé en signal de détresse. Mes amis seraient venus à mon secours en trois ou quatre heures. »*

Hélas ! Suite à la chute de Zret, les boutons de commande étaient hors d'usage. Une fois à bord de son engin, grâce à l'aide de Coe, il avait enclenché manuellement le signal de détresse, avant de s'évanouir. Il avait été récupéré peu de temps après.

Coe voulut connaître l'âge de Zret. « Ma réponse va sans doute te surprendre, lui répond celui-ci. J'ai très exactement 304 ans de plus que toi. » Des décennies plus tard, de nombreux contactés affirmeront que les extraterrestres jouissent d'une extraordinaire longévité. Ce témoignage, qui date de 1921, n'en est que plus intéressant. A en croire Zret, cette longévité est le résultat d'un processus de rajeunissement :

«Nous sommes soumis à ce traitement une fois tous les 105 ans, explique-t-il. *A cette condition, notre espérance de vie est de 630 ans environ, car le processus, pour des raisons chimiques, n'est possible que cinq fois. Sans cela, nous devrions mourir à peu près au même âge que vous.»*

Les habitants de Norca, outre ces étonnantes possibilités physiques, manifestent des capacités intellectuelles rares. La télépathie a atteint chez eux un stade très avancé.

LES RENCONTRES SUIVANTES

Les entretiens d'Albert Coe avec Zret – ou ses amis – se sont poursuivis jusqu'à la fin des années 70, au rythme de dix à douze par an. Il a tenu sa promesse de ne rien dire, du moins jusqu'en 1958, date à laquelle il a raconté toute l'histoire à sa femme.

> *Elle a d'abord cru à une plaisanterie,* raconte Coe en 1977 au docteur Berthold Schwarz, psychiatre et spécialiste d'ufologie. *Et elle a demandé à les rencontrer. Mais il ne pouvait en être question. Ces gens sont très secrets. Ils ont de bonnes raisons pour ça, et je n'aimerais pas être celui qui les trahit.*

Apparemment, Coe a été autorisé à divulguer certaines choses. Il accorde quelques interviews à des radios ou des télévisions à Washington et écrit un livre relatant ses expériences, publié à compte d'auteur en 1969. Il déclare aussi avoir eu plusieurs entrevues avec des représentants du gouvernement: «Ils me questionnaient sans cesse, essayant de m'amener à me contredire.»

En 1958, Coe comprend qu'il est surveillé par des agents fédéraux:

> *Ils ont commencé par me suivre partout. J'habitais Beverly, dans le New Jersey, où j'occupais un petit appartement au-dessus d'un salon de coiffure. Le coiffeur était un ami; il m'a raconté que les fédéraux lui posaient des tas de questions, ils cherchaient à savoir où j'allais, ce que je faisais, qui étaient mes amis, etc.*

Dans les années 50, un certain nombre de contactés, tel George Adamski, ont effectivement fait l'objet d'une surveillance, comme l'indiquent les fichiers du FBI. Interrogé par le docteur Schwarz sur Adamski, dont les rencontres ressemblent aux siennes à bien des égards, Coe se contente de le traiter d'imposteur !

Que devons-nous penser du témoignage d'Albert Coe ? Ingénieur en mécanique, il jouissait à l'évidence de toutes ses facultés. Comme il l'a confié au docteur Schwarz[5], il ne souffrait pas de troubles du cerveau, d'hallucinations ni de paranoïa, et n'avait jamais séjourné en hôpital psychiatrique. J'ai écouté très attentivement l'entretien qu'il a accordé au docteur Schwarz. J'ai lu son livre[6] en détail. Je suis certain qu'il a dit la vérité – du moins, ce qu'il pensait être la vérité.

ATTERRISSAGE FORCÉ

Au cours de l'été 1933, plusieurs habitants de Nipawin, dans la province canadienne du Saskatchewan, racontent avoir observé d'étranges lumières dans le ciel et au sol.

Une nuit, deux hommes et une femme, bien décidés à découvrir la vérité, se rendent en camion sur les lieux. Ils continuent à pied en direction de la lueur, mais une zone marécageuse les empêche d'approcher à moins de 400 mètres de la lumière, qui émane d'un grand engin ovale posé au milieu des marais.

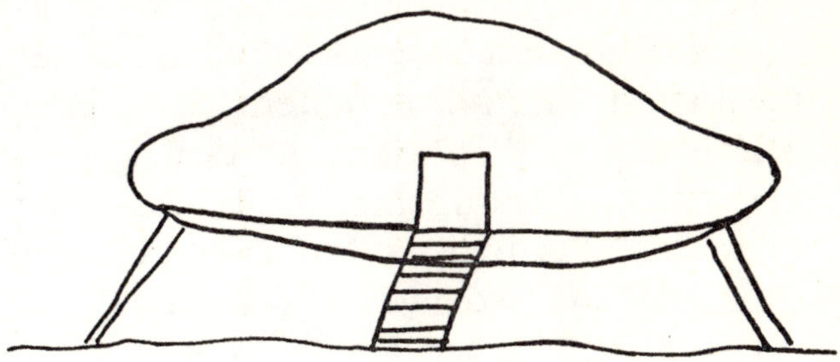

Fig. 1. Croquis du vaisseau spatial de Nipawin, dessiné par un témoin. Saskatchewan, Canada, 1933.

L'engin, surmonté d'un dôme, est légèrement arrondi en dessous. Une dizaine de silhouettes montent et descendent une échelle sortant d'une porte centrale. Plus petits que des humains, ils portent une combinaison argentée et une sorte de cagoule. Ils semblent très occupés à «réparer» le vaisseau. Comme nombre de témoins de «phénomènes ovni» l'ont fait remarquer en d'autres occasions, les opérations s'effectuent dans le plus grand silence. Une lueur orange baigne les environs.

Une demi-heure plus tard, les témoins retournent en ville dans l'intention de contourner les marais et d'observer la scène de plus près. Malheureusement, ils n'ont pas assez de carburant et doivent abandonner leur projet.

Quelques jours plus tard, ils sont de nouveau sur place. Le vaisseau a disparu, bien sûr, mais les traces sont nombreuses.

> *On distinguait nettement six dépressions à l'endroit des pieds du vaisseau,* raconte John Musgrave. *Ces traces, espacées d'environ 3 mètres et profondes de 6 centimètres, étaient de même dimension, soit 60 ou 90 cm². Les témoins affirment également avoir repéré l'endroit où était posée l'échelle. Au centre de la zone d'atterrissage, une trace de terre brûlée couvrait un cercle de 3 ou 4 mètres de diamètre. En revanche, ils ne virent aucune trace de pas*[7].

DES HUMANOÏDES EN ESPAGNE

Les exemples d'extraterrestres descendant de leur vaisseau par une plate-forme ne manquent pas (ainsi lors de l'incident survenu en 1955 dans le domaine de lord Mountbatten, dans le Hampshire[8]). Le cas suivant est néanmoins l'un des plus anciens dont j'ai eu connaissance.

Le 23 juillet 1938, à Guadalajara, en Espagne, à 23 h 30, un officier et son ordonnance aperçoivent, à une soixantaine de mètres de l'endroit où ils se trouvent, une lentille sombre d'environ 11 mètres de diamètre flottant à 2 mètres au-dessus du sol. Deux humanoïdes en descendent sur une plate-forme fixée à une sorte de colonne. Un faisceau de lumière bleue dirigé sur les témoins leur glace les sangs. La plate-forme remonte, les deux moitiés du disque se mettent à tourner chacune dans un sens, et l'appareil décolle dans une vive lumière blanche[9].

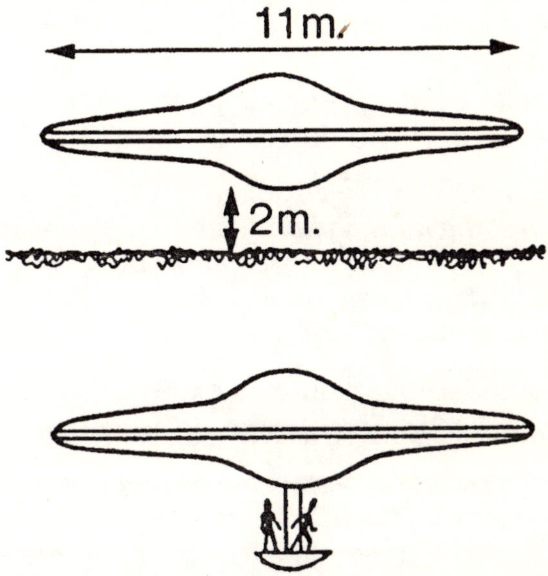

Fig. 2. Disque volant aperçu par des militaires.
Guadalajara, Espagne, 1938 *(Terence Collins/FSR Publications)*.

Dans la majorité des cas, les extraterrestres prennent la fuite lorsqu'ils aperçoivent des êtres humains. Deux ans après cet incident, pourtant, le contact s'est établi avec une espèce apparemment plus sociable, remarquablement proche des rencontres évoquées par Albert Coe.

UNE FRANCHE AMITIÉ

Un beau jour de mai 1940, dans une région isolée près du village de Townsend, dans le Montana, Udo Wartena, trente-sept ans, déplace des rochers sur sa concession aurifère. Soudain, il entend le vrombissement d'un moteur. Il croit tout d'abord avoir affaire à un de ces avions militaires qui survolent fréquemment la région. Il grimpe alors sur une hauteur et aperçoit un étrange appareil, ressemblant à deux assiettes à soupe de couleur bleu acier posées l'une sur l'autre. L'engin, qui mesure environ 30 mètres de diamètre sur 12 de hauteur, flotte au-dessus d'une prairie dans laquelle il a aménagé un barrage sur un bras de rivière.

Une passerelle circulaire sort de la carlingue. Un homme en descend et s'approche du chercheur d'or.

> *J'ai marché dans sa direction,* raconte Wartena. *Il s'est arrêté alors que nous n'étions plus qu'à 3 ou 4 mètres l'un de l'autre. Il portait une combinaison gris clair, un couvre-chef de la même couleur et ses pieds étaient chaussés de mocassins.*

L'inconnu lui serre la main en s'excusant : il n'entre pas dans ses habitudes de déranger ni de se laisser voir.

> *Il m'a demandé la permission de prendre un peu d'eau dans le ruisseau. J'ai dit : « Bien sûr, pourquoi pas. » Il a fait un signe et j'ai vu un tuyau descendre de l'engin. Il parlait anglais aussi bien que moi, mais plus lentement, comme s'il choisissait ses mots.*

L'étranger invite poliment Wartena à monter à bord. En passant sous l'engin, celui-ci a l'impression d'être transpercé par le vacarme des moteurs. Mais, une fois à l'intérieur, le bruit est à peine perceptible.

> *Nous sommes entrés dans une pièce d'environ 4 mètres sur 5, fermée par une porte coulissante et meublée de sièges confortables. L'éclairage était tamisé. Un homme âgé se trouvait dans la pièce. Il était vêtu simplement. Ses cheveux étaient blancs comme la neige – tout comme ceux de l'homme plus jeune.*

Les deux hommes ont des traits altiers et une peau presque transparente. Ils semblent pleins d'ardeur et d'énergie. Wartena, méfiant, leur demande d'où ils viennent. « D'une autre planète », répondent-ils en montrant le ciel. Wartena leur demande encore pourquoi ils ont préféré puiser de l'eau dans la rivière plutôt que dans le lac voisin. « L'eau de la rivière est plus pure, elle ne contient pas d'algues », disent-ils. Ils ont donc eu l'occasion de faire la différence.

Le plus jeune des deux hommes renseigne Wartena sur le système de propulsion de l'engin :

> *« Comme vous avez pu le remarquer, nous flottons au-dessus du sol et, malgré les dénivellations de terrain, le vaisseau reste à l'horizontale. Il possède sur sa circonférence deux roues de vol, qui tournent chacune en sens inverse, ce qui assure au vaisseau sa propre gravitation, ou plutôt lui permet d'échapper à l'attraction de la Terre, du soleil et des étoiles. Bien que cette poussée soit très faible, nous l'utilisons pour glisser à la surface, comme vous le faites pour avancer sur la glace avec une voile. »*

Ces anneaux, ou « roues de vol », sont larges de 1 mètre environ et épais d'une dizaine de centimètres, séparés par des tiges entraînées par les moteurs et mues par des unités de batteries ou de transformateurs et réparties sur la circonférence de l'engin. Pour les voyages interstellaires, le vaisseau peut en principe être réglé sur l'énergie d'une étoile, ce qui lui permet d'atteindre des vitesses supérieures à celle de la lumière, de « glisser sur les ondes de la lumière », comme ils le disent eux-mêmes. « Ils utilisent la gravité, commente Wartena ; ils ne se contentent pas de la maîtriser. » Les extraterrestres prétendent par ailleurs pouvoir stocker l'énergie stellaire dans des batteries, pour les cas d'urgence. « Ils possèdent encore d'autres carburants, dont ils n'ont pas souhaité me révéler la nature. » Quelques années plus tard, Wartena racontera à un membre de sa famille qu'ils savaient extraire l'hydrogène de l'eau et l'utiliser comme carburant.

Comme dans de nombreux cas similaires, les extraterrestres n'expliquent pas comment l'annulation de l'attraction terrestre leur permet de se propulser. Cette absence de précision constitue, à l'évidence, une marque de prudence : qui sait si de présomptueux Terriens ne seraient capables d'utiliser ces informations à mauvais escient ?

Wartena voudrait connaître l'âge de ses hôtes. Le premier déclare avoir 600 ans. L'autre, qui semble « légèrement plus âgé », en avoue 900 (un âge très respectable pour les habitants de Norca). Ils déclarent aussi qu'ils parlent plusieurs langues et qu'ils ne cessent de faire des progrès.

Pourquoi sont-ils venus sur Terre ? « Comme vous l'avez remarqué, répondent-ils à Wartena, nous vous ressemblons physiquement beaucoup, ce qui nous permet de nous mêler plus facilement à vous pour glaner des informations, donner des instructions ou vous venir en aide lorsque c'est nécessaire. » Ils ajoutent qu'ils ont pour mission de surveiller les progrès de la société. Chrétien pratiquant, Wartena leur demande ce qu'ils pensent du Christ et de la religion. « Nous ne sommes pas autorisés à évoquer de tels sujets. Nous ne devons pas intervenir dans ce domaine. »

Les visiteurs de l'espace invitent Wartena à les suivre, mais il refuse, prétextant que ses proches seraient attristés de son départ. « Plus tard, je me suis demandé pourquoi j'avais répondu de cette façon », avoue-t-il. Son hésitation vient-elle de ce que, deux ans plus tôt, un jeune homme a disparu sans laisser de traces ? Est-il parti avec les étrangers ?

Wartena pense qu'il est temps de prendre congé. Les deux hommes lui demandent de ne parler à personne de leur rencontre, car personne n'y croirait, mais lui permettent de l'évoquer dans quelques années. Comme dans d'autres témoignages, Wartena est prié de se tenir à l'écart pendant le décollage.

Je me suis écarté, ils ont remonté la passerelle et, lorsque que je me suis trouvé à une trentaine de mètres, je me suis retourné. Je ne voyais personne, mais j'étais sûr qu'ils me voyaient, alors je leur ai fait un signe de la main.

Les turbines se mettent à vrombir, et Wartena suit du regard le vaisseau qui s'élève du sol, puis qui s'éloigne à vive allure. Il veut partir, mais une sorte de champ magnétique le cloue sur place pendant plusieurs heures.

Cette remarquable histoire est parvenue jusqu'à moi grâce à Warren Aston, un enquêteur australien, qui la tenait lui-même d'un Américain ami du témoin. Udo Wartena, d'origine néerlandaise, avait une réputation de franchise et de droiture auprès de tous ceux qui le connaissaient, y compris sa femme, qu'Aston a personnellement rencontrée. Il avait consigné par écrit toute l'histoire, mais l'avait gardée secrète pendant près de trente ans, avant de se confier à son meilleur ami. Il est mort en 1989.

L'un des aspects les plus intéressants de cette rencontre est à coup sûr le sentiment d'amitié que le témoin dit avoir spontanément éprouvé pour ses visiteurs. « Ce sont des hommes comme nous, déclarait-il, de braves garçons », et il disait se sentir à l'aise en leur compagnie.

Certaines confrontations, malheureusement, se passent beaucoup moins bien...

3

UN FESTIVAL D'ABSURDITÉS

« Un festival d'absurdités » : la formule est du chercheur français Aimé Michel. Elle résume bien l'apparente absence de logique qui se dégage des diverses apparitions d'objets volants et de visiteurs venus d'un autre monde, au comportement souvent déroutant. Malgré tout, quelques constantes apparaissent, susceptibles de fournir de précieux indices.

Les événements relatés dans le présent chapitre se sont produits au cours des années 1946 et 1947.

UNE MORT AFFREUSE

De tous les pays du monde, c'est sans doute le Brésil qui détient le record des rencontres avec des extraterrestres. L'un des premiers cas répertoriés, qui n'est pas sans évoquer le scénario d'une série B ou un épisode particulièrement horrible des *X-Files*, remonte à 1946 et compte plusieurs témoins dignes de foi.

5 mars 1946, jour du Mardi gras à Araçariguama, dans le district de São Roque, État de São Paulo. A l'époque, la région n'est pas encore connectée au réseau électrique et téléphonique. Il n'y a même pas de médecin. Les habitants ont constaté à plusieurs reprises d'étranges lumières surgissant de manière irrégulière au-dessus des montagnes

et des forêts. Vers 20 heures, un fermier de 40 ans, João Prestes Filho, rentre chez lui. Sa femme et ses enfants sont en ville pour le carnaval. Une fenêtre est restée ouverte, pour qu'il puisse rentrer dans la maison.

Au moment même où il pousse la fenêtre, il est frappé par un faisceau de lumière vive provenant de l'extérieur. Il tombe à terre, les mains sur les yeux. Puis, il se relève et part en courant pour chercher de l'aide. Il arrive chez sa sœur Maria et lui raconte ce qui vient de se passer. Quelques voisins accourent en hâte, dont Aracy Gomide, inspecteur des impôts à la préfecture de São Roque. Celui-ci, qui n'est pas médecin, a cependant des connaissances suffisantes pour soigner les malades de la région.

Gomide remarque que Prestes a les yeux dilatés et la voix blanche. Son corps ne porte aucune trace de brûlure. C'est alors que se produit une scène épouvantable. Les témoins, interrogés par Irineu José da Silveira, chirurgien-dentiste, racontent :

> *Nous avons vu apparaître les entrailles de Prestes. Sa chair semblait avoir bouilli pendant des heures. Elle se détachait des os, tombant en lambeaux de ses mâchoires, de sa poitrine, de ses bras, de ses jambes et de ses pieds. On voyait distinctement son squelette et ses dents.*

Pendant tout ce temps, Prestes ne manifeste aucun signe de souffrance. Son nez et ses oreilles se décollent et tombent. On emmène ce qui reste de sa pauvre dépouille à l'hôpital de Santa Casa, à Santana de Parnaíba, mais il meurt en route.

D'après le certificat de décès, il aurait succombé à des « brûlures généralisées » – un diagnostic bien peu satisfaisant. On ne découvre rien, ni chez lui, ni à proximité, qui permette de situer l'origine du faisceau lumineux. Aucun orage ne s'est produit qui puisse laisser supposer un coup de foudre fatal[1]. Selon un rapport publié par un journal brésilien quelques années plus tard, le gouvernement français aurait réclamé le squelette de Prestes à des fins d'analyse[2]. S'il est impossible d'attribuer sa mort de façon certaine à une intervention extraterrestre, on note pourtant plusieurs détails troublants.

APPARITIONS EN SUÈDE

Plusieurs mois avant la vague de « fusées fantômes » signalée essentiellement dans les pays scandinaves[3], un vaisseau étrange aurait atterri à Angelholm, au nord d'Helsingborg, en Suède. Le témoin, Gösta Carlsson, est désormais reconnu en tant que pionnier pour ses recherches sur l'extraction du pollen par les abeilles.

Un soir de mai 1946, Carlsson rentre chez lui. Il fait nuit noire et, pour ne pas se perdre sur le rivage, il porte une lampe frontale. Apercevant une lueur dans une clairière voisine, il marche dans cette direction et, à sa grande surprise, il aperçoit un curieux engin circulaire posé sur le sol. L'appareil est surmonté d'une coupole percée de grands hublots ovales. Sur cette « cabine » se dresse un « mât », et sous l'engin se trouvent une « dérive » oblongue reposant par terre, ainsi qu'une échelle et deux pieds d'atterrissage.

> *L'objet faisait environ 16 mètres de diamètre et 4 mètres de haut en son milieu. Je le sais parce que j'ai mesuré les marques le lendemain. Il y avait plusieurs orifices autour du disque, comme sur les turbines. C'est de là que sont sortis les jets de vapeur qui ont brûlé l'herbe au départ de l'engin. La lueur que j'avais vue provenait du mât, qui mesurait environ 5 mètres de haut. Trois antennes partaient du sommet. Un peu plus bas, on apercevait une sorte de lampadaire, dont la lumière violette inondait non seulement l'engin, mais aussi le sol. Cette lumière scintillante semblait couler du lampadaire comme de l'eau d'une fontaine.*

A côté de l'engin, au-delà du cercle de lumière, se tient un homme vêtu d'une combinaison blanche – un garde, selon Carlsson :

Il a levé la paume dans ma direction, a fait un geste très clair; je me suis arrêté net. J'étais à moins de 10 mètres de lui. Il avait à peu près ma taille, mais était beaucoup plus mince. D'autres individus s'agitaient autour de lui, mais ce qui m'a surpris le plus, c'est qu'ils n'échangeaient aucune parole. Trois hommes travaillaient à la réparation d'un hublot. Ils ont posé leurs outils et m'ont regardé. Le silence était total. Je n'entendais rien d'autre que les pas du garde sur l'herbe. J'ai vu aussi deux autres hommes et trois femmes, puis une quatrième qui est descendue du vaisseau un peu plus tard. J'ai aperçu un autre garde de l'autre côté. Cela faisait onze personnes en tout.

Ils portaient des bottines et des gants noirs, une ceinture noire et un casque transparent. Les femmes avaient des cheveux cendrés, mais je ne pouvais pas voir les cheveux des hommes, coiffés d'une casquette noire. Ils avaient tous la peau assez foncée, comme hâlée par le soleil.

J'ai fait quelques pas dans leur direction, mais le garde a de nouveau levé la main. Sur la poitrine, suspendue à son cou par une chaîne, il portait une boîte noire qui ressemblait à un appareil photo ancien modèle. Il a dirigé l'«objectif» vers moi. J'ai pensé qu'il voulait me photographier, mais il n'en était rien; en revanche, ma lampe frontale s'est éteinte. Elle n'a plus jamais marché, mais c'est peut-être une coïncidence. Rentré chez moi, je me suis aperçu que la pile était morte, alors que je venais de la changer.

On aurait dit que la «cloche de lumière» qui coiffait l'engin dressait un mur entre eux et moi. Je pense qu'elle servait à les isoler de notre atmosphère. Une femme est sortie de l'appareil avec un objet à la main. Elle a lancé l'objet hors du cercle lumineux et je l'ai entendue éclater de rire.

Carlsson décide de contourner le vaisseau et décèle «une odeur d'ozone, comme après une décharge électrique». Mais il n'a pas le temps de faire le tour que, déjà, une vive lumière flotte au-dessus des arbres. L'engin s'élève au milieu d'une couronne de vapeurs rouges s'échappant des turbines, puis s'éloigne à une vitesse vertigineuse.

Par la suite, Carlsson a retrouvé l'objet en question. L'analyse à laquelle il a été soumis en 1971 n'a rien révélé d'extraordinaire : il était pour l'essentiel constitué de silicium.

DES ANGES GARDIENS ?

Très peu de temps avant d'être démobilisé, en juin 1946, Allan Edwards est admis pour un problème de santé mineur dans un hôpital militaire à Camp Lee, dans l'État de Virginie. La salle commune étant comble, on lui attribue une chambre particulière. Le matin suivant, il sort de sa chambre pour trouver quelqu'un avec qui bavarder. Parmi les malades, dont la plupart sont assis au bord de leur lit, il remarque de loin un individu qui lui paraît tout à fait exceptionnel. Edwards, qui a suivi des cours aux Beaux-Arts et a étudié l'anatomie, se souvient :

> *Je me suis approché et, avisant un lit vide, je lui ai demandé si je pouvais m'y asseoir. «Allez-y», m'a-t-il répondu en souriant. Sans en avoir l'air, je l'ai observé attentivement.*
>
> *Jamais de ma vie je n'avais vu pareille beauté. Pourtant, ses traits n'avaient absolument rien de féminin. Il avait le front très haut. De petites veines bleues transparaissaient sous la peau fine de ses tempes. Ses cheveux blonds semblaient éclairés de l'intérieur. En fait, tout son visage semblait rayonner. Il avait des yeux bleus très doux, qui me semblaient emplis de compassion. Son nez avait une forme parfaite et sa complexion était d'une pureté et d'un éclat comme je n'en avais jamais vu auparavant.*
>
> *Plus encore que la hauteur de son front, la dimension de son crâne, de l'avant à l'arrière, était étonnante. Cette caractéristique défiait toutes les normes admises et pourtant, j'ai compris que, pour la première fois, je contemplais la perfection.*

Edwards se sent envahi d'une sensation étrange, une sensation que nombre de contactés – tel George Adamski – ont évoquée.

J'avais l'impression de me trouver en deux endroits à la fois, comme si j'étais transporté dans une autre dimension. Cette sensation de bien-être, proche de l'expérience mystique, était au-delà de toute description. J'avais la certitude d'être mystérieusement lié à l'homme qui se trouvait devant moi.

N'osant questionner son interlocuteur, Edwards cherche quelques indices de son identité. Il ne voit qu'une carafe d'eau, un gobelet et une revue, *Pageant*, ouverte à la page d'un article intitulé « Pâques dans l'Oklahoma », détail qui aura plus tard son importance. Puis, appelé pour une consultation, il retourne dans sa chambre.

Vers minuit, il entend un vacarme épouvantable dans le couloir. Deux infirmiers essaient de maîtriser un jeune homme qui, lui disent-ils, vient d'être amené par la police militaire après une rixe. Le garçon a les deux yeux au beurre noir, le front meurtri et saigne abondamment du nez. On le place dans une chambre voisine de celle d'Edwards, que les gémissements du blessé tiennent éveillé pendant plusieurs heures.

Le lendemain, au petit déjeuner, Edwards s'assied à la même table que son étrange rencontre de la veille, en compagnie d'autres malades.

Mon regard fut attiré par un jeune homme assis à ma gauche, en bout de table. C'était le blessé de la veille... Et pourtant, son visage était redevenu normal ! J'étais sûr, sans savoir pourquoi, que l'homme qui était assis à côté de moi était responsable de ce miracle. De nouveau, je ressentis la sensation bizarre de me trouver à deux endroits différents en même temps. Est-ce que personne d'autre n'était conscient de ce qui se passait ? C'est alors que je compris qu'il était arrivé une chose extraordinaire : tous les malades présents avaient changé d'une manière ou d'une autre. C'était comme si un voile gris s'était déchiré devant mes yeux et que la couleur m'apparaissait enfin dans toute sa splendeur. Je me demandais s'ils avaient conscience de leur transfiguration, ou si j'étais victime d'une hallucination.

Edwards reste profondément bouleversé par ces expériences. Il commence à faire des rêves étranges et répétitifs, dans lesquels le béton et le ciment reviennent de façon obsessionnelle. «Je me voyais en train d'en malaxer, d'en couler et même d'y être enfoui.»

Six semaines plus tard, Edwards quitte l'armée. Son premier geste est d'acheter le numéro de *Pageant* qu'il a vu à l'hôpital. Sa lecture lui apprend que la petite ville de Lawton, au sud de l'État, organise chaque année un pèlerinage. A l'occasion des fêtes de Pâques, les habitants participent à un spectacle de rue représentant les derniers jours du Christ, manifestation qui attire des milliers de visiteurs. Edwards écrit au syndicat d'initiative pour en apprendre davantage. Il ne tarde pas à recevoir une documentation complète. Alors, Edwards et sa femme, qui n'ont pas encore préparé leur retraite, décident, sur un coup de tête, de s'installer à Lawton.

Quelques jours avant leur départ, Edwards descend la rue principale de Petersburg, en Virginie, lieu de son ancien domicile. Soudain, sur le trottoir d'en face, il remarque l'homme qu'il a rencontré à l'hôpital. Celui-ci porte l'uniforme de l'armée américaine et se trouve en compagnie d'un autre soldat. Edwards traverse la rue et les suit. Lorsque les deux hommes se séparent, Edwards s'approche.

> *Je brûlais de lui poser un millier de questions. Je me suis surpris à lever la tête vers lui. Il était encore plus grand que moi. J'ai bredouillé : «Est-ce que vous vous souvenez de moi ?» Il a souri et a dit : «Bien sûr ! Vous étiez à l'hôpital de Camp Lee.» J'ai oublié d'un coup toutes mes questions et j'ai ajouté : «Nous allons bientôt déménager pour Lawton.» Il m'a répondu : «Je viens d'un village du nom de Cement, tout près de Lawton.»*

Edwards se présente. L'étranger lui dit s'appeler Suder. «Nous n'avons pas échangé d'autres paroles. Il est parti. Je l'ai vu disparaître au coin de la rue.»

Edwards et sa femme se rendent compte assez vite que la vie à Lawton ne répond pas à leurs aspirations et s'installent à Los Angeles. Quelques années plus tard, Edwards retourne dans l'Oklahoma. Cette fois, il met un point d'honneur à se rendre à Cement ; personne, dans le village, n'a jamais entendu parler d'un habitant nommé Suder. Les choses en restent là.

NOUVELLES RENCONTRES

L'année suivante, à Seattle, dans l'État de Washington, Edwards, qui souffre de problèmes respiratoires, est hospitalisé une nouvelle fois. Il remarque deux infirmiers d'allure étrange.

> *Ils étaient tous deux assez jeunes, l'un grand et blond, l'autre petit et brun. Physiquement, ils n'avaient rien de spécial, mais ils avaient le don de lire mes pensées. Entendre quelqu'un répondre à une question que vous n'avez pas encore formulée est une expérience déconcertante, et j'avoue que ce pouvoir me faisait peur.*

De temps à autre, Edwards a également l'impression d'être poussé à faire des choses qu'il n'avait pas l'intention de faire. C'est ainsi qu'il est amené à soigner des malades plus atteints que lui, avec une adresse qui le surprend lui-même. «Je regrette de ne pas avoir posé de questions à mes infirmiers ; en fait, je n'étais sans doute pas autorisé à le faire.»

Une autre fois, par une nuit claire et sans lune, il se sent forcé de sortir de sa chambre d'hôtel.

> *Mon regard fut attiré par une étoile qui me parut étonnamment grosse. Elle devint de plus en plus brillante et s'approcha, pour repartir ensuite dans l'autre sens. Je ne savais que penser. Je n'avais jamais entendu parler de soucoupes volantes, aussi supposai-je qu'il s'agissait d'un phénomène lumineux dans une constellation lointaine.*

Ce n'est qu'un peu plus tard, en lisant l'ouvrage de George Adamski, qu'Edwards s'est demandé s'il n'y avait pas un rapport entre ce vaisseau de l'espace et ces rencontres « surnaturelles ».

En voyage à Porto Rico, Edwards a eu l'occasion de rencontrer un paysan qui, en compagnie de plusieurs de ses camarades, a vu un énorme objet fluorescent, de la taille d'un DC-6, sur un aéroport militaire désaffecté.

> *Il a décollé sous leurs yeux,* raconte Edwards. *Ils ont été particulièrement impressionnés par la vibration qu'ils ont ressentie dans leur propre corps, alors qu'ils se trouvaient à près de 100 mètres de l'appareil. Le champ de cannes à sucre, au bord de la route, semblait parcouru des mêmes tremblements, alors qu'il n'y avait absolument pas de vent.*

Notons que les apparitions de mystérieux engins spatiaux à Porto Rico sont si nombreuses que beaucoup se demandent si une base extraterrestre secrète ne serait pas établie dans cette région.

DES MOTIVATIONS SPIRITUELLES ?

Allan Edwards a tenté de rationaliser ses rencontres avec le maximum d'objectivité.

> *Que les choses soient bien claires : je ne cherche pas à prouver que j'ai été en contact avec des extraterrestres, même si ces gens ne m'ont pas expliqué qui ils étaient. Je ne peux que présenter les faits comme ils se sont produits et laisser le lecteur se faire une opinion. J'ai classé ces personnes dans la catégorie « extraordinaires » en raison de leurs pouvoirs inhabituels. Il est possible qu'ils soient de notre Terre et qu'ils aient acquis des connaissances supérieures à la moyenne. Toutefois, je ne peux m'empêcher de penser que mon intuition ne m'a pas trompé, et que des êtres venus d'une autre planète sont tout disposés à nous aider dans les épreuves que nous traversons. Sans*

doute ont-ils des motivations spirituelles qui les incitent à nous guider à travers l'obscurité qui nous menace. A cet égard, un verset du Livre des Hébreux me paraît particulièrement pertinent : « Efforcez-vous d'accueillir les étrangers avec un amour fraternel. Certains, de cette façon, ont rencontré des anges sans le savoir[4]. »

PITRERIES ET CABRIOLES

Le 23 juillet 1947, José Higgins, topographe brésilien, explore une portion de terrain au nord-est de Pitanga, dans l'État de São Paulo, en compagnie de quelques ouvriers, lorsqu'un sifflement perçant se fait entendre. Levant les yeux, les ouvriers aperçoivent un énorme disque qui s'apprête à atterrir. Ils se dispersent en courant, laissant Higgins se débrouiller seul.

Selon les propres termes d'Higgins, « un engin bizarre, de forme circulaire, aux bords saillants », se pose à une cinquantaine de mètres de lui. C'est un objet métallique, d'environ 50 mètres de diamètre sur 5 de haut. « Il était hérissé de tuyères qui ne dégageaient ni fumée ni étincelles », ajoute Higgins. L'appareil se pose sur des sortes de mâts, qui fléchissent lors de l'atterrissage. Higgins s'approche. Il remarque deux « personnes » qui le regardent à travers un hublot de verre très épais. Un grand bruit se fait alors entendre, puis une trappe s'ouvre sous l'appareil, par laquelle descendent trois êtres étranges. Ils mesurent un peu plus de 2 mètres et sont enveloppés d'une combinaison transparente qui les couvre des pieds à la tête. Ils ont sur le dos des boîtes métalliques qui semblent intégrées à leur combinaison. Par transparence, Higgins constate qu'ils portent un short, une chemise et des sandales. Ces vêtements semblent faits non pas d'étoffe, mais de papier aux couleurs vives. Leur tête est grosse, ronde et chauve, leurs grands yeux ronds sont dépourvus de sourcils. Ils se ressemblent beaucoup, « comme des frères ou des jumeaux ». Leurs jambes sont disproportionnées, trop longues par rapport à leur corps.

L'un d'eux brandit un tube métallique qu'il braque sur Higgins, apparemment sans effet. Tous trois bondissent autour de lui avec une agilité remarquable pour leur stature, en se parlant dans une langue inconnue. L'un d'eux lui fait signe de s'approcher de l'entrée ; il distingue alors une sorte de sas, fermé par une deuxième porte. Supposant qu'ils l'invitent à monter à bord, Higgins, en portugais et avec force gestes, leur demande où ils ont l'intention de l'emmener. L'un de ses interlocuteurs semble le comprendre et trace sur le sol un cercle qu'il entoure de sept cercles concentriques de plus en plus grands. Il désigne le Soleil (d'un mot qui ressemble à « Alamo »), puis le cercle du milieu, ensuite le vaisseau et enfin le septième cercle (« Orque »), en répétant le dernier geste plusieurs fois.

Higgins prend peur. Il cherche le moyen de s'enfuir. Il sent qu'il est inutile de résister par la force. S'étant aperçu que ses interlocuteurs évitent de fixer le soleil, il se dirige alors vers l'ombre et sort de son portefeuille une photo de sa femme, tentant d'expliquer par gestes qu'il souhaite aller la chercher pour l'emmener avec lui. Les créatures semblent comprendre, et Higgins peut s'éloigner sans être suivi. Une fois à l'abri, il s'arrête pour les observer. Ils semblent s'amuser comme des enfants, sautant et cabriolant à l'envi, et s'efforcent de lancer de grosses pierres aussi loin que possible. Au bout d'une demi-heure, ils inspectent les alentours avec soin, puis remontent dans leur vaisseau, qui décolle peu de temps après, avec un long sifflement.

La taille et la force physique de ces êtres, ajoutées au fait qu'ils s'essayaient à lancer des pierres, laissent supposer qu'ils venaient d'une planète soumise à une force de gravitation supérieure. Qu'il suffise de se rappeler les acrobaties des astronautes américains sur la Lune !

« Je ne saurai jamais s'il s'agissait d'hommes ou de femmes, a raconté plus tard Higgins à la presse. Dans l'ensemble, ils étaient très beaux et semblaient en excellente santé. » Comme un certain nombre de contactés, Higgins semble mal remis de ses émotions :

Était-ce une illusion ou la réalité ? Parfois, je me demande si les choses se sont vraiment passées de cette façon. Si je n'avais pas vu les ouvriers s'enfuir, je penserais avoir fait un rêve étrange et fascinant[5].

4

EN ROUTE VERS LES ÉTOILES

Pour Daniel Fry, technicien de l'Aerojet General Corporation en poste sur une base reculée du Nouveau-Mexique, dans le désert de White Sands, rien n'indiquait que la date du 4 juillet 1949 serait à marquer d'une pierre blanche.

Ce jour-là, Fry a projeté de se rendre à Las Cruces pour célébrer avec ses collègues la fête nationale américaine, mais il a manqué le dernier car et a dû retourner à la base. Là, il se plonge dans la lecture d'un ouvrage sur le transfert de chaleur, notion fondamentale pour la conception des moteurs-fusées. «Je devais rapidement constater que le problème du transfert de chaleur peut se révéler aussi désagréable physiquement que captivant théoriquement.» Vers 20 heures, le système de conditionnement d'air du bâtiment tombe en panne; la chaleur devient vite intolérable. Fry décide de sortir faire un tour, dans l'espoir qu'il fasse plus frais dehors.

En marchant vers les monts Organ, il remarque une étoile plus brillante que les autres. Celle-ci se dirige soudain dans sa direction. «Je brûlais de prendre mes jambes à mon cou, explique-t-il. Mais je sais, par expérience, qu'il vaut mieux connaître la trajectoire d'un missile avant de lui tourner le dos.»

L'objet se trouve maintenant à moins de 100 mètres de lui et semble perdre de la vitesse. Il a la forme d'un disque allongé, d'environ 10 mètres de diamètre à l'endroit le plus large.

> *Curieusement, je me sentis un peu rassuré,* explique Fry. *Je regardai l'objet glisser, flottant sur la brise comme une feuille morte. Il toucha le sol, à une trentaine de mètres de l'endroit où je me trouvais, sans le moindre heurt. Je n'entendis aucun bruit autre que celui des taillis sur lesquels il se posa. Pendant un long moment, je fixai l'engin sans faire un geste, comme un enfant assistant à un tour de magie. Je savais qu'une telle chose était impossible, et pourtant elle venait d'arriver.*

Fry est expert en aéronautique. Il a participé à la conception des fusées Atlas et est chargé, pour Aerojet, de mettre au point des systèmes de propulsion et de guidage des missiles. Pourtant, il n'a jamais rien vu de pareil.

> *J'entrepris de faire lentement le tour de l'engin, pour l'examiner en détail. Il avait la forme d'une sphère très aplatie au sommet et sur sa face inférieure. Il mesurait environ 5 mètres de haut sur 10 de large. On ne peut pas mieux le comparer qu'à une assiette à soupe renversée sur une autre.*
>
> *La couleur bleue que j'avais remarquée en vol avait disparu. La carlingue semblait faite d'un métal très brillant, couleur argent, avec des reflets violets. Je fis le tour complet sans remarquer aucune trappe ni ouverture. Je fis un pas en avant et posai avec précaution le bout de mon doigt sur la surface métallique. Elle n'était pas beaucoup plus chaude que l'air ambiant, mais je fus surpris par sa consistance : en effet, tout contact direct était absolument impossible. J'avais beau appuyer aussi fort que possible, la surface se dérobait à mes doigts, comme si des milliers de coussins d'air s'interposaient entre le métal et ma main.*

LA VOIX

C'est alors qu'une voix forte, venue de nulle part, se fait entendre : « Ne t'avise pas de toucher la carlingue, l'ami, tu risquerais de te brûler ! » Fry sursaute et recule précipitamment. Il se prend les pieds dans un buisson et s'étale de tout son long. La voix retentit de nouveau : « Du calme ! On est entre amis ! » Fry reprend ses esprits et cherche d'où vient cette voix si familière, mais, ne voyant rien, il se contente de demander s'il serait possible de baisser le son. « Désolé, mais tu risquais ta vie... C'était pas le moment de finasser ! – Est-ce que cela signifie que la carlingue est radioactive ? demande Fry. Dans ce cas, je suis encore assez près pour risquer ma vie. – "Radioactif" n'est pas exactement le mot qui convient, répond la voix. J'ai choisi le mot "brûler" parce que c'est le seul que j'ai trouvé dans ta langue. En fait, la carlingue est entourée d'un champ qui repousse la matière. Tes physiciens parleraient probablement d'antiparticules. » Puis, la voix se lance dans une longue explication – au point que l'on se demande comment Fry a pu mémoriser tous ces détails :

« Lorsque certains éléments, tel le platine, sont convenablement préparés et traités par exposition à un faisceau de photons, des particules sont générées à l'extérieur du noyau. Ces particules ayant tendance à se repousser mutuellement, comme les électrons, elles se déplacent naturellement en direction de la surface du métal et génèrent une force répulsive. Ces particules ont une demi-vie assez longue, si bien que les radiations cosmiques auxquelles est normalement soumis le vaisseau dans l'espace sont suffisantes pour maintenir la charge. C'est un champ très puissant à distance moléculaire, mais il devient négligeable à quelques microns de la surface de la carlingue.

« Tu as sans doute remarqué à quel point la carlingue était glissante. C'est parce que la peau n'entre pas directement en contact avec le métal, mais qu'elle est tenue à distance par ce champ répulsif. Cette propriété nous sert à protéger la carlingue des avaries et des chocs possibles à l'atterrissage. C'est aussi un moyen de diminuer la résistance de l'air lorsqu'il devient nécessaire de voyager dans l'atmosphère à grande vitesse.

– Mais pourquoi disiez-vous que je risquais ma vie ? demande encore Fry. *Lorsque j'ai touché la carlingue, je*

n'ai ressenti que des chatouillements. Et puis, qu'entendez-vous par "ma" langue? Vous parlez l'anglais aussi bien que moi.»

La voix explique alors que ce champ de forces produit dans le sang ce qu'on pourrait appeler des anticorps, provoquant une hypertrophie du foie. Puis :

> *«Dans ton cas, l'exposition a été si brève que tes jours ne sont pas en danger. Mais il est possible que, tôt ou tard, ton organisme fasse une petite réaction, à supposer qu'il réagisse comme le nôtre, ce qui est probable.*
>
> *«Pour ce qui est de ta seconde question, sache que je ne suis pas américain comme toi. Je ne suis pas même un "Terrien". Le fait que tu aies pu le penser prouve que l'expérience que je devais tenter est parfaitement réussie. Si tu bavardais avec moi plus longtemps, tu t'apercevrais que mon vocabulaire est assez limité, et que certains des mots que j'emploie sont passés de mode. En fait, je n'ai jamais mis les pieds sur votre planète. Il me faudra encore au moins quatre ans pour m'adapter à votre environnement, sans oublier le problème de la gravité. J'ai besoin de l'aide de quelqu'un comme toi. Le fait que, malgré les circonstances, tu m'écoutes calmement et que tu fasses à mes questions des réponses logiques prouve que ton intelligence correspond à ce que nous cherchons.»*

Fry remercie, mais ajoute que cette remarque implique qu'on se propose de l'intéresser à un projet concernant l'édification des habitants de la Terre :

> *«Pourquoi moi?* interroge-t-il. *Parce que j'étais là au moment de votre atterrissage? A la base où je travaille, je suis sûr que beaucoup de gens pourraient vous aider mieux que moi.*
>
> *– Ils le pourraient peut-être,* répond la voix. *Mais le voudraient-ils? Si tu crois te trouver là par hasard, tu te sous-estimes. Pourquoi crois-tu que ton système d'air conditionné est tombé en panne ce soir, alors qu'il fonctionne très bien d'habitude? Pourquoi as-tu tourné sur ce chemin, alors que tu voulais te rendre au banc d'essai? Et pourquoi n'as-tu pas rebroussé chemin en nous voyant*

atterrir, comme tu en as d'abord eu l'intention ? Il est rare que nous imposions nos volontés aux autres. Mais c'était un cas d'urgence, qui méritait bien une petite entorse à nos principes. »

La voix demande alors son aide à Fry pour un projet destiné au bien-être et à la sauvegarde des habitants de la Terre. Il se passera quelques années avant qu'ils n'aient vraiment besoin de lui.

> *« Mais nous serions ravis de t'offrir d'ores et déjà un baptême de l'espace, si cela peut t'aider à prendre une décision,* poursuit le mystérieux interlocuteur. *Tu pourras vérifier par toi-même que notre technologie vaut la peine d'être divulguée.*
>
> *« Ce vaisseau est un engin téléguidé, utilisé pour le transport des marchandises. Tu entends ma voix, mais je ne suis pas à l'intérieur. Je me trouve à bord d'un vaisseau beaucoup plus grand, que nous appelons vaisseau-mère. En ce moment, il se trouve à plus de 900 de vos miles au-dessus de ta planète – la distance minimale pour un engin de cette taille, qui a pour mission de prélever des échantillons de votre atmosphère, afin que mes poumons puissent s'y habituer petit à petit. Ta présence à l'intérieur risque de modifier quelque peu la nature de l'air, mais nous aurons l'occasion de faire d'autres prélèvements un peu plus tard. »*

DANS LE VAISSEAU

Un son, tenant à la fois du sifflement et du ronflement, se fait entendre au sommet de l'engin pendant une quinzaine de secondes, puis c'est de nouveau le silence. « Je m'aperçus que les parois de l'engin étaient insonorisées et que le bruit que pouvait faire l'aspiration de l'air à l'intérieur ne pouvait pas être entendu à l'extérieur », commente Fry.

Une trappe s'ouvre alors sous l'engin. Le panneau coulisse et disparaît, laissant apparaître une ouverture ovale d'environ 1 mètre sur 1,50 mètre. Fry s'approche et, se glissant par l'ouverture, passe la tête à l'intérieur.

Je découvris un compartiment qui n'occupait qu'une petite partie du vaisseau. C'était une cabine d'environ 2 mètres sur 3. Les parois étaient légèrement incurvées. La cabine comportait quatre sièges ressemblant à des fauteuils club, à ceci près qu'ils étaient plus petits. Ils étaient disposés sur deux rangs, face à l'ouverture dans laquelle je me trouvais engagé. Au centre de la paroi postérieure, près du plafond, se trouvait une boîte ou un petit compartiment fermé par une sorte de lentille. On aurait dit un projecteur ou une caméra de surveillance. La lentille projetait effectivement un rayon de lumière diffuse, assez vive cependant pour éclairer l'habitacle. Mis à part les sièges et le projecteur, l'habitacle ne comportait aucun équipement. «Pas très accueillant, pense Fry. – *Je te rappelle qu'il s'agit d'une simple sonde,* répond la voix à la remarque qu'il n'a pas formulée. *Elle n'a pas été conçue pour transporter des passagers. L'habitacle a été prévu pour parer aux cas d'urgence, mais tu devrais trouver les sièges suffisamment confortables. Entre et, si tu veux faire un tour, installe-toi.»*

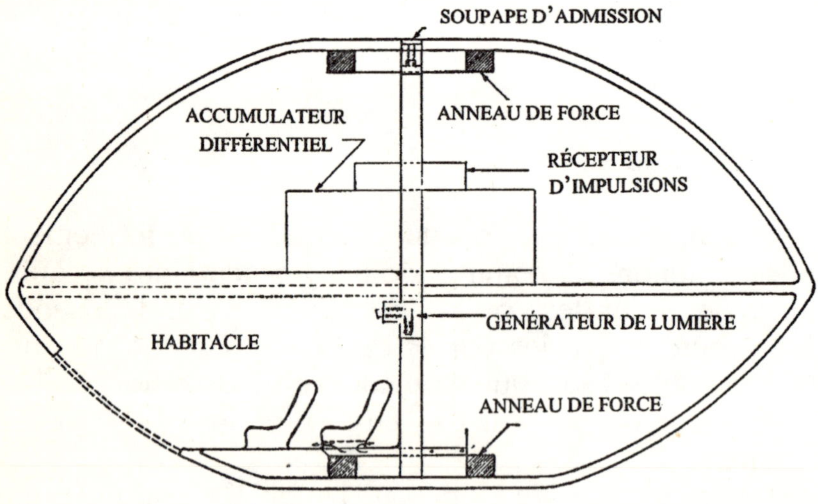

Fig. 3. Schéma en coupe du vaisseau téléguidé.

Fry entre et s'assied. Il entend un claquement : la trappe se referme lentement.

Instinctivement, je me suis précipité pour retourner à la relative sécurité du désert, mais il était trop tard. Si c'était un piège, je m'y étais laissé prendre comme un imbécile, et il était inutile de lutter contre l'inévitable.

« *Où veux-tu aller?* interroge la voix, *qui semble cette fois venir de tous les côtés, et non d'en haut.*

– Je ne sais pas où vous pouvez m'emmener, ni si vous en aurez le temps, répond Fry. *De toute façon, cette machine n'a pas de hublot, je ne verrai donc rien du tout.*

– Tu te trompes, tu verras très bien. En tout cas, aussi bien que de n'importe quel avion la nuit. Je suggère une balade au-dessus de New York, retour dans une demi-heure. A une altitude de 30 000 de vos mètres, les lumières de la ville offrent un spectacle fascinant.

– New York aller-retour en une demi-heure? Je vous rappelle que la ville se trouve à plus de 3 000 kilomètres d'ici... Voudriez-vous me faire croire que cet appareil peut voler à 12 000 km/h ? Et comment supporterai-je une telle accélération? Les sièges ne sont même pas équipés de ceintures!

– Tu ne sentiras rien, rassure-toi. »

Soudain, l'habitacle est plongé dans l'obscurité. Puis le projecteur émet un rayon de lumière ultraviolette. « La porte par laquelle j'étais entré devint transparente, se souvient Fry. Ce fut un choc pour moi, car nous sommes habitués à penser que le métal est forcément opaque. »

GRAVITATION

Ensuite, la voix annonce que le départ est imminent.

Je vis disparaître le sol à une vitesse folle, mais je ne ressentis absolument rien. Le vaisseau semblait rester parfaitement immobile. J'aperçus les lumières de Las Cruces à peine quelques secondes plus tard. Un peu plus loin, je pus distinguer le Rio Grande. La surface de la Terre semblait nimbée d'une lueur verte phosphorescente.

La voix explique à Fry pourquoi le phénomène d'accélération n'est pas sensible pour les occupants – « une question qui semble préoccuper énormément les observateurs terriens » :

« *Chaque fois que l'un de vos savants étudie le fonctionnement de nos sondes ou de nos vaisseaux et qu'on leur parle de vitesse ou d'accélération, leur intérêt fait place à l'incrédulité, ce qui nous déçoit toujours beaucoup quant à l'intelligence des habitants de la Terre. La réponse est simple : la force que nous utilisons pour prendre de la vitesse est de même nature que le champ de gravitation. Elle agit donc sur chaque atome du véhicule, mais aussi sur chaque atome de la masse qui se trouve à l'intérieur, y compris celle du pilote et des passagers. Dans ces conditions, l'accélération ne produit aucun effet secondaire. – Dans ce cas,* insiste Fry, *pourquoi ne suis-je pas en train de flotter dans les airs ?* »

La réponse ne tarde pas :

« *Avant que le vaisseau ne génère son propre champ de gravitation, il était posé sur le sol ; tu étais toi-même assis sur un siège. Il existait donc une première force entre le siège et toi. Dans la mesure où la force d'accélération qui affecte à la fois le vaisseau et ton propre corps s'exerce en fonction de leur masse, la première force entre le siège et toi restera constante, à ceci près qu'elle diminuera au fur et à mesure que l'engin s'éloignera de la planète.* »

Fry demande des explications sur le système de propulsion de l'engin, compte tenu de la prodigieuse quantité d'énergie requise pour produire une si grande vitesse. La voix répond qu'un certain nombre de concepts sont inconcevables pour les Terriens, et que les mots qui permettraient de les exprimer n'appartiennent pas au vocabulaire humain.

COMMUNICATION D'UN NOUVEAU GENRE

> «*Au fait,* remarque Fry, *je ne sais même pas votre nom. En portez-vous seulement ? – Oui, nous avons des noms, bien que nous n'ayons guère l'occasion de les utiliser entre nous. Si je m'installe sur Terre, je prendrai celui d'Alan ; il est assez courant et, par ailleurs, ressemble beaucoup à mon vrai nom, que l'on pourrait écrire "Ah-lahn".* »

Alan ajoute que, si nécessaire, il reprendra contact avec Fry, mais pas forcément par les moyens auxquels celui-ci pourrait s'attendre. «Nous avons enregistré ta fréquence personnelle [une méthode évoquée par Albert Coe]», explique la voix d'Alan, qui ajoute un certain nombre de précisions concernant la télépathie ou «perception extra-sensorielle».

> «*Je précise d'ailleurs que ce mode de perception n'est pas extrasensoriel à proprement parler,* poursuit-il. *Il dépend au contraire de moyens de perception dont tout individu est normalement pourvu, mais auquel il a perdu l'habitude de recourir. Les animaux sont à cet égard beaucoup plus doués que les hommes. Les insectes, en particulier, n'utilisent pas d'autre forme de communication.* »

INDÉPENDANCE PLANÉTAIRE

Fry est soudain surpris de voir, gravé sur un siège, un emblème qui ne lui est pas inconnu. C'est un serpent enroulé sur le tronc d'un arbre – une sorte de caducée.

> *On trouve ce symbole, sous une forme ou sous une autre, dans les légendes, les inscriptions et les gravures de presque toutes les civilisations primitives. J'étais persuadé qu'il n'appartenait qu'aux peuples de la Terre, et fus très étonné de le voir sortir des abîmes de l'espace intersidéral.*

Alan répond aux interrogations de Fry :

> «*Il est difficile de résumer en quelques minutes une histoire millénaire. Des siècles se sont écoulés depuis que*

nous avons renoncé à élire domicile sur une planète. Ces vaisseaux où nous vivons, où nous travaillons, où nous perfectionnons nos connaissances, sont notre seule patrie depuis des générations. Comme toutes les races de l'espace, nous sommes détachés de toute planète. Nos vaisseaux sont immenses, jaugés d'après les normes terrestres. Nous n'avons aucune raison de nous approcher d'une planète, sinon pour nous procurer des matières premières, que nous fournissent d'ailleurs les astéroïdes et les planètes mortes.

«Nous vivons en circuit fermé. Toute la matière contenue dans les vaisseaux y reste. Rien n'est éjecté, ni émis, ni perdu. Nous avons acquis des méthodes simples pour réduire les déchets et les réutiliser. Par exemple, nous respirons de la même façon que vous. Nos poumons aspirent de l'oxygène, et une partie de cet oxygène est transformée en dioxyde de carbone. L'air que contiennent nos vaisseaux est régulièrement recyclé grâce à des solutions végétales contenant des micro-organismes qui absorbent l'oxyde de carbone, l'utilisent pour leur propre croissance et restituent de l'oxygène. Il arrive que ces "plantes" entrent dans notre alimentation.

«Tu as peut-être du mal à imaginer qu'une race dotée d'une intelligence supérieure puisse se contenter d'une vie de reclus. Vous autres Terriens éprouvez peut-être de la pitié à notre égard. C'est nous, au contraire, qui avons pitié de votre race primitive et vulnérable, cantonnée sur une unique planète et soumise aux séismes, aux inondations, aux tornades, aux raz-de-marée, au blizzard, et à mille autres dangers incontrôlables.»

DES ANCÊTRES COMMUNS

Alan explique que le symbole de l'arbre et du serpent n'est pas propre à la Terre. C'est une image spontanée et naturelle, «peut-être parce qu'on dit que la vie vient de l'élément liquide, et que les ondulations du serpent figurent les vagues de la mer. L'arbre est le symbole de la vie, parce qu'il plonge ses racines dans la terre, s'élève dans les airs et se perd dans le ciel.» Mais il existe une autre explication à ces ressemblances :

«Ton peuple et le mien ont des ancêtres communs. Il y a quelque 10 000 ans, certains de nos pères vivaient sur la planète Terre. Il existait en ce temps-là un continent, à l'endroit où s'étend aujourd'hui votre océan Pacifique. Quelques-unes de nos anciennes légendes parlent du continent perdu de Lémurie, ou Mu.

«Nos ancêtres avaient construit un puissant empire. Leurs connaissances étaient immenses. Une autre peuplade s'était établie dans la partie sud-ouest de ce qui constitue aujourd'hui l'océan Atlantique – tu as sans doute entendu parler de l'Atlantide... Ces deux civilisations étaient rivales. Amies dans un premier temps, elles finirent par s'opposer âprement l'une à l'autre. En quelques siècles, leur science avait atteint le point où en est arrivé ton peuple aujourd'hui. Il était inévitable que ces deux civilisations finissent par se détruire mutuellement. L'énergie dépensée à cette occasion dépasse l'imagination. En conséquence, la configuration même de la planète s'est trouvée changée, et les radiations provoquées ont été si fortes que toute vie a été impossible pendant des générations.»

RETOUR SUR TERRE

Alan interrompt son exposé et annonce que le reste de leur conversation devra être remis à une prochaine rencontre : la soucoupe vient en effet de se poser de nouveau à White Sands. «Te voilà revenu à ton point de départ, dit la voix. Je vais ouvrir la trappe et attendre que tu te sois éloigné pour récupérer l'engin. Fais attention à toi en attendant notre retour.» Encore sous le choc de sa fantastique expérience, Fry descend du vaisseau et fait quelques pas dans le sable avant de se retourner.

La porte s'était refermée derrière moi. Une bande de lumière orange tourna autour du vaisseau, qui s'éleva brusquement dans le ciel, comme projeté par une catapulte.

L'appel d'air manqua me faire perdre l'équilibre. J'essayai de ne pas quitter le vaisseau des yeux, tandis que la lumière centrale prenait toutes les couleurs de l'arc-en-ciel.

Fry se sent soudain très déprimé. Son travail lui semble désormais avoir perdu tout intérêt :

Quelques heures plus tôt, j'étais un ingénieur plutôt brillant, occupé à mettre au point des moteurs-fusées que je croyais très performants. Je me sentais tout d'un coup parfaitement inutile. Pendant que je me débattais comme un insecte dans la toile d'une technologie dépassée, l'humanité courait à sa perte.

Comme il en a fait la promesse à Alan, Fry ne parle à personne de son aventure. De toute manière, il est convaincu que personne ne le croira.

Et les mois passent...

Un soir, il aperçoit dans le sable un objet étonnamment brillant. Il s'approche et entend soudain la voix d'Alan : « Oui, Dan, c'est moi. Nous avons pensé qu'il serait utile de t'envoyer ce petit amplificateur. Nous pourrions nous en passer, mais cet appareil devrait anéantir tout risque d'erreur dans nos communications. » Alan laisse Fry se remettre de ses émotions, puis lui explique qu'il a réussi à s'adapter à l'atmosphère terrestre, mais qu'il aura sans doute besoin de son aide :

« Si tu préfères ne pas nous aider, tous les souvenirs de notre rencontre s'effaceront de ta mémoire. Mais si tu acceptes, il se peut que tu ailles au-devant de certains problèmes. La seule récompense que je puisse te promettre, c'est la satisfaction d'avoir sauvé les habitants de ta planète et d'avoir acquis un savoir auquel tu n'aurais pas eu accès autrement. »

Fry accepte. Alan le prie de lui procurer des livres d'anglais et de mathématiques. Il explique que son système de calcul n'était pas décimal, mais duodécimal, et que s'habituer à ce nouveau système lui demandera un peu de temps. La mission de Fry est de placer ces livres dans un endroit précis, où un engin viendra les chercher pour les analyser, les copier et les restituer vingt-quatre heures plus tard. Leur accord fonctionne parfaitement. Fry emprunte les livres (y compris la Bible) à la bibliothèque, et Alan les rend en parfait état.

NOUVELLE RENCONTRE

Ce n'est qu'en avril 1954 qu'Alan reprend contact avec Dan Fry. Celui-ci passe des vacances dans un chalet, dans les forêts de l'Oregon. Alan n'est pas physiquement présent, mais la voix est restée la même. L'échange se fait uniquement par « télépathie électronique ».

Alan commence par reprocher à Fry de ne pas avoir fait état de leurs rencontres. Fry répond qu'il craignait de compromettre la visite qu'Alan se proposait de lui faire ensuite. D'ailleurs, à qui en aurait-il parlé ? Il n'est, en fin de compte, qu'un modeste ingénieur. Qui accepterait de lui prêter attention ?

> « *Ceux qui ne ferment par leurs yeux à la vérité savent reconnaître la valeur d'un message sans se préoccuper du messager,* proteste Alan. *Nos prévisions étaient un peu trop optimistes : il faut plus de quatre ans pour s'adapter à votre environnement. Un délai de cinq ans paraît plus raisonnable. Pendant ce temps, votre situation continue d'empirer. Il est possible que votre civilisation bascule dans le néant sans que nous puissions vous être d'une aide quelconque.* »

Fry est prié de raconter son expérience dans un livre et de répéter ce témoignage dans les journaux, à la radio, à la télévision, et partout où il pourra.

> « *Vous ne vous rendez pas compte de ce que vous me demandez,* objecte Fry. *Si je divulgue les informations que vous m'avez données, je vais me couvrir de ridicule. Les journaux ne donneront de mon témoignage qu'une version déformée et n'auront pas d'autre but que de le tourner en dérision.*

– Je sais. Le ridicule est une barrière que les timides et les ignorants élèvent entre eux et tout ce qui risque de perturber leur tranquillité. C'est le prix à payer pour les élus qui ont une mesure d'avance sur le commun des mortels.

– Pourquoi ne pas atterrir un beau matin sur les pelouses de la Maison-Blanche, convoquer les médias et délivrer votre message une bonne fois pour toutes? demande Fry.

– Tu prends tes désirs pour des réalités, répond Alan. *Réfléchis une minute et tu comprendras que cette solution n'est pas possible. Si nous nous présentons d'emblée comme une race supérieure, l'équilibre de la société des hommes se trouvera gravement perturbé. Des dizaines de millions de gens, qui n'accepteront pas d'être relégués au second plan, se hâteront de nier notre existence. Si nous imposons notre réalité par la force, 30% de la population se croira obligée de nous considérer comme des dieux et remettra entre nos mains le soin de son salut. Même si nous en avions les moyens, nous ne pourrions accepter cette responsabilité. Tous les autres seraient persuadés que nous avons l'intention de réduire les Terriens en esclavage et feraient des plans pour nous éliminer. Si tu veux que votre civilisation progresse, tu dois faire en sorte que ces améliorations viennent des Terriens eux-mêmes.»*

Pour voyager à travers le monde, Alan – cette fois très terre à terre – ajoute qu'il va avoir besoin d'un passeport, et qu'il lui sera impossible d'en obtenir un sans se procurer d'abord un acte de naissance. «Compte tenu de mes origines, cela risque de poser quelques problèmes. Je te demanderai donc de convaincre un fonctionnaire de l'état civil d'établir de faux papiers, malgré les risques que cela représentera pour sa carrière.» Il lui serait également difficile d'ouvrir un compte en banque :

«La valeur de vos monnaies repose sur celle de l'or, si j'ai bien compris. Je m'arrangerai pour te faire parvenir quelques lingots, que tu pourras échanger contre de l'argent, afin d'ouvrir un compte à mon nom.

– Non, pas de l'or, répond Fry. *Son commerce est bien trop réglementé. Il faut pouvoir prouver son origine. Le*

platine fera très bien l'affaire. La demande est très forte en ce moment.

– Comme tu voudras, répond Alan. *Va pour le platine. Mais je trouve étrange que ton peuple accorde une telle valeur à ce métal. Certes, il résiste bien à la corrosion, et la plupart des carlingues de nos vaisseaux sont plaquées au platine, mais nous n'aurions pas l'idée d'en faire une monnaie d'échange.* »

CONTRADICTIONS

Fry a-t-il vraiment voyagé dans un vaisseau spatial, ou bien nous a-t-il menés... en bateau ? Quelle que soit la réponse, son cas est doublement intéressant. Tout d'abord, il est très représentatif de certaines rencontres extraterrestres ; d'autre part, je crois que cette histoire est vraie – ce qui ne signifie pas qu'il faille accepter ce témoignage sans réserves. Plusieurs des faits revendiqués par Fry nécessitent un commentaire critique.

J'ai rencontré Fry pour la première fois au début des années 70 alors que, violoniste au London Symphony Orchestra, j'étais en tournée aux États-Unis. Un peu plus tard, en août 1976, il m'invita chez lui avec mon amie et associée Louise (Lou) Zinsstag, dans la maison qu'il habitait avec sa femme Florence à Tonopah, en Arizona. Je me rappelle que la chaleur était insupportable, à peine adoucie par les vents du désert. Dan et Florence nous reçurent très bien et nous consacrèrent une bonne partie de leur temps.

Pendant notre séjour, qui dura près d'une semaine, je pus poser à Dan un certain nombre de questions. En premier lieu, je voulais savoir pourquoi il signait ses articles « Daniel Fry, docteur en philosophie du St. Andrews College de Londres ». Il se trouve que cette université n'a jamais existé, pas davantage que le « diplôme d'honneur de philosophie cosmique » dont faisait état un diplôme officiel affiché en évidence dans son salon. Une enquête de Philip Klass a démontré que ce centre de formation est une sorte de cours par correspondance qui délivre un diplôme à quiconque présente une thèse... à condition de s'acquitter d'un droit d'inscription[1].

> «*Je suis surpris que l'on puisse supposer qu'un diplôme de ce genre s'obtient contre de l'argent,* protesta Fry. *Je n'ai pas acheté ce diplôme, et on ne m'a rien réclamé. Je l'ai reçu en récompense des travaux qui m'ont permis d'écrire la première édition de* Steps to the Stars[2].
> – *Voyons, Dan, un doctorat ne peut être délivré que par une université reconnue. Vous êtes scientifique : comprenez que vos collègues aient quelques raisons de se méfier de ce genre de diplôme de complaisance...*
> – *Je n'ai jamais cherché à en dissimuler l'origine. Ce sont les autres qui m'accusent de l'avoir fait. Et je n'en tire d'ailleurs pas la moindre gloire.*»

Une autre question portait sur le fait que, dans la première édition de son livre *The White Sands Incident*[3], il datait sa rencontre du 4 juillet 1950. Dix ans plus tard, en 1964, il déclarait que les faits remontaient au 4 juillet 1949.

> «*Je voulais modifier cette date,* m'expliqua-t-il. *Lors de la réédition du livre, j'ai expressément demandé à l'éditeur de le faire, mais il a refusé en prétextant que cela desservirait le livre. De mon côté, j'estimais qu'il n'y avait plus de raison de cacher que ces événements s'étaient produits en 1949.*
> – *Parce qu'il y en avait une, à l'origine ?*
> – *Oui. La date prévue pour l'arrivée d'Alan avait été changée. Il lui fallait un an de plus pour se préparer. A supposer que le Pentagone ait pris mon témoignage au sérieux, on aurait pu le localiser plus facilement. Je devais prévoir une échappatoire. Le soir du 4 juillet 1950, je n'étais pas à White Sands. A la base, tout le monde vous le dira.*»

Compte tenu de ses responsabilités importantes à la base, Fry avait pris soin de soumettre son livre aux responsables de la sécurité d'Aerojet :

> *Je leur ai dit :* «*Lisez ça. Si vous pensez que je viole les règles de la sécurité, dites-le-moi sans tarder.*» *Ils l'ont lu,*

et ils n'y ont rien trouvé de gênant. L'ouvrage a même été enregistré à la bibliothèque technique, département documents. Il se trouve que le PDG d'Aerojet avait été ministre de la Marine. Au cours de son mandat, alors qu'il volait vers le Japon, son avion avait été survolé par un ovni, en plein jour et à très courte distance. Il savait donc fort bien que toutes ces histoires ne reposaient pas sur du vent.

Du reste, à White Sands, les ovnis n'étaient pas une découverte. Le 21 avril 1949 (la même année, donc), le commandant Robert McLaughlin, qui étudiait avec son équipe le vol d'un ballon-sonde, avait remarqué dans le ciel un engin argenté inhabituel. A l'aide de théodolites et d'un chronomètre, les observateurs établirent que l'engin volait à une altitude de 90 kilomètres, à une vitesse de plus de 600 km/h, et qu'il mesurait environ 13 mètres de long sur 30 de large. «Je suis sûr qu'il s'agissait d'une soucoupe volante venue d'une autre planète, et j'ajoute que ces disques étaient conduits par des êtres animés et intelligents», déclara McLaughlin. Une autre fois, il put observer deux disques de petites dimensions au-dessus du Nouveau-Mexique[4]: «A maintes reprises, j'ai vu des disques de ce genre suivre ou dépasser des missiles en vol au-dessus de la base de White Sands, à l'endroit où, comme on le sait, les Américains ont expérimenté la première bombe atomique[5].»

A plusieurs reprises, Lou Zinsstag fit part à Fry de son étonnement devant le courage qu'il avait manifesté lors de la première rencontre :

«Comment avez-vous osé vous aventurer par une nuit noire dans ce vaisseau obscur, guidé seulement par une voix inconnue, sans éprouver aucune peur?

– Ne croyez pas ça : j'étais mort de trouille ! Mes genoux jouaient des castagnettes !»

«Et puis, ajouta Florence Fry, *on lui avait dit qu'il s'agissait d'une sonde chargée de prélever des échantillons, et rien ne lui assurait qu'il n'était pas l'un de ces échantillons !»*

Pour ma part, j'ai toujours eu quelques doutes sur l'authenticité des films 16 mm pris par Fry (et dont je possède des copies), notamment ceux qui concernent un objet aperçu en mai 1964 dans l'Oregon, et sur lesquels on distingue comme une paire d'abat-jour suspendue à un câble. Fry prétend qu'on voit sur certaines images les contours d'un nuage passant devant l'objet. Je ne suis pas entièrement convaincu. Les mouvements du « vaisseau » semblent prouver que l'objet filmé oscille au bout d'un fil... Mais cela prouve-t-il que Fry a menti à propos de ses expériences précédentes ? Je ne le crois pas. Peut-être a-t-il pensé que ce faux viendrait conforter une réalité impossible à prouver.

En revanche, je suis convaincu que la photo reproduite dans ce livre est authentique (voir cahier photos 1, p. II).

Le 18 septembre 1954, Fry, qui rentre chez lui, roule sur Garvey Boulevard, près de Baldwin Park, en Californie, lorsqu'il aperçoit de nouveau l'engin. N'ayant pas d'appareil photo dans sa voiture, il s'arrête dans un drugstore pour en acheter un, ainsi qu'une pellicule. Après avoir pris la photo, il rapporte la pellicule dans le même magasin pour la faire immédiatement développer[6].

La partie la plus étonnante du témoignage de Fry concerne les caractéristiques techniques de l'engin en matière d'énergie et de propulsion, très en avance pour l'époque, malgré la formation spécifique de Fry. De telles hypothèses n'ont été envisagées avec sérieux qu'aux abords des années 80. Elles étaient révolutionnaires dans les années 50.

En définitive, Fry est persuadé que nous sommes confrontés à des races extraterrestres très diverses :

> *La plupart des idées fausses que les humains ont sur les phénomènes ovnis vient de leur obstination à vouloir à tout prix faire entrer toutes les manifestations dans un seul et unique moule. Chaque rencontre est un cas particulier, qui doit être jugé indépendamment des autres. Penser que toutes les créatures qui visitent la Terre vien-*

nent de la même planète, dans le même type de vaisseau, avec les mêmes intentions, c'est un peu comme se tenir à l'angle de Broadway et de la 42e Rue et affirmer que tous les passants se ressemblent et qu'ils arrivent du même endroit pour faire tous exactement la même chose. Nous vivons dans une galaxie qui regorge de vie et d'intelligence autres que les nôtres. Mais pour reconnaître cette réalité, il faut commencer par discipliner notre ego. Nous ne sommes qu'un produit de l'évolution parmi d'autres. Et sans doute pas le meilleur[7].

5

RENCONTRES MYSTÉRIEUSES

Bruno Facchini, un ouvrier italien de 40 ans, habite à Abbiate Guazzone, en Lombardie, à quelques kilomètres de l'autoroute de Milan. Le soir du 24 avril 1950, un violent orage frappe la province de Varèse. Un peu avant 22 heures, la pluie s'arrête. Facchini sort de sa maison pour prendre l'air. Au moment de rentrer, il remarque dans le ciel, à quelques mètres de lui, d'étranges flashes. S'imaginant que la foudre a sans doute frappé et endommagé la ligne à haute tension qui passe au-dessus du village (l'un des pylônes se dresse juste devant chez lui), Facchini s'approche prudemment, en prenant garde à ne pas marcher sur d'éventuels fils électriques tombés à terre. Il ne voit rien d'anormal et s'apprête à rebrousser chemin, lorsque le faisceau lumineux se manifeste de nouveau.

> *C'était encore un peu plus loin,* racontera-t-il à Antonio Giudici. *J'ai décidé de m'approcher. J'ai vu alors une immense forme noire, presque ronde (comme un ballon aplati au sommet). Au milieu se trouvait une petite échelle, éclairée par une lumière verte. Très vite, j'ai compris que cette lumière provenait d'une sorte de lampe actionnée par un homme debout qui semblait occupé à un travail de soudure. Il portait une sorte de scaphandre et un masque.*
>
> *Poussé par la curiosité, je me suis encore approché davantage, et j'ai vu deux autres personnes, vêtues de la même façon, qui évoluaient lentement autour du*

vaisseau – j'en ai déduit que leur combinaison était lourde et paralysait leurs mouvements. L'engin, éclairé par la lampe à souder, renvoyait des éclats métalliques.

L'aéroport de Milan et les bases militaires de Vergiate et de Venegono ne se trouvent qu'à quelques kilomètres de là, aussi Facchini pense-t-il qu'un avion s'est posé en catastrophe à la suite d'une avarie.

J'ai proposé de l'aide, mais je n'ai obtenu pour seule réponse que des sons gutturaux incompréhensibles.

Je me demandais quelles étaient leurs intentions. J'ai eu le sentiment qu'ils m'invitaient à monter à bord. Brusquement, j'ai entendu un énorme bruit, comme un bourdonnement d'abeille amplifié ou une énorme dynamo. J'ai vu une autre échelle à l'intérieur, et un peu partout des tubes, des cylindres et des appareils de mesure. J'ai compris que ce n'était pas un avion, et j'ai été pris de panique. J'ai pris mes jambes à mon cou.

Un peu plus loin, je me suis retourné. J'ai vu l'un des hommes brandir une sorte d'appareil qu'il portait en bandoulière et projeter un faisceau de lumière dans ma direction. J'ai repris ma course, mais aussitôt, j'ai eu l'impression d'être coupé en deux par un instrument tranchant ou par un jet d'air comprimé, et je suis tombé à plat ventre.

Malgré ses contusions, Facchini continue d'observer le curieux engin et ses occupants.

Ils semblaient se désintéresser de moi. Je suis sûr qu'ils voulaient seulement me faire peur, et qu'ils n'avaient aucune intention de me faire du mal.

A l'évidence, l'équipage se prépare au départ :

Ils étaient occupés à replier l'échafaudage et à rentrer l'échelle. Ensuite, la porte s'est refermée. Toutes les lumières se sont éteintes. Le bourdonnement continuait. Tout à coup, le bruit s'est amplifié. L'engin a décollé, a pris de la vitesse et a disparu.

Le silence revient. Facchini reste là, immobile, les yeux levés vers le ciel. Mais il n'y a plus rien à voir. Il doit rentrer chez lui et s'apprêter à passer une nuit agitée.

LES CONSÉQUENCES

Le matin suivant, Facchini retourne sur les lieux, à la recherche de son étui à cigarettes, tombé pendant sa chute. Il remarque de légères traces sur le sol. Quatre dépressions circulaires d'environ 1 mètre de diamètre forment un carré d'environ 6 mètres de côté. L'herbe, brûlée, est jonchée de débris de métaux – sans doute les restes de la soudure. Facchini raconte son aventure à la police de Varèse, qui entreprend des recherches, sans grande conviction.

Quelques jours après cette aventure, Facchini commence à ressentir une douleur à l'endroit où le faisceau l'a touché. Tout son dos devient noir. La douleur dure un bon mois. Mais le traumatisme le plus évident est d'ordre psychologique. «Je ne me suis jamais remis de ce choc, dit-il. Aujourd'hui encore, je ressens de temps en temps des bouffées de chaleur. Le sang me monte au visage, et pourtant je n'ai pas de fièvre[1].»

Au cours d'un entretien accordé en 1981, Facchini, alors âgé de soixante et onze ans, a fourni sur cette rencontre quelques détails supplémentaires. «Il n'y avait pratiquement aucune différence par rapport à son premier témoignage, déclare l'enquêteur Ezio Bernardini. Il m'a raconté sa surprise lorsque, voyant sur son écran de télévision les astronautes marchant sur la Lune, il s'est aperçu que leurs tenues étaient pratiquement les mêmes que celles de ses mystérieux visiteurs!» Quant à la propulsion du vaisseau, elle était assurée par des tuyères qui permettaient à l'engin de se déplacer verticalement et latéralement[2].

De nombreux spécialistes ont cherché à rencontrer Facchini pour se pencher sur son témoignage. Parmi eux se trouvait un officier de marine :

« Vous avez bien de la chance ! lui dit-il. *Je ne sais pas ce que je donnerais pour avoir pu, comme vous, admirer cette merveille de la technologie !*

– *Moi, de la chance ?* répondit Facchini d'un ton amer. *Si j'avais su tous les ennuis que me causerait cette aventure, je l'aurais bouclée, c'est sûr*[3] *! »*

ACCIDENT EN ARGENTINE

Leonard Stringfield, ex-officier des services secrets qui, une fois rendu à la vie civile, s'est consacré à l'étude des accidents aériens impliquant des objets volants non identifiés, a eu l'occasion de recueillir le témoignage du docteur Enrique Caretenuto Botta, après un événement extraordinaire survenu dans la région désertique de Bahía Blanca, en Argentine, le 10 mai 1950.

Né en Italie, Botta, ingénieur en aéronautique, a été pilote de chasse pendant la Seconde Guerre mondiale. A l'époque, il est architecte pour une compagnie vénézuélienne qui réalise un projet de construction dans la pampa. C'est à Horacio Gonzales qu'il raconte d'abord son étrange aventure. Celui-ci le met en contact avec Stringfield. Le récit qui suit comporte en outre un certain nombre d'informations fournies par Gonzales à Coral Lorenzen, représentant de l'APRO (Aerial Phenomena Research Organization) à Caracas.

Botta roule sur l'autoroute, à une bonne centaine de kilomètres de son hôtel (un point dont il a pu fournir les coordonnées exactes : 64° de longitude ouest, 37° 45' de latitude sud, plus de 250 mètres au-dessus du niveau de la mer), lorsque son attention est attirée par un objet métallique en forme de disque, surmonté d'une lumière clignotante et posé en plein milieu de la chaussée. Il arrête sa voiture et s'approche.

L'engin était posé de biais, écrit Botta à Stringfield en octobre 1955. *Il avait la forme d'un disque et mesurait environ 10 mètres de diamètre sur 4 mètres de haut. La surface était lisse et brillante. L'engin était surmonté d'une tourelle (un dôme ?) d'environ 2 mètres, percée de hublots.*

Botta décide d'entrer par une trappe située sur le côté.

Trois petits hommes étaient assis sur des sièges capitonnés. Ils étaient morts. L'un d'eux – le pilote, je présume – se trouvait au centre de la tourelle. Un grand panneau de commande lui faisait face. Ses mains étaient encore posées sur des leviers. Ces créatures mesuraient environ 1,20 mètre et avaient forme humaine. Ils avaient des yeux, un nez et une bouche comme les nôtres. Leurs cheveux, coupés court, étaient châtain grisâtre. Ils avaient la peau olivâtre et le visage comme noirci au charbon. Ils étaient vêtus de combinaison couleur de plomb[4].

Au cours de son entretien avec Gonzales, Botta précise que le pilote était assis sur un siège inclinable classique, et les passagers sur des couchettes qui épousaient les formes rondes de l'habitacle. Leur peau était sombre et leurs yeux clairs[5].

Je touchai les corps, qui étaient froids et inertes. Dans la tourelle régnait une vague odeur d'ail et d'ozone. Le faisceau clignotant, au sommet de l'engin, était d'un orange pâle. Je n'ai vu ni tuyau, ni câble, seulement le panneau de commande. On voyait au-dessus du panneau une petite sphère cerclée d'un anneau. A droite du pilote se trouvait un écran semblable à un écran de télévision. Je suis resté cinq minutes dans la tourelle, mais j'étais si impressionné par l'absence possible d'un quatrième voyageur (l'un des sièges était vide) que je suis ressorti très vite, complètement abasourdi.

Enrique Botta rentre directement à son hôtel et raconte son aventure à deux de ses collègues. Décidés à se rendre immédiatement sur les lieux, ils se munissent de revolvers et d'un appareil photo. Mais la nuit commence à tomber ; ils décident donc de remettre l'expédition au lendemain.

Le jour suivant, en arrivant sur les lieux, ils ne voient rien d'autre qu'un tas de cendres. Botta prend une photo du monticule, tandis que son collègue récolte une poignée de cendres pour analyse. A leur contact, sa main se teinte de violet ; la couleur persistera pendant plusieurs jours.

Les amis de Botta examinent ensuite le site à la recherche d'indices, lorsqu'ils aperçoivent dans le ciel trois ovnis : un engin de grande taille en forme de cigare et deux autres, plus petits, en forme de disques. L'un des disques, de 10 mètres de diamètre environ, survole le groupe à moins de 600 mètres d'altitude. Botta se hâte de prendre cinq photos, dont deux seulement permettent de distinguer les engins avec une netteté suffisante. En quelques secondes, les disques rejoignent le cigare volant et l'ensemble disparaît à grande vitesse.

A la suite de l'incident, Botta ressent divers malaises – fièvre et éruptions cutanées. La forme de ses lunettes de conduite, avec lesquelles il est entré dans le vaisseau, semble s'être imprimée sur son visage. Les médecins songent à des radiations, mais il est impossible de le prouver.

La remarque du témoin sur les visages « noircis au charbon » des extraterrestres est particulièrement intéressante. Au cours d'une conversation avec le docteur Rolf Alexander à l'aéroport de Mexico en 1951, le général George Marshall, une grande figure de la Seconde Guerre mondiale, qui devait ensuite être nommé secrétaire d'État, a en effet révélé que l'armée américaine avait découvert des vaisseaux extraterrestres accidentés. A trois reprises, a déclaré Marshall sans autre précision, des engins non identifiés ont effectué des atterrissages aux conséquences catastrophiques pour leurs occupants : le contact avec l'atmosphère terrestre les aurait comme « brûlés de l'intérieur[6] ».

SUBMERSIBLES NON IDENTIFIÉS

Une nuit de juin 1950, Romero Ernesto Suarez marche le long de la côte, entre Rio Grande et San Sebastian, en Terre de Feu (Argentine), lorsqu'il remarque sur la mer des remous inhabituels. Il n'y a pourtant ni turbulence ni

Ci-contre : Rolan D. Powell, photographié près de son Hellcat F6F Grumman, à bord du porte-avion *Yorktown*, pendant la Seconde Guerre mondiale. Au cours de l'été 1945, alors que son unité était cantonnée à Pasco (État de Washington), Powell fut chargé avec cinq autres pilotes d'intercepter un engin inconnu " gros comme six porte-avions côte à côte ", qui survolait une usine de production de plutonium à Hanford. *(US Navy)*

Ci-dessous : Un Hellcat Grumman. Au cours des opérations d'interception, les pilotes montèrent à 42 000 pieds - bien au-dessus de leur plafond habituel - sans parvenir à rattraper l'engin non identifié. *(© Timothy Good)*

Ci-contre : Gösta Carlsson sur le site d'Angelholm, en Suède, où il a rencontré un mystérieux vaisseau et ses occupants. *(Göteborg Information Centre on UFOs)*

Ci-dessous, à gauche : Daniel Fry , l'ingénieur qui prétend avoir été transporté dans un vaisseau inhabité ayant atterri au centre expérimental de White Sands, au Nouveau-Mexique, en 1949, et avoir rencontré un extraterrestre à diverses reprises.

Ci-dessous, à droite : Agrandissement d'une photo prise par Fry près de Baldwin Park, en Californie, en septembre 1954.

Ci-dessous : Bruno Facchini, montrant la veste et les chaussures qu'il portait lorsqu'il assista aux réparations d'un vaisseau posé près de Milan en avril 1950. *A droite :* L'un des morceaux de métal découverts par Facchini. *(Domenica del Corriere)*

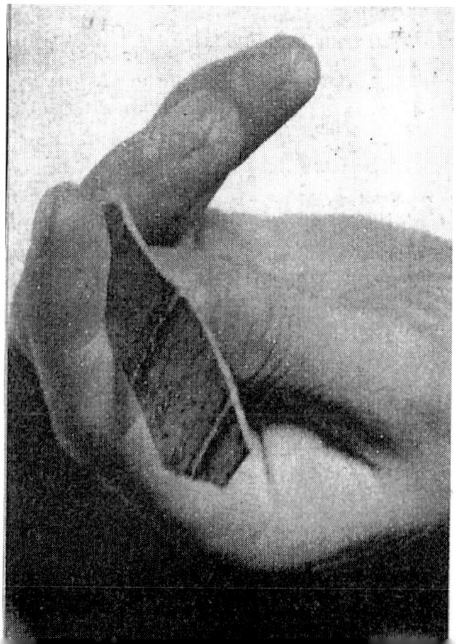

Deux des célèbres clichés d'Adamski montrant le " vaisseau de reconnaissance vénusien ". Il en existe une série complète, prise au télescope à Palomar Gardens, en Californie, le 13 décembre 1952. Adamski tenait beaucoup à ce que le tirage montre bien la forme inattendue des lampes. *(© G.A.F. International)*

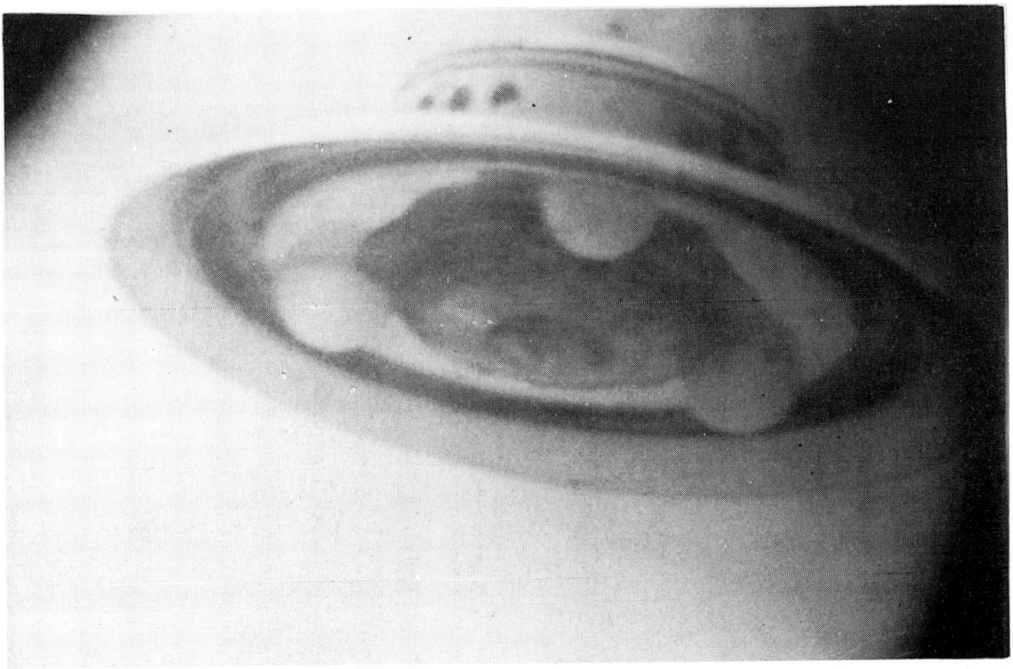

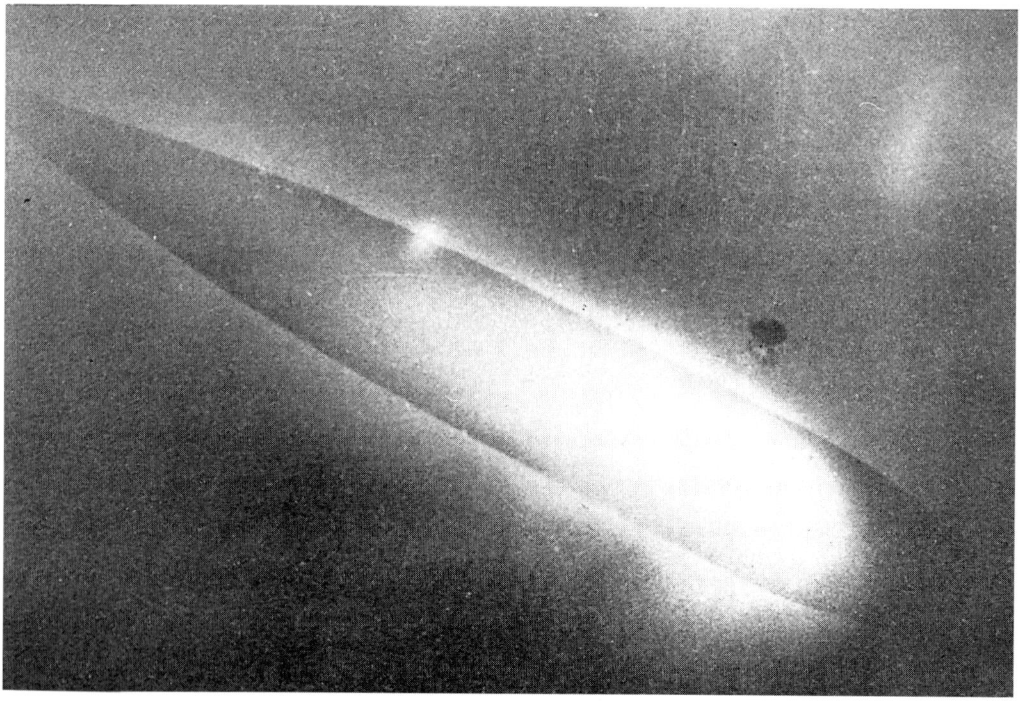

Photo prise au télescope par Adamski le 9 mars 1951. Selon lui, ce vaisseau porteur faisait aussi bien office de sous-marin que d'astronef. *(© G.A.F. International)*

Un gros-porteur (ou " cigare ") photographié par Adamski au télescope, le 1er mai 1952. Le vaisseau survolait une montagne située à environ 50 kilomètres du lieu d'observation, ce qui permet d'estimer sa longueur à 400 ou 500 mètres. Adamski affirmait que la petite entaille visible sous l'appareil était un sas de sortie pour le vaisseau de reconnaissance, qui rentrait par le dessus. *(© G.A.F. International)*

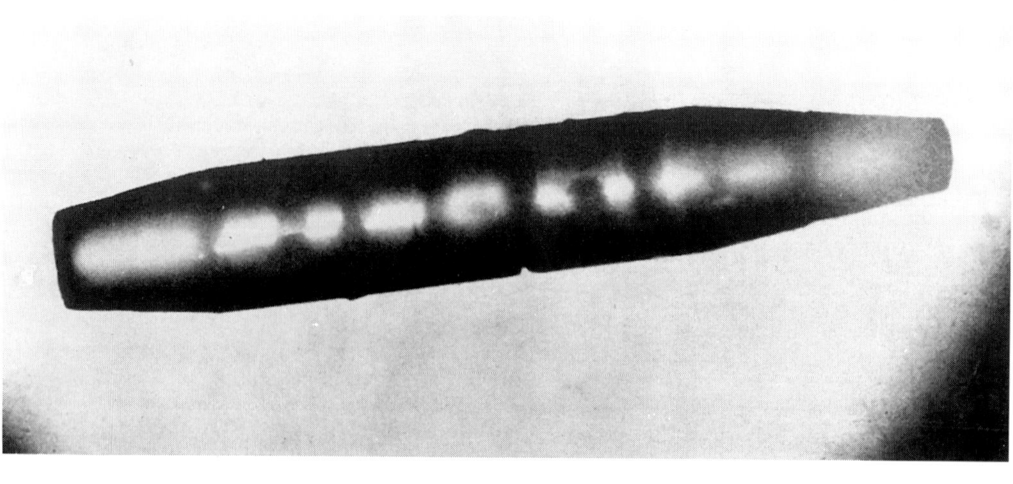

Cette photo controversée aurait été prise par le sergent Jerrold Baker avec un Brownie Kodak, peu de temps après la série d'Adamski le 13 décembre 1952. *(© G.A.F. International)*

Ci-contre : La pellicule photo sur laquelle " Orthon " aurait gravé des hiéroglyphes avant de la remettre à Adamski en décembre 1952. *(© G.A.F. International)*

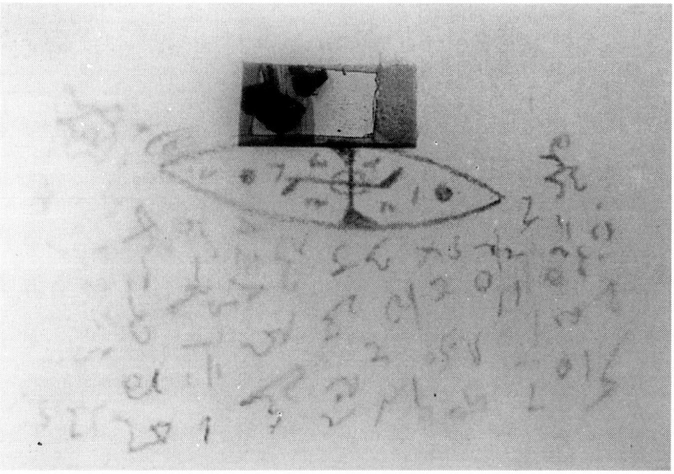

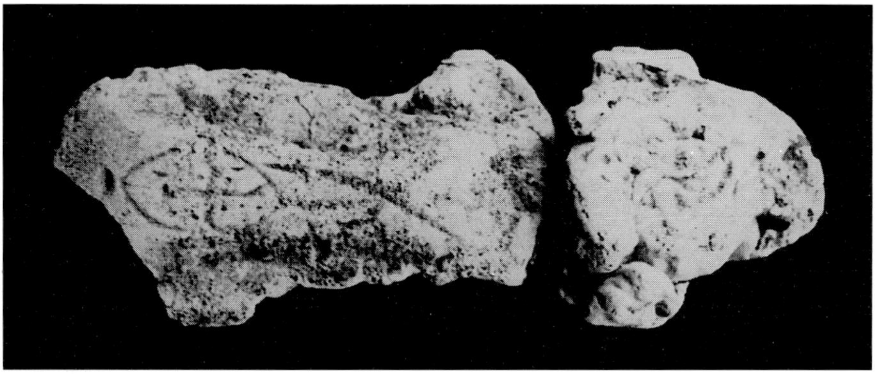

Moulage d'une empreinte d'Orthon, propriété de Desmond Leslie. *(© Timothy Good)*

George Adamski en compagnie de sa collaboratrice Lou Zinsstag. Au début des années 60, elle se désolidarisa des extravagances d'Adamski. A la fin de sa vie, elle réaffirma cependant son crédit aux premières déclarations d'Adamski.

Lucy McGinnis, l'un des six témoins à avoir assisté à la rencontre dans le désert de Californie en novembre 1952. Elle travailla 14 ans aux côtés d'Adamski comme secrétaire bénévole, jusqu'au début des années 60. Comme Lou Zinsstag, elle a confirmé jusqu'à sa mort les premières déclarations d'Adamski. *(© Timothy Good)*

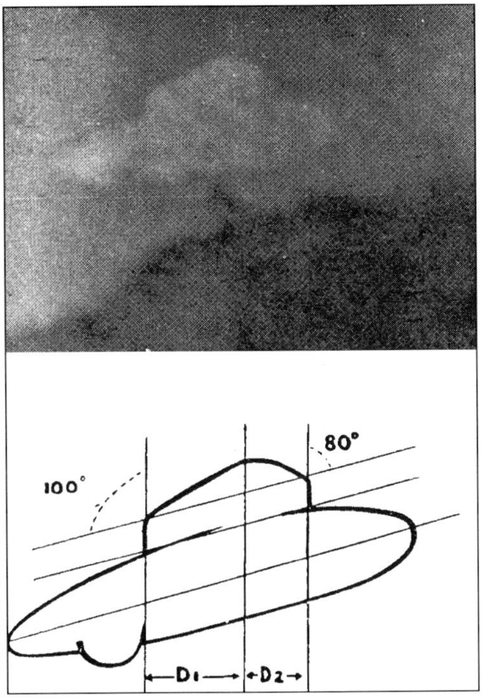

Ci-dessus, à droite : Un vaisseau semblable à celui d'Adamski, photographié par Stephen Darbishire à Coniston, dans le Lancashire, en février 1954. *A gauche :* Une seconde photo, moins connue, montrant un phénomène de distorsion analogue à celui que l'on peut voir sur celles d'Adamski et de Menger. A ce jour, Darbishire n'a pas contesté l'authenticité de ses photos. *(© Stephen Darbishire)*

Stephen Darbishire (à gauche) et son cousin, Adrian Myers, lui aussi témoin de la rencontre.

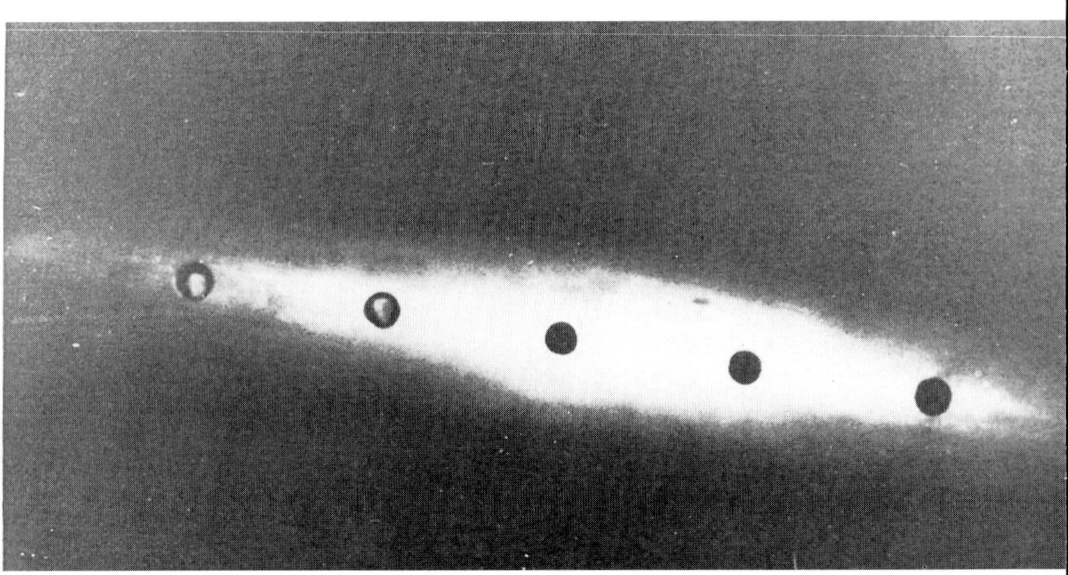

Une des photos Polaroïd censément prises par un extraterrestre depuis un autr vaisseau et montrant Adamski à travers un hublot (deuxième à partir de la gauche), a cours d'un voyage dans l'espace, en avril 1955. *(© G.A.F. International)*

Un croquis et un agrandissement d'un Polaroïd pris par l'architecte Hugo Vega à 50 km de Lima, au Pérou, en octobre 1973. *(Hugo Luyo Vega/UPI)*

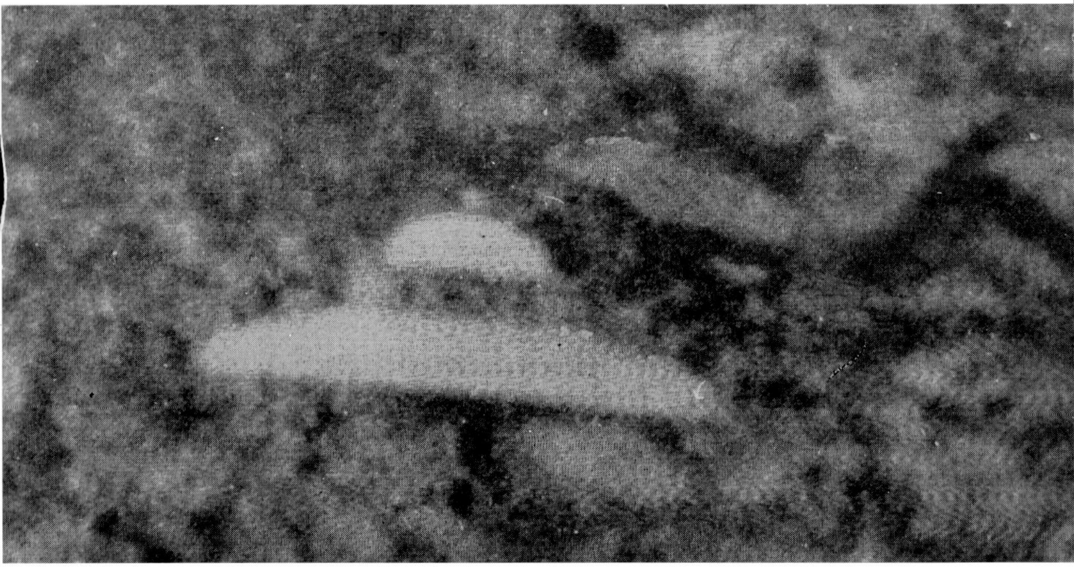

Sir Peter Horsley, commandant en second de la force de frappe et écuyer de Sa Majesté la Reine d'Angleterre pendant sept ans, affirme avoir rencontré pendant deux heures, à Londres, un homme venu d'un autre monde. Cette photo le représente à bord d'un Hawker Hunter T7 de la RAF en mai 1975, en compagnie de son neveu. *(© Crown Copyright)*

Howard Menger. Ce " contacté " charismatique a connu son heure de gloire à la fin des années 50. Photo prise pendant un entretien avec l'auteur en 1978. *(© Timothy Good)*

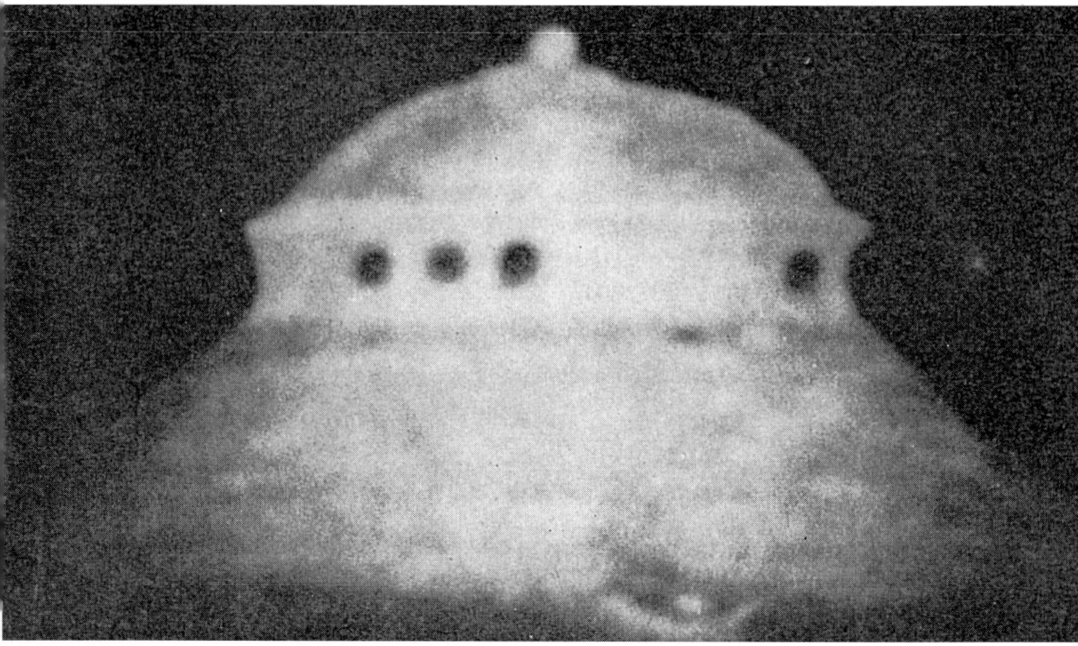

Un engin extraterrestre au sol. Polaroïd pris par Menger en 1956. *(© Howard Menger)*

Un " homme de l'espace ". Polaroïd pris par Menger en 1956. On notera l'auréole qui entoure le vaisseau, et qui serait due à un " flux électromagnétique ", également responsable de certaines distorsions optiques. *(© Howard Menger)*

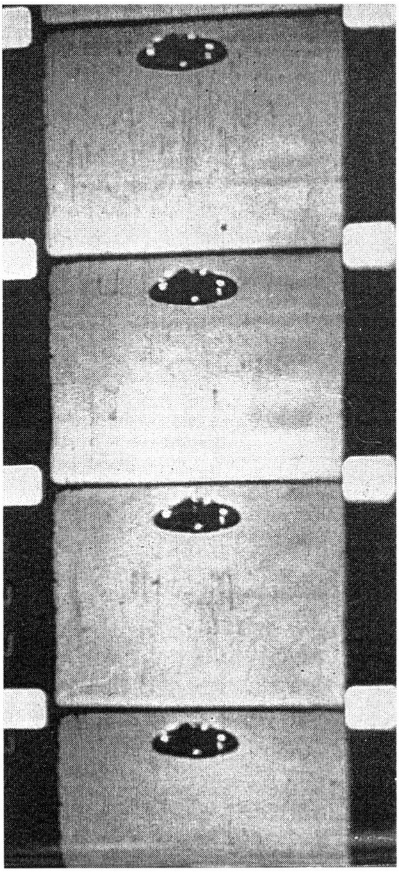

Ci-dessus : Une " femme de l'espace ". Polaroïd pris par Menger en 1956. La lueur ne provient pas d'une torche, mais d'un appareil porté à la ceinture et permettant de devenir invisible. *(© Howard Menger) Ci-contre :* Série de photogrammes tirée d'un film pris par Menger dans les Blue Mountains, en Pennsylvanie, à la fin des années 50. *(© Howard Menger)*

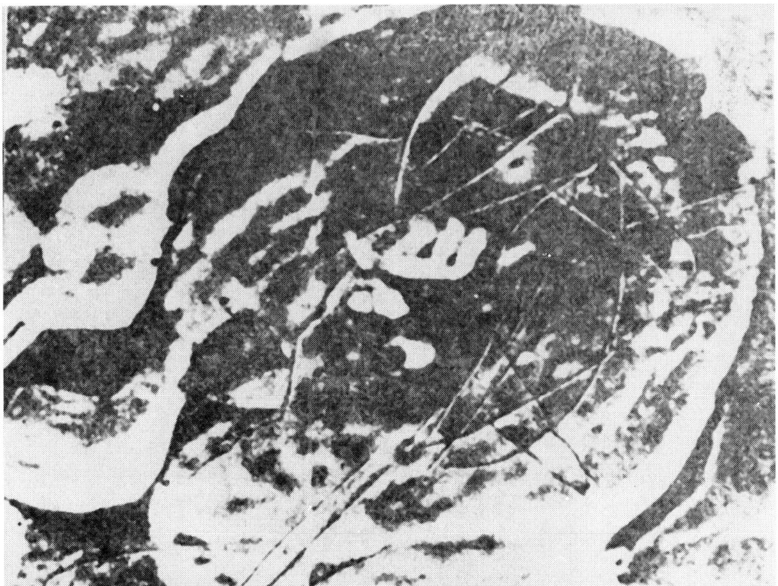

Cet agrandissement du cratère lunaire de Gassendi, photographié dans les années 30 grâce à un télescope de 100 pouces, révèle d'étonnantes marques. Menger, de même qu'Adamski, maintenait que les extraterrestres possédaient des bases sur la lune. *(Observatoire de Mount Wilson)*

L'un des étranges engins photographiés par Bruno Ghibaudi, journaliste scientifique, sur les plages de l'Adriatique à Pescara, en Italie, en avril 1961. Il aurait aussi rencontré des extraterrestres.

Cette photo fut confiée au quotidien *Domenica del Corriere* le 23 juin 1963 par un témoin qui ne voulait pas révéler son identité. Le vaisseau aurait atterri sur une colline près de Gênes. " Je l'ai vu il y a quelques jours, avec un mécanicien automobile, déclara le photographe. " *(Domenica del Corriere)*

Ci-dessus : La bague précolombienne donnée à Pallmann par son ami " Satu Ra ". Sous le motif central se trouve la pierre qui se mettait à briller pour signaler l'arrivée des extraterrestres.

Ci-contre : L'un des indigènes dont les extraterrestres étudiaient le comportement. Les Indiens réducteurs de tête se révélaient d'excellents vigiles ! Eux-mêmes ne voyaient dans leurs " employeurs " que des étrangers un peu fantasques. *(Ludwig Pallmann)*

Ludwig F. Pallmann, homme d'affaires allemand, déclare avoir rencontré en Inde, en 1954, des anthropologues venus d'une autre planète, et avoir séjourné sur leur base, dans la jungle péruvienne, en 1967. Pallmann est ici photographié à Bénarès.

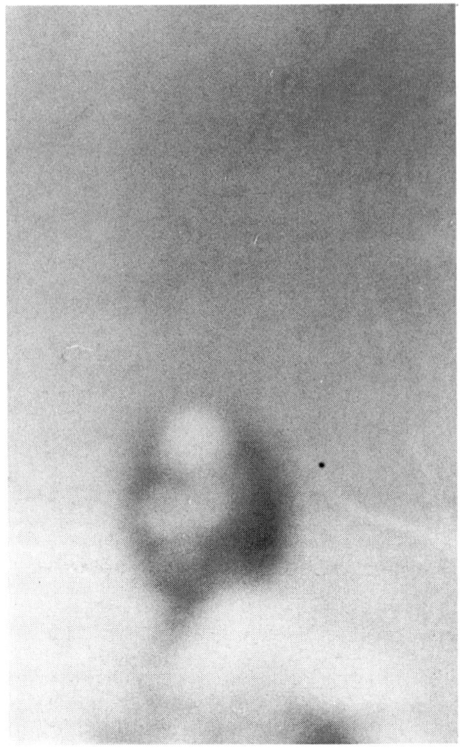

Carroll Wayne Watts et sa femme Rosemary, après leur rencontre avec des êtres venus d'un autre monde près de Wellington, au Texas, en 1967. Watts aurait ensuite reçu des menaces de mort. *(Associated Press)*. A droite : Agrandissement d'une photo de Watts représentant le crâne chauve et les épaules d'un extraterrestre. " On a l'impression qu'il a des cheveux, mais c'est une ombre ", expliquait-il. *(Carroll Wayne Watts)*

Le vaisseau que Watts dit avoir vu le 11 juin 1967. Il mesurait environ 100 mètres de long. *(Carroll Wayne Watts)*

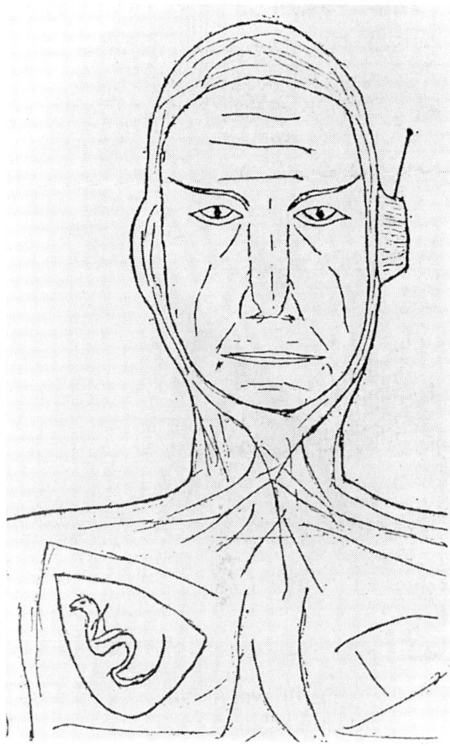

Herbert Schirmer, policier, a déclaré avoir été enlevé par des extraterrestres à Ashland, au Nebraska. *A droite :* Portrait du " commandant de bord ", par H. Schirmer. *(© Warren Smith & Herbert Schirmer)*

Jan Siedlecki prétend avoir été embarqué à bord d'un vaisseau spatial à Cross Gates, près de Leeds, en 1976. *(© Timothy Good)*

Walter Rizzi déclare avoir vu un vaisseau et ses occupants se poser dans les Dolomites, en Italie, en juillet 1968. Cette photo date de 1997. *(© Timothy Good)*

Ci-contre : Les deux " bio-robots " rencontrés en février 1991 par Luis Torres, agent de police retraité, et sa femme, ainsi que par deux autres couples, dans le parc national d'El Yunque, à Puerto Rico. Ce dessin de Jorge Martín a été approuvé par le témoin. *(Jorge Martin)* Ci-dessus : Carlos Mercado déclare avoir été enlevé par des extraterrestres en juin 1988 et emmené dans leur base de la Sierra Bermeja, près du lac Cartagena, à Puerto Rico. *(© Timothy Good)*

Haroldo Westendorff, champion d'acrobatie aérienne, photographié près de son appareil, à bord duquel il a contourné plusieurs fois un engin inconnu à Pelotas, Rio Grande do Sul, au Brésil, en octobre 1996. *(GPCU, Pelotas)*

tempête pour expliquer le phénomène. Suarez est très intrigué. Il scrute l'obscurité en direction du bruit, et voit soudain un énorme objet ovale faire surface à quelque 500 mètres du rivage. Le vaisseau s'élève verticalement, opère un redressement à angle droit et disparaît à grande vitesse en direction du nord-ouest.

Quinze jours plus tard, Suarez assiste à une scène du même genre, de nuit, entre Rio Gallegos et Santa Cruz. Quatre disques lumineux sortent des eaux en formation, s'élèvent dans les airs et s'éloignent de la côte en direction de la cordillère des Andes[7].

Un certain nombre de ces sous-marins non identifiés ont été signalés à maintes reprises près des côtes d'Amérique du Sud et ailleurs. Le problème intéresse vivement les autorités de l'armée de l'air, ce que confirme Philip Corso, qui fut membre du Conseil de sécurité du président Eisenhower :

> *Les objets «flottants» non identifiés sont une grave préoccupation pour les services maritimes, d'autant plus que la guerre sous-marine est une éventualité non négligeable en cas de conflit mondial. Les disques volants que nous avons remarqués autour de nos appareils depuis les années 50 sont capables d'échapper à tous nos radars, de plonger sous les mers et de resurgir de l'autre côté du globe sans même que nous ayons pu les détecter. Les bases de construction de ces engins sont-elles situées dans les profondeurs de l'océan, hors de la portée de nos sous-marins les plus performants*[8] *?*

ESCALE EN FRANCE

Au cours de cette même année 1950, en France, Claude Blondeau a été témoin d'une autre «escale technique» dans la commune de Guyancourt, à 20 kilomètres de Paris.

Dans la soirée du 23 (ou du 24) juillet, vers 23 heures, ce propriétaire d'un petit café sort prendre l'air après la fermeture de son commerce. Il entend soudain derrière lui un léger bruit, « comme un coup de vent ». En se retournant, il aperçoit deux disques gris métallisé qui tournoient au-dessus du sol, à une centaine de mètres de lui.

Autour de chaque disque, il remarque une rangée de hublots rectangulaires. Alors qu'il observe la scène, une trappe ovale s'ouvre sur la cloison inférieure des deux vaisseaux. Chacune d'elles laisse le passage à un « homme » d'environ 1,70 mètre, vêtu d'une combinaison de couleur foncée. Ils ne portent pas de casque et semblent tout à fait humains. Ils se rejoignent sous l'un des disques et entreprennent de replacer les plaques qui constituent la carlingue, apparemment à mains nues et sans l'aide d'aucun outil.

Peu rassuré, Blondeau s'approche et demande aux deux pilotes s'ils ont des ennuis. « Rien de grave », répond l'un d'eux dans un français un peu hésitant. Par la trappe ouverte, Blondeau jette un coup d'œil à l'intérieur. Il aperçoit une cabine circulaire, baignée d'une lumière intense. Au milieu se dresse un siège compliqué qui ressemble à un fauteuil de dentiste recouvert de tissu rouge. En face du siège, une sorte d'émetteur radio, une colonne surmontée d'un levier de commande et toutes sortes d'appareils munis de touches et de boutons. Blondeau s'enquiert de l'usage de toutes ces manettes ; l'homme répond par un seul mot : « Énergie ! » Sans rien ajouter d'autre, les deux créatures réintègrent leurs habitacles et referment les trappes. Les hublots sont violemment éclairés de l'intérieur, puis les engins s'éloignent à une vitesse prodigieuse, avec le même bruit de coup de vent qu'à l'arrivée. L'incident n'a duré que quelques minutes en tout [9].

RENCONTRE DANS L'ATLANTIQUE NORD

Dans son livre [10], Donald Keyhoe relate une intéressante rencontre vécue par l'équipage d'un avion de la marine américaine en route pour l'Islande et Terre-Neuve. Keyhoe tient ce récit du capitaine James Taylor, un officier à la retraite dont le nom lui a été confié par l'un de ses amis, l'amiral Delmer S. Fahrney. Taylor lui-même tenait l'incident de l'un des pilotes, témoin direct de l'incident et désigné dans le livre sous le pseudonyme de George Benton. Quelques années plus tard, Keyhoe et ses collègues du NICAP (National Investigations Committee on Aerial Phenomena) devaient interroger le « commandant Benton » pour obtenir des détails supplémentaires. C'était la première fois qu'il se confiait à quelqu'un d'autre qu'à ses supérieurs ou à ses amis.

L'incident se produit aux premières heures du jour, le 8 février 1951 (Keyhoe le situe en 1956, peut-être pour préserver l'anonymat du témoin, peut-être par erreur). Benton est aux commandes d'un quadrimoteur R5D – version militaire du Douglas DC-4. L'avion, parti d'Angleterre, doit gagner les États-Unis en passant par Terre-Neuve. Le temps est clair et la visibilité excellente. Le commandant F. K. (désigné sous le nom de « Peter Mooney » dans l'ouvrage de Keyhoe) occupe le siège du copilote. L'avion vole à 320 km/h, à une altitude d'environ 3 000 mètres. Trois heures après avoir quitté l'Islande, l'avion survole un navire-météo au large du Groenland. Les conditions sont normales [11]. C'est alors que l'engin apparaît :

> *F. K. et moi-même étions très attentifs à ce qui se passait devant nous. J'ai aperçu une lueur jaune dans le lointain, sous la ligne d'horizon. J'ai pensé que c'était une agglomération, car l'effet était le même que celui que produit un éclairage urbain.*
>
> *Sachant que nous avions dépassé le Groenland, ma première pensée fut que nous avions dérivé vers le nord, mais je me rappelai que le navire-météo n'avait signalé aucun vent de côté. J'attirai l'attention du copilote sur la lueur et lui demandai son avis ; il me répondit que nous approchions probablement d'une côte. Je demandai au navigateur de vérifier notre trajectoire ; il nous assura que nous faisions route comme prévu. Je crus un moment qu'il s'agissait d'un bateau, mais une communication radio avec les gardes-côtes confirma qu'aucun paquebot ne croisait dans les parages.*

C'était l'heure de la relève. Je demandai leur avis aux membres de la seconde équipe, qui déclarèrent qu'il s'agissait forcément de quelque bateau, car nous étions en train de le rattraper. Les lumières dessinaient un cercle et brillaient intensément.

Tout à coup, les lumières s'éteignirent. Puis, un halo jaunâtre apparut à la surface de l'eau. Il devint orange, puis rouge, et se dirigea dans notre direction à une vitesse folle.

Compte tenu de la vitesse, de la trajectoire et de la taille de l'engin, il y avait de fortes chances pour qu'il entre en collision avec notre appareil. Je neutralisai le pilote automatique et tentai une manœuvre pour l'éviter. Mais l'engin modifia son allure et sembla voler parallèlement à l'avion, environ 30 mètres plus bas et 80 en avant. Il n'était pas horizontal, mais incliné à 25 degrés. C'était une soucoupe métallique d'environ 100 mètres de diamètre, cerclée d'une lueur blanche, comme une couronne de givre.

Puis, l'engin s'éloigna sans même faire demi-tour, semblant reculer en direction inverse. Il disparut en quelques secondes. Nous avions des appareils photo à portée de main, mais personne n'eut la présence d'esprit de s'en servir. Nous étions tous abasourdis, nous demandant de quoi il pouvait bien s'agir. Nous avons conclu que c'était nécessairement un vaisseau habité. Après avoir aperçu notre appareil, il était probablement venu aux nouvelles.

ENQUÊTES SECRÈTES

De l'aveu même d'un pilote qui a participé à un certain nombre de missions de reconnaissance stratégique pour le compte de la marine des États-Unis à la fin des années 40 et au début des années 50, les ovnis faisaient alors l'objet d'un grand nombre d'enquêtes secrètes.

A cette époque, précise le témoin aux chercheurs William Jones et Irena Scott, *les ovnis n'étaient pas pris à la légère. Nous avons très souvent été sollicités pour opérer des vérifications en compagnie des personnels locaux. Un grand nombre de ces missions étaient dirigées sur l'Amérique du Sud. C'est une région, apparemment, que les ovnis affectionnent particulièrement.*

Ces missions avaient pour but des enquêtes bien précises. Malheureusement, selon Jones et Scott, «les rapports que le témoin transmettait ne lui ont pas appris grand-chose, car il ne connaissait ni l'espagnol, ni le portugais[12]».

CONTACT PRÈS DU CAP

Des rencontres bizarres continuent de se produire un peu partout au début des années 50, mais bien peu de témoins en font état. Ce n'est qu'en 1953 que les histoires de «contactés» commencent à se répandre. Le cas ci-dessous, par exemple, n'a été évoqué qu'en 1973, lorsqu'un journaliste espagnol, Juan José Benítez, a publié son entretien avec un homme qui aurait rencontré des extra-terrestres en Afrique du Sud au printemps 1951.

Le témoin, identifié par Benítez sous ses seules initiales H.M., est un citoyen britannique qui, en 1977, travaille depuis vingt ans à la conception et à la réalisation de pilotes automatiques pour l'aviation. A la date de l'interview, H.M. est employé par l'une des principales sociétés espagnoles spécialisées dans les technologies de pointe. Il a fallu beaucoup de persuasion à Benítez pour obtenir des confidences, mais H.M. insiste pour garder l'anonymat.

A l'époque des faits, H.M. habite avec sa femme dans la petite ville de Paarl, à une trentaine de kilomètres du Cap, et travaille pour Contactor, succursale de British Rheostat Company. Un soir, sa voiture refuse de démarrer, et H.M. entreprend de la pousser en côte et de faire un tour dans le voisinage pour recharger la batterie. Il se dirige vers le mont Drakensteen, à 10 kilomètres de la ville.

Je voulais simplement faire l'aller-retour. C'était le soir, et il n'y avait pratiquement personne sur la route. J'arrivai sur les lieux vers 23 h 15. Je me trouvai à 300 mètres d'altitude, sur une sorte de plateau qui formait un contrefort.

La lune brillait, et je me rappelle que la montagne projetait une ombre immense sur le plateau désert.

J'allais faire demi-tour lorsque j'aperçus un homme qui agitait les bras pour me faire signe de m'arrêter. Je m'arrêtai en effet et lui demandai ce qui se passait. «Avez-vous de l'eau?», demanda-t-il. Je lui répondis que non. Il parut bouleversé. «Nous avons absolument besoin d'eau», insista-t-il. Je lui proposai de le conduire près d'un ruisseau. L'homme me demanda si le cours d'eau était très éloigné de l'endroit où nous nous trouvions. Je répondis qu'il se trouvait à moins de 500 mètres, et il parut soulagé.

«En quelle langue s'exprimait votre interlocuteur?», demanda Benítez.

En anglais, mais il avait un accent prononcé. En Afrique du Sud, il existe un grand nombre de communautés, vous savez. Outre les Anglais et les Afrikaners, on y trouve des Américains, des Allemands, des Néerlandais, des Indiens, des Français, des Malais, des Chinois et bien d'autres encore. Ils s'expriment tous avec des accents différents. Mais les intonations de cet homme étaient très particulières. Malgré tout, je l'invitai à monter dans la voiture, ce qu'il fit.

Je lui demandai s'il avait un récipient pour mettre l'eau. Il me répondit que non, et je lui dis que j'avais un bidon d'huile vide dans le coffre. «Ce sera très bien», dit-il. Nous avons atteint le cours d'eau et lavé le bidon avant de le remplir. Puis, nous avons rebroussé chemin.

LE VAISSEAU

Je me suis arrêté à quelque distance de la montagne, mais l'homme m'a fait signe de continuer, en me montrant un point dans l'ombre de la montagne. Mes yeux se sont peu à peu habitués à l'obscurité, et j'ai vu un engin très étrange, posé à environ 100 mètres de la route, près de la paroi montagneuse.

Sa taille devait avoisiner 10 à 15 mètres de diamètre, mais il n'était pas très haut, 4 mètres au maximum. Sur

Fig. 4. Croquis du vaisseau vu par l'ingénieur britannique H. M.

sa partie inférieure, je vis une ouverture très éclairée de laquelle descendait une échelle. Je fus frappé de stupeur.

L'homme m'invita à entrer. Je dois avouer que j'avais peur. Je n'ai rien répondu, mais l'homme a insisté et s'est effacé devant moi. Je suis donc monté à bord. Dans la cabine circulaire se trouvaient d'autres hommes, quatre exactement. L'un d'eux était allongé de tout son long. Ils avaient eu un petit accident, expliqua mon hôte, au cours duquel leur camarade avait été brûlé. Je proposai de l'examiner, mais je fus prié de ne pas faire un pas de plus.

Ces hommes étaient plus petits que moi, je dirais 1,50 ou 1,60 mètre. La partie supérieure de l'habitacle, à l'endroit où se trouvaient des hublots, était légèrement voûtée. Une couchette en courbe occupait toute la périphérie. Au centre se trouvaient des leviers de commande, comme on en voit dans les postes d'aiguillage près des voies ferrées. Il y en avait huit, je crois, sur deux rangs, qui sortaient du sol par une ouverture rectangulaire. Sur le côté, j'aperçus une sorte de table. En fait, ce n'était pas une table, plutôt un panneau de commande, mais je ne voyais aucune commande. C'est mon job et je sais parfaitement de quoi je parle.

Un autre détail surprenant était la lumière, que le témoin décrit comme « très blanche ». « Je ne pouvais distinguer aucune source de lumière, expliqua-t-il à Benítez, c'était comme si la lumière émanait des parois, du plafond, d'un peu partout. »

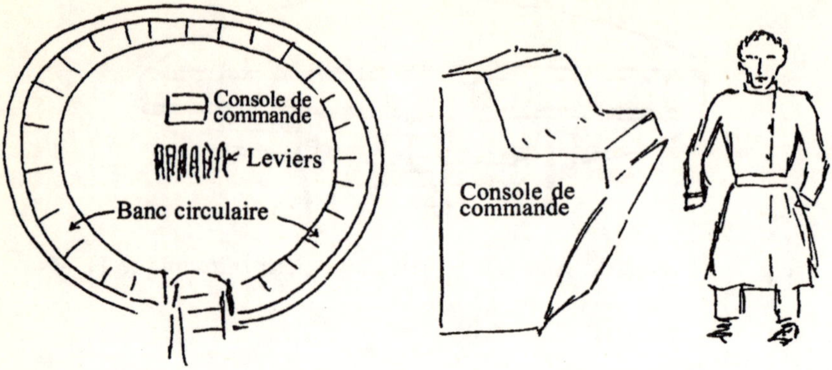

Fig. 5. Dessins réalisés par H. M.

Le détail est très intéressant, dans la mesure où la plupart des contactés, quels que soient la date ou le lieu de leur rencontre, racontent pratiquement la même chose.

L'équipage était vêtu de blouses beiges, retenues par une ceinture, qui descendaient en dessous des genoux.

> *Par ailleurs, ils portaient des chaussures et des pantalons tout à fait normaux. Si je les avais rencontrés ailleurs, je ne les aurais même pas remarqués. Ils paraissaient occupés à soigner le blessé, allongé sur la couchette. Mon compagnon me rejoignit à l'entrée, et je lui demandai s'ils avaient besoin d'un médecin. Il me répondit que non, mais ajouta qu'il était prêt à répondre à toutes mes questions.*

UN RÊVE ?

Le témoin estime que la rencontre a duré environ 45 minutes en tout. « Et je peux vous affirmer que ces trois quarts d'heure sont les plus extraordinaires de toute ma vie ! » Il semble qu'il se soit contenté de quitter les lieux, une fois sa curiosité satisfaite, sans même chercher à savoir si le vaisseau décollait.

> *Le jour suivant, je me suis demandé si j'avais rêvé toute cette aventure, et je suis retourné sur les lieux. Il y avait*

des traces bizarres sur le sol. Et puis il y avait surtout ce bidon d'huile, qui n'était plus dans mon coffre. D'ailleurs, s'il s'était agi d'un rêve, je l'aurais oublié aussi vite. Alors que je me souviens clairement de chaque détail[13].

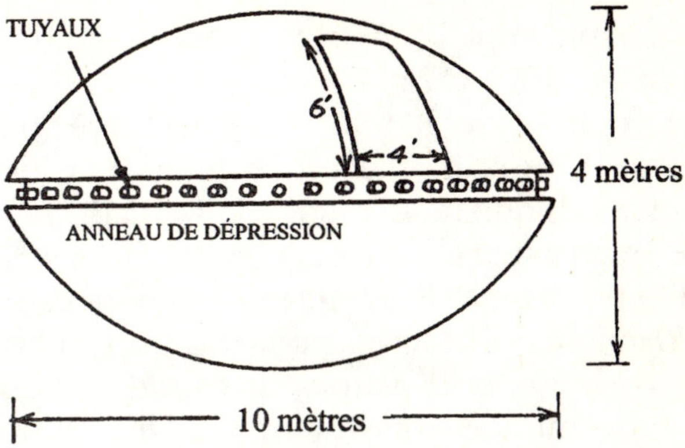

Fig. 6. Croquis de l'objet volant rencontré par Joe Simonton *(FSR Publication)*.

L'épisode de l'eau, à mon sens, est assez caractéristique. Il n'y a en effet rien d'irrationnel à ce que les occupants de ce vaisseau aient réclamé quelque chose d'aussi indispensable, d'aussi vital que l'eau. J'aimerais, à cet égard, revenir sur le témoignage de Joe Simonton, un contacté interrogé par Allen Hynek et Robert Friend dans le cadre du projet « Blue Book ». Le 18 avril 1961, à Eagle River, dans le Wisconsin, cet homme aurait aperçu une soucoupe volante planant au-dessus de sa maison (voir croquis). L'un des deux occupants, d'apparence tout à fait humaine, lui tend une sorte de carafe et lui demande de la remplir d'eau. En remerciement, le visiteur lui offre gentiment des crêpes qu'il vient de faire cuire ! Les détails que Simonton a donnés des occupants de la soucoupe corroborent le témoignage d'un certain nombre de contactés. Par exemple, il affirme que

[...] ces hommes, de type méditerranéen, semblent avoir 25 à 30 ans. De petite taille, ils sont très bien proportionnés.

Leur teint est plus pur que celui de la plupart des femmes que je connais[14].

LES TROIS GÉANTS

Le témoin dont le récit va suivre, connue sous le seul prénom de Rose C., a 24 ans à l'époque de la première rencontre, le 11 avril 1952. Elle habite près de Nîmes avec son père. Une nuit, elle est réveillée par les aboiements des chiens. Inquiète, elle sort de la maison.

Elle se retrouve alors face à quatre étrangers : un homme de taille normale et trois « géants », qui mesurent entre 2,30 et 2,40 mètres. L'homme parle un français parfait et sert d'interprète aux trois géants. Ils expliquent qu'ils viennent d'un autre monde. Mis à part leur étonnante stature, ils pourraient passer pour des Hindous, fait remarquer Rose. Deux d'entre eux sont des athlètes dans la force de l'âge, alors que le troisième, qui semble être le chef, paraît nettement plus âgé. Il porte sur le front une demi-sphère qui ressemble à « une bille de verre noire coupée en deux » et, autour du cou, une courroie passée dans un boîtier muni de plusieurs boutons. Rose est alors conduite près de leur vaisseau, qui flotte à environ 1 mètre au-dessus du sol. L'engin, d'un gris ardoisé, a la forme d'un canotier. Elle est invitée à monter à bord, mais refuse, disant qu'elle doit s'occuper de son père et de sa jeune sœur.

L'homme qui sert d'interprète, un ancien instituteur, lui dit qu'il avait déjà été contacté vingt ans plus tôt par ces créatures, alors qu'il n'avait que 25 ans. Lorsque Rose fait remarquer qu'il ne paraît pas son âge, il répond que « le temps, là-haut, passe beaucoup moins vite ». Il ajoute que Rose n'a rien à craindre et lui demande si elle accepterait de leur procurer quelques livres. Rose leur donne peu après un exemplaire du *Comte de Monte-Cristo*, d'Alexandre Dumas, et une liasse de vieux journaux.

Par la suite, le chef des géants fait à l'intention de Rose une démonstration de lévitation et de téléportation, notamment sur des rochers situés à quelques mètres de la maison. Mais ce ne sont pas ces exercices techniques qui marquèrent le plus profondément la jeune fille. Elle devait surtout déclarer qu'une grande sagesse émanait de cette impressionnante créature.

L'instituteur explique ensuite à Rose que les extraterrestres ont pris possession de la Terre des milliers d'années auparavant pour en faire une sorte de bagne destiné à ceux des leurs qui se rendent coupables de divers méfaits, et que l'humanité descend de ces proscrits. Il lui dit qu'en l'an 9405 avant Jésus-Christ, la Terre a été ravagée par un cataclysme provoqué par les humains. Remarquons que beaucoup d'autres contactés font état de cette destruction.

Quant aux raisons de leur actuelle visite, il ajoute que leur mission du moment consiste à prélever des échantillons de végétation et des sols pour évaluer les conséquences des expériences atomiques. Il déplore que l'humanité fasse si peu cas de l'avenir de cette belle planète et des générations futures.

Les visiteurs annoncent ensuite qu'il est temps de partir, car le séjour sur cette Terre est épuisant pour leur organisme. Ils demandent alors à Rose de s'écarter et de tenir les chiens. Ils montent dans le vaisseau, qui décolle et disparaît aussitôt dans un bruit assourdissant, en créant une zone de forte turbulence[15].

On pourrait raconter mille autres choses sur cette étonnante rencontre, à laquelle Charles Gourain s'est intéressé de près. Ce dernier, en tout cas, de même que Guy Tarade, préfacier de l'ouvrage, ont été favorablement impressionnés par la sincérité de Rose[16].

6

LES HOMMES DE L'ESPACE

Le meilleur moyen de provoquer l'hilarité lorsqu'on parle d'ovnis est de prononcer le nom de George Adamski. La rencontre d'Adamski avec un extraterrestre en 1952 est le premier cas de rencontre du troisième type qui soit parvenu jusqu'au grand public. Le détail a son importance. En effet, comme nous l'avons vu, beaucoup de cas sont antérieurs à cette date, et pourtant, à ma connaissance, leur diffusion est restée confidentielle.

Les « aryens » de George Adamski n'ont jamais eu très bonne presse. Pour d'évidentes raisons de terminologie, certains en ont déduit qu'Hitler était toujours vivant et en bonne santé, et qu'il s'était réfugié en Patagonie avec des bataillons de nazis pour y construire des soucoupes volantes destinées à la domination du monde. Les « amis » d'Adamski, pourtant, n'ont pas tous la peau blanche. Comme il l'a déclaré au cours d'un entretien au Danemark en 1963 : « Sur d'autres planètes, on trouve aussi des hommes de couleur. Orthon est noir. Pas aussi foncé qu'un Africain, mais plus que vous et moi[1]. » Ce qui n'est pas sans évoquer les « Hindous » dont parlent Rose C. et certains autres.

George Adamski est né en Pologne en 1891, d'une mère égyptienne et d'un père polonais. Il a deux ans lorsque ses parents arrivent à Dunkirk, dans l'État de New

York. Entré dans la cavalerie en 1913, il est employé en 1916 au Parc national de Yellowstone, puis il intègre la garde nationale en 1918 et il est cantonné à Portland, dans l'Oregon. Démobilisé, il exerce un certain nombre de petits métiers avant d'enseigner la philosophie en Californie, en 1921[2]. En 1934, il fonde «L'Ordre royal du Tibet» à Laguna Beach, où il enseigne les «lois universelles» et le «christianisme universel de progrès». Un certain nombre de ses communications sont diffusées par des stations de radio locales, à Los Angeles et à Long Beach. En 1940, il s'installe avec sa femme et quelques fidèles à Palomar Gardens, sur le versant sud du mont Palomar, en Californie. L'un de ses étudiants lui offre un télescope doté d'un réflecteur de 14 centimètres, grâce auquel il réalise de remarquables photographies de vaisseaux spatiaux[3].

Adamski possède aussi un réflecteur de 36 centimètres, abrité sous un dôme à Palomar Gardens, ce qui complique sérieusement la situation. En effet, le fameux observatoire du mont Palomar, équipé d'un télescope de 5 mètres, est situé à 18 kilomètres de là, ce qui permet à Adamski d'entretenir la confusion et de laisser entendre qu'il y travaille. Au cours d'un entretien, au printemps 1951, il n'hésite pas à s'en vanter auprès de Jim et Coral Lorenzen. «La lettre que j'ai écrite au directeur de l'observatoire suscita une réponse des plus révélatrices, déclare Coral. Les revendications d'Adamski les mettaient gravement dans l'embarras et les obligeaient en outre à une abondante correspondance à des fins de démenti[4]», ce que confirme d'ailleurs un document du FBI[5] assez accablant (fig. 7). Quelques mois plus tard[6], dans son premier livre, Adamski se sent obligé de faire une mise au point pour calmer le jeu : «Pour corriger une erreur très répandue, je précise que je n'ai jamais appartenu au personnel de l'Observatoire. J'entretiens de bonnes relations avec certains employés, mais je n'y ai jamais travaillé moi-même.»

LA PREMIÈRE RENCONTRE

C'est dans le désert de Californie, le 20 novembre 1952 à 12 h 30, qu'Adamski voit « Orthon » descendre d'une soucoupe volante. L'histoire a fait le tour du monde, mais les détails en sont parfois mal connus.

Six témoins, amis d'Adamski, ont confirmé qu'ils avaient assisté de loin à la rencontre. Grâce à son télescope, celui-ci avait réussi à prendre quelques photos d'engins spatiaux, qu'il appelait « vaisseau de reconnaissance » et « vaisseau-mère », et s'était rendu dans le désert à plusieurs reprises pour tenter, en vain, d'établir le contact. Le 20 novembre, à 8 heures du matin, il se fait conduire à un endroit précis, près de Desert Center, par Alice Wells et Lucy McGinnis. Alfred et Betty Bailey, de même que George et Betty Hunt Williamson, les accompagnent dans une autre voiture. Un peu après midi, un bimoteur les survole à basse altitude et disparaît.

> *Soudain, nous avons tous tourné la tête en même temps en direction du sommet de la colline,* raconte Adamski, *et nous avons vu. Un vaisseau argenté gigantesque, en forme de cigare, sans ailes ni gouvernes d'aucune sorte, volait haut dans le ciel, sans faire aucun bruit. On aurait dit la coque d'un énorme bateau, que les rayons du soleil frappaient de plein fouet.*

Les jumelles passent de main en main, et certains essaient de prendre une photo. Mais Adamski renonce à déballer son télescope, persuadé que la rencontre ne doit pas avoir lieu à cet endroit[7].

Vingt-sept ans plus tard, jour pour jour, j'ai interviewé Lucy McGinnis, ancienne secrétaire d'Adamski, dont j'ai pu noter la sincérité et l'objectivité.

> *J'ai vu un grand appareil qui ressemblait à un dirigeable,* a-t-elle confirmé, *et George m'a dit : « Vite ! Il faut aller là-bas et monter le télescope ! » Alors, je l'ai emmené [avec Al Bailey] là où il voulait aller.*

Je suivais sans arrêt le vaisseau des yeux. Il a pivoté et nous a suivis. Alors, George a dit : «Ici, stop!» J'ai arrêté la voiture, il est sorti, et le dirigeable s'est arrêté aussi, mais un peu plus loin. Il a monté le télescope et il m'a dit de repartir[8].

Adamski est resté seul sur le site (que j'ai inspecté par la suite), alors que ses compagnons se trouvaient à une distance d'environ 1 kilomètre. Le premier vaisseau a disparu et un second vaisseau, plus petit, a pris sa place[9].

J'ai aperçu une lumière, raconte Lucy. *J'ai pris les jumelles, mais, malheureusement, elles n'étaient pas réglées à ma vue. Finalement, je voyais beaucoup mieux sans*[10].

Adamski a bien réalisé à cette occasion une série de photos, mais qui, compte tenu de la distance, ne sont pas très nettes.

LE VÉNUSIEN

Quelques minutes plus tard, Adamski aperçoit un homme qui se tient debout entre deux crêtes, à environ 400 mètres de lui.

Il me fit signe de m'approcher de lui. Je me demandai qui il était et d'où il venait. J'étais sûr qu'il n'était jamais venu auparavant. Pendant que je m'approchais de lui, je me sentis envahi d'une curieuse sensation, et je devins méfiant. Je me retournai pour voir si nous étions à portée de vue de mes compagnons. Cette peur ne s'expliquait pas, car l'homme n'avait rien de spécial, sinon qu'il était plus petit que moi, et beaucoup plus jeune. Quand je fus arrivé plus près, je notai qu'il portait une sorte de fuseau de ski, et je me demandai pourquoi il était habillé de cette façon dans le désert. Il portait aussi les cheveux longs, mais ce n'était pas très étonnant, car beaucoup de jeunes gens ont cette habitude.

Je compris soudain que j'étais en face d'un homme de l'espace – d'un être humain venu d'un autre monde!

J'ai rapporté au chapitre 1 le portrait détaillé qu'a fait Adamski du personnage. Il portait en outre d'étranges chaussures montantes, fermées sur les chevilles par deux brides, et dont la semelle laissait dans le sable des traces compliquées. Des moulages ont été réalisés un peu plus tard à partir de ces empreintes [11].

CONVERSATION

Après avoir essayé de communiquer en anglais, par le langage des signes et par télépathie, Adamski apprend que son visiteur vient de la planète Vénus. Ce dernier prononce lui-même le mot, d'une curieuse voix très haut perchée. Il devait expliquer un peu plus tard qu'il était parfaitement capable de parler cette langue, mais qu'il voulait tester les capacités d'Adamski en matière de télépathie.

Interrogé sur les raisons de sa visite, Orthon fait comprendre que ses compagnons et lui-même sont très inquiets des radiations induites par les expériences nucléaires.

Quant à son vaisseau, Orthon explique qu'il a été amené dans l'atmosphère terrestre par le vaisseau-mère que les témoins ont pu apercevoir. La conversation se poursuit. Orthon indique à Adamski que les extraterrestres ne viennent pas seulement de planètes de notre système solaire, mais parfois de bien plus loin, d'autres systèmes. « Me rappelant qu'on avait découvert des épaves de soucoupes volantes habitées de cadavres comme seuls passagers, je lui demandai si, à sa connaissance, certaines missions avaient échoué. Il répondit par l'affirmative. »

Saisissant son appareil, Adamski demande à Orthon la permission de le photographier, mais ce dernier s'y oppose, sans doute pour éviter que ses compagnons déjà en visite sur Terre puissent être reconnus [12].

Plus tard, Adamski réussira, semble-t-il, à prendre une photo de son visiteur. Pendant une conversation, Lou Zinsstag, l'une de ses plus proches collaboratrices, lui parle d'une aquarelle qui présente Orthon comme étant un personnage efféminé et sans grande distinction.

> «*Pas du tout,* rétorque Adamski. *Orthon ne ressemble en rien à ce portrait. Au contraire, son visage est remarquable et très masculin, mais si particulier qu'on pourrait facilement le reconnaître, ce qui deviendrait dangereux pour lui. Il est déjà venu plusieurs fois à Los Angeles.*»
>
> *Et, à ma grande surprise,* dit Lou, *il sortit de sa poche un porte-cartes contenant une photo d'Orthon prise de profil. Il était en effet très différent du portrait qu'on en avait fait*[13]. *Le trait le plus frappant de son visage,* ajoute-t-elle, *était un menton proéminent, une caractéristique relevée chez leurs visiteurs par un certain nombre d'autres témoins, dont Julio Fernandez, abducté en 1978*[14].

LE VAISSEAU

Orthon proposa à Adamski de le suivre jusqu'au vaisseau, posé un peu plus loin.

> *C'était un superbe vaisseau, qui tenait davantage d'une cloche de verre que d'une soucoupe. Pourtant, on ne pouvait rien voir à travers les parois, qui étaient d'une couleur exquise.*
>
> *Que ce soit bien clair, les parois n'étaient pas faites de «verre», au sens où nous l'entendons. C'était un métal spécialement traité. Je suppose que ces gens savent comment rendre les métaux translucides en restant aussi solides et résistants que le diamant.*
>
> *Le vaisseau flottait à 30 ou 50 centimètres du sol, tout près de la colline. Des rafales de vent le faisaient parfois vaciller et le soleil, qui jouait sur les parois, le faisait scintiller de tous ses feux, comme un prisme.*
>
> *En m'approchant, je vis que le dôme était surmonté d'une sorte de boule, qui ressemblait à une lentille épaisse et brillante. La paroi était percée de hublots circulaires, sans doute sur un seul côté, mais je ne peux l'affirmer, car je n'ai pas fait le tour. A un certain moment, j'ai vu clairement apparaître un visage, très beau, derrière l'un de ses hublots.*

Mon compagnon me fit signe de ne pas m'approcher trop près de l'engin. Lui-même s'arrêta à une distance respectable. Mais il était trop tard, car mon bras droit fut brutalement tiré vers le haut, et presque aussitôt plaqué, inerte, contre mon flanc. Je m'éloignai et pus le bouger de nouveau, mais la pression avait été si violente que j'avais l'impression d'être amputé. Mon compagnon sembla très affecté par l'incident, mais il m'assura que tout rentrerait dans l'ordre dans les plus brefs délais. Les douleurs, en effet, devaient cesser complètement trois mois plus tard.

Ce qui avait alors le plus préoccupé Adamski, c'était la pensée que les radiations aient pu détériorer les pellicules photo qu'il avait dans sa poche droite. Lorsqu'il les sort pour les mettre dans une autre poche, Orthon le prie de lui remettre l'un des clichés, affirmant qu'il le lui rendra une prochaine fois, sans en dire plus.

Adamski demande ensuite à monter dans le vaisseau, mais Orthon refuse et y entre seul.

D'une démarche gracieuse, il se dirigea vers l'arrière de l'engin. Je n'ai pas vu où se trouvait l'entrée, ni par quel moyen on pouvait pénétrer dans le vaisseau. Mais celui-ci décolla peu après dans le plus grand silence. Je pouvais distinguer une conversation entre les deux occupants, et leurs voix faisaient comme une musique.

Le vaisseau s'éloigna, et je remarquai sur la partie inférieure deux anneaux, qui tournaient en sens inverse l'un de l'autre[15].

Lorsque le vaisseau eut disparu, Adamski retourne voir les empreintes. «Nous avions laissé l'un et l'autre des traces de pas en marchant vers le vaisseau, et les siennes étaient beaucoup plus profondes que les miennes.» Il appelle alors ses collaborateurs par un signal convenu. Comme le terrain accidenté leur interdit l'accès en voiture, ils font un léger détour et le rejoignent par une route voisine, avant de poursuivre à pied. La rencontre aura duré une heure. Et, pendant tout ce temps, un avion militaire survolait le site.

George Hunt Williamson s'occupa de faire des moulages de plâtre à partir des empreintes d'Orthon. Tout le monde semblait très excité et posait une foule de questions. «J'avais l'impression de marcher dans le brouillard, et mes réponses étaient pour le moins confuses[16].» Adamski, comme en témoigne Lucy McGinnis sous serment[17], était profondément bouleversé par l'aventure.

Adamski était persuadé que les symboles découverts sur les empreintes (voir cahier photo 1, page V) revêtaient une importance extrême pour l'humanité. Il affirmait que d'anciennes civilisations avaient précédé les hommes sur la Terre et que leur compréhension de l'univers dépassait largement la nôtre. Des symboles du même genre ont été analysés par Marcel Homet, qui affirme[18] qu'ils sont vieux de 10 000 ou 20 000 ans.

LE RETOUR

Se fondant sur la promesse d'Orthon de lui rendre sa pellicule photo, Adamski restait continuellement sur le qui-vive. Le 13 décembre 1952, tôt le matin, il est alerté par le grondement d'un moteur et remarque un éclair dans le lointain. Il fait remarquer à son entourage que ce pourrait bien être le vaisseau spatial. A 9 heures, il voit un autre éclair et oriente son télescope dans cette direction. C'est bel et bien le vaisseau, qui brille de tous ses feux dans le soleil.

> *Lorsqu'il survola la vallée voisine, il s'arrêta et resta comme suspendu dans les airs. Je m'efforçai de me concentrer, pour prendre une photo aussi nette que possible. J'appuyai deux fois sur le déclic. Puis, comprenant que l'engin était trop près pour tenir tout entier dans le cadre, je changeai d'objectif et déclenchai de nouveau l'appareil. Je pris la quatrième photo au moment où l'engin repartait, ce qui explique qu'elle soit un peu floue.*

Alors que l'engin s'approche, Adamski aperçoit une main qui sort d'un hublot. La pellicule qu'Orthon lui avait empruntée vole dans les airs et la main s'agite en signe d'au revoir. Il ramasse la photo, en prenant bien soin de ne pas effacer d'éventuelles empreintes. Pendant ce temps, l'engin s'éloigne en survolant les bois avoisinants. D'autres témoins qui se trouvent près d'une cabane l'aperçoivent à leur tour, et l'un d'eux, Jerrod Baker, prend même une photo[19].

Le même jour, Adamski porte les pellicules à développer (à l'exception de celle qu'Orthon lui avait restituée) et les confie à un certain D. J. Detwiler à Carlsbad, à 60 kilomètres de là. Les photos se révéleront très réussies.

> *Après avoir longtemps hésité, je décidai de confier au photographe la photo remise par Orthon,* raconte Adamski. *A la place de la vue d'origine, qui avait été effacée, se trouvait un message que personne, à ce jour, n'a été capable de déchiffrer. De nombreux savants travaillent à l'interprétation de ces symboles.*

A la demande d'Adamski, des représentants du FBI et de l'OSI se rendent à Palomar Gardens.

> *Ils m'ont écouté attentivement, mais n'ont manifesté aucune surprise. Ils n'ont pas non plus émis le moindre doute sur les circonstances dont je leur ai fait part. Ils ont emporté deux des photos du vaisseau, ainsi que la photo rendue par Orthon, que je leur avais remises.*

Le mémo de J. Edgar Hoover concernant cette rencontre (fig. 7) confirme qu'Adamski a effectivement fait un rapport complet. Toutefois, il n'est pas exact que les organismes consultés aient décidé de donner suite. « Le dossier est clos », indique le document[20]. Un autre mémo stipule que l'OSI « n'accorde aucun crédit au récit d'Adamski[21] ».

LES PHOTOS DU VAISSEAU

Beaucoup de chercheurs considèrent que les fameuses photos prises par Adamski dans les années 50 sont des faux. Les avis sont partagés quant à la « maquette » qu'il

ADAMSKI further advised that on November 20, 1952, on the California Desert, at a point ten and two-tenths miles from Desert Center on the road to Parker and Needles, Arizona, that he had made contact with a space craft and had talked to a space man. ADAMSKI stated that he, [redacted] and his wife MARY, had been out in the desert and that he and the persons with him had seen the craft come down to the earth. ADAMSKI stated that a small stairway in the bottom of the craft, which appeared to be a round disc, opened and a space man came down the steps. ADAMSKI stated he believed there were other space men in the ship because the ship appeared translucent and could see the

SD 100-8382

shadows of the space men. ADAMSKI described the space man as being over 5' in height, having long hair like a woman's and garbed in a suit similar to the space suits or web suits worn by the U. S. Air Force Men. ADAMSKI stated that he and the space man conversed by signs and that there appeared to be a certain area around the space ship which consisted of magnetic or electric lines of force, inasmuch as when he got too close, some of the lines went through his arm and momentarily paralyzed his arm. ADAMSKI stated that he took a picture of the space ship and the space man, but the space man could evidently read his thoughts inasmuch as he motioned to him not to take the picture and when the space man left he took the "plate" with the negative on it with him.

ADAMSKI further advised that he had obtained plaster casts of the footprints of the space man and stated that the casts indicated the footprints had designs on them similar to the signs of the Zodiac,.

(b)(7)(C)

On January 12, 1953, ADAMSKI advised that on December 13, 1952, the space ship returned to the Palomar Gardens and came low enough to drop the plate which the space man had taken from him, ADAMSKI, and had then gone off over the hill. ADAMSKI stated that he saw the space ship and that as the space ship was leaving, [redacted] also took a picture of the ship.

ADAMSKI stated that when he had the negatives developed at a photo shop in Escondido, California, that the negative that the space man had taken from him contained writing which he believed to be the writing of the space men. ADAMSKI furnished the writer with copies of the space writing and photographs of the space ship.

(b)(7)(C):(

[redacted] at the Palomar Observatory, advised that he had been acquainted with ADAMSKI since 1943, at which time ADAMSKI had called himself "the Reverend ADAMSKI" and had held Easter Services in the Valley. [redacted] stated that in talking to ADAMSKI, ADAMSKI had told him, [redacted] that he had had a "cult" or colony at Laguna Beach, California, previous to 1943, and that he had also been interested in metaphysics and astrology.

(b)(7)(C)

[redacted] further advised that ADAMSKI claimed

Fig. 7. Extraits d'un mémorandum interne du FBI sur le cas Adamski, adressé à Edgar Hoover et daté du 28 janvier 1953 *(FBI)*.

SD 100-8382

(b)(7)(c)

to have worked at the Observatory at Mount Palomar, but stated that ADAMSKI had never been employed at the Observatory. [redacted] stated that ADAMSKI also claims to have been associated with [redacted], formerly with the Observatory at Mount Palomar, but now located in Pasadena, California. [redacted] stated that [redacted] had known ADAMSKI for quite some time and that [redacted] address was:

[redacted]
Pasadena, California

Telephone: Sycamore [redacted]

(b)(7)(c)

[redacted] stated he considered ADAMSKI to be more qualified in astrology than astronomy. He continued that he had never viewed any space ship and believed ADAMSKI to be an opportunist.

(b)(7)(c)

Copies of the letters of [redacted] and prints of the space writing and flying saucers, are being enclosed to the Bureau, for informational purposes only.

Copies are also being enclosed to the Cleveland Office for any action that they may desire to take.

This information is not being furnished to (b)(7)(c) the U. S. Air Force inasmuch as [redacted] OSI, was along at the time of the interview, and is cognizant of all facts contained herein.

ADAMSKI furnished the following information concerning himself:

Born:	4-17-1891
Place:	Poland
Father:	JOSEPH ADAMSKI (deceased)
Mother:	FRANCES ADAMSKI (deceased)
Sister:	[redacted] (phonetic)
Address:	Lackawana, New York
Sister:	Mrs. [redacted] (________),
Address:	Dunkirk, New York
Sister:	Mrs. [redacted]
Address:	Dunkirk, New York

aurait utilisée. Certains pensent à un abat-jour, d'autres à un projecteur de théâtre, à un couvercle de marmite, à un humidificateur de cigare, à une mangeoire à volaille, voire à une pièce d'aspirateur ou de shaker à cocktails ! Le problème, c'est que personne, à ma connaissance, n'a été en mesure de produire un objet qui ressemble de près ou de loin à l'engin photographié par Adamski, qui a même offert une prime de 2 000 dollars à qui réussirait à prouver que ses photos étaient truquées. Jusqu'à ce jour, cette somme est toujours en sa possession...

Desmond Leslie, auteur de la première partie de *Flying Saucers Have Landed*, est persuadé que ces photos sont authentiques, en se fondant notamment sur un certain nombre de déformations, dont il estime qu'elles sont obligatoirement dues à l'utilisation d'un téléobjectif.

Leslie a confié des agrandissements de ces photos au réalisateur John Ford, qui a estimé qu'elles avaient été prises à l'aide d'un téléobjectif d'environ 15 centimètres de distance focale. Ce qu'a confirmé de son côté Joseph Mansour, qui connaît bien le sujet, puisque son travail consistait à laisser croire que les maquettes d'avion qu'il photographiait étaient de véritables appareils [22]. Pev Marley, chargé des effets spéciaux dans les films de Cecil B. De Mille, a déclaré officiellement, en 1953, devant un groupe d'officiers de réserve, que les photos prises par Adamski, si elles étaient fausses, étaient les plus habilement truquées qu'il ait jamais vues [23]. Il devait toutefois nier plus tard avoir dit pareille chose [24].

VOYAGES DANS L'ESPACE

La rencontre de Desert Center et la deuxième visite à Palomar Gardens, si l'on en croit Adamski, furent suivies de plusieurs autres. C'est à partir de ce moment que se mirent à fleurir certains de ses récits, parmi les plus fantaisistes et les moins crédibles. Dans un deuxième livre, *Inside the Space Ships*, Adamski raconte comment, le 18 février 1953, deux hommes inconnus ont pris contact avec lui dans un hôtel de Los Angeles :

> *Les deux hommes étaient très bien proportionnés. L'un d'eux mesurait un peu plus de 1,80 mètre et semblait âgé d'une trentaine d'années. Il avait un teint coloré, les yeux presque noirs et l'air heureux de vivre. Son regard était particulièrement pénétrant. Ses cheveux, coupés à la mode, étaient noirs et ondulés. Il portait un costume marron foncé.*

Son acolyte était un peu plus petit et paraissait plus jeune. Il avait un visage poupin, le teint clair et les yeux bleus. Lui aussi était tête nue. Il avait des cheveux blonds bouclés et un costume gris. Il me sourit et m'appela par mon nom. Je répondis à son salut. Quand sa main toucha la mienne, je me sentis rempli d'une grande joie. Le signal était le même que pour l'homme que j'avais rencontré dans le désert, et je compris que ces visiteurs n'étaient pas des habitants de la Terre.

Après qu'Adamski eut accepté de les accompagner, il est emmené hors de la ville dans une Pontiac noire. Pendant le voyage, les visiteurs précisent qu'ils viennent de Mars et de Saturne. Adamski se demande par quel prodige ils parlent aussi bien l'anglais, et l'un d'eux lui répond avant même qu'il ait formulé la question :

« Nous sommes ce que les Terriens pourraient appeler des "ambassadeurs". Nous vivons sur votre planète depuis de longues années. Au début, nous avions un léger accent. Mais nous avons fait des progrès et personne ne peut remarquer que nous venons d'ailleurs.

« Vous n'êtes pas le premier homme avec lequel nous entrons en contact, bien au contraire. Mais certains des témoins qui ont raconté leur expérience ont été harcelés et tournés en dérision. C'est pourquoi les autres se sont tus. Mais le livre que vous êtes en train d'écrire va les encourager à suivre votre exemple et à faire connaître la vérité. »

La Pontiac quitte alors l'autoroute et s'engage aussitôt sur une piste à travers le désert. Adamski aperçoit un vaisseau blanchâtre qui scintille à quelque distance.

Nous nous sommes arrêtés, et j'ai vu un homme debout près du vaisseau, qui semblait occupé à faire une réparation. Nous nous sommes approchés à pied et, à ma grande satisfaction, j'ai reconnu mon ami. Il portait le même genre de combinaison de vol, mais cette fois, elle était de couleur brune avec des rayures orange de part et d'autre de la ceinture. Il s'était coupé les cheveux.

Après les salutations d'usage, Orthon explique qu'il est en train de réparer une avarie. Il vide un récipient sur le sol, et Adamski touche avec précaution les déchets de métal fondu. « Ils étaient encore chauds, mais pas assez pour être dangereux, et j'en enveloppai un fragment dans mon mouchoir. » Quand Orthon, amusé, lui demande ce qu'il compte en faire, Adamski lui répond qu'il a besoin de preuves matérielles à l'appui de ses déclarations. « J'oubliais que vous adoriez faire collection de souvenirs ! », ironise le visiteur. « Cet alliage ne vous apprendra rien, les métaux que nous utilisons sont courants sur votre planète[25]. »

Desmond Leslie transmet par la suite ces débris à George Ward, alors ministre des Armées en Grande-Bretagne, qui les fait analyser. Les rapports montrent qu'ils contiennent essentiellement de l'aluminium de haute qualité, combiné à des traces d'autres métaux[26].

En revanche, les « visiteurs » ne donnent aucun détail à Adamski concernant leur identité, car, disent-ils, « notre conception des noms propres est très différente de la vôtre ». Dans son deuxième livre, Adamski, en accord avec son « nègre », Charlotte Blodget, les désigne par des pseudonymes servant à les distinguer. Le « Martien » s'appelle Firkon et le « Saturnien » Ramu.

Une fois les réparations terminées, ses hôtes invitent Adamski à entrer dans le vaisseau.

Dans son troisième et dernier livre[27], Adamski décrit en détail le mode de propulsion des vaisseaux, qu'il qualifie de « propulsion électrostatique en trois points ». « De même que nous utilisons des rétrofusées pour lancer un missile, ils utilisent un système de commande variable pour manœuvrer les soucoupes en régulant la charge. »

Au cours d'un entretien avec Edward Ruppelt, l'officier des services secrets qui dirige le projet « Blue Book », Adamski déclare que les soucoupes n'utilisent que 10 % de la puissance disponible, le reste se dissipant à travers les parois de l'engin.

«Les particules qui pourraient heurter le vaisseau sont repoussées par la radiation négative des parois, expliqua-t-il, *si bien que les engins ne touchent jamais aucun objet volant, pas même une météorite.*

– Pourquoi cette forme de soucoupe ? demanda Ruppelt.

– Parce qu'ainsi, ils n'ont pas besoin de changer de cap. Ils vont dans la direction choisie en coupant n'importe lequel des moteurs[28]. »

Ann Grevler, qui raconte elle aussi avoir voyagé à bord d'une soucoupe en Afrique du Sud en 1957, confirme ce mode de propulsion[29].

D'après Adamski, les machines et les moteurs se situent pour l'essentiel sous le plancher de l'habitacle et à l'extérieur du vaisseau, sur la partie basse (voir croquis de la figure 8). «J'ai vu aussi un atelier de réparation», ajoute-t-il. Adamski a longtemps considéré comme parfaitement impossible que ces vaisseaux tombent en panne. «Pourtant, il a bien fallu que je me rende à l'évidence, dira-t-il un peu plus tard. Après tout, ce sont des êtres humains comme nous et, même si leur technologie est beaucoup plus avancée que la nôtre, ils ne sont pas à l'abri d'une erreur.»

LE VAISSEAU-MÈRE

Prévenu par Orthon que le vaisseau de reconnaissance allait réintégrer le vaisseau-mère, Adamski observe la scène avec une attention redoublée, afin de n'en rien manquer.

Dans la paroi de l'appareil, un orifice s'ouvre, un peu à la manière de l'objectif d'un appareil photo. C'est en fait l'un des hublots qu'Adamski a remarqués un peu plus tôt. Il estime à huit le nombre de ces ouvertures (alors que les photographies de décembre 1952 en font apparaître seize). Par l'ouverture, Adamski peut voir le vaisseau-mère.

Nous nous sommes approchés lentement, très lentement, jusqu'à nous trouver à peu près au sommet de ce gros porteur. Je ne fus pas étonné d'entendre mon compagnon annoncer que le vaisseau-mère mesurait 50 mètres de diamètre et près de 700 de long. Le souvenir de cet énorme vaisseau en forme de cigare ne s'effacera jamais de ma mémoire.

Le vaisseau de reconnaissance pénètre dans le porteur par une trappe qui s'est ouverte sur le dessus et commence

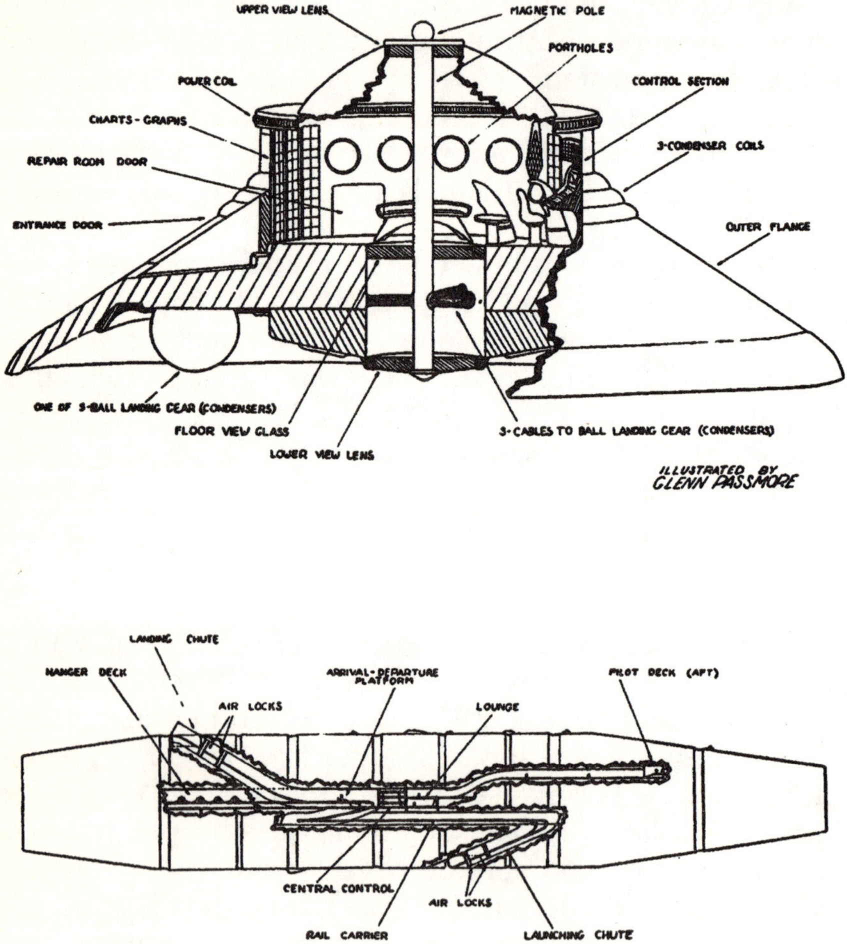

Fig. 8. Coupes transversales du vaisseau de reconnaissance et du vaisseau porteur, réalisées à partir des indications d'Adamski *(GFA International).*

à descendre à l'intérieur en glissant sur une sorte de toboggan équipé de rails. Plusieurs fois, Adamski faillit perdre l'équilibre. L'engin s'arrête sur une plate-forme ; un homme d'équipage au visage basané et coiffé d'une sorte de calot s'approche pour brancher un câble afin de le « recharger ». « Les vaisseaux de reconnaissance sont incapables de fournir l'énergie dont ils ont besoin, expliqua Firkon. Ils servent en quelque sorte de navettes. »

Adamski est ensuite introduit dans une vaste salle de contrôle, de forme rectangulaire, mais aux angles arrondis. Les murs de la pièce (d'environ 15 mètres de long) sont entièrement recouverts de cartes et de graphiques. Il passe avec ses compagnons dans un grand salon, baigné d'une douce lumière bleue venue de nulle part, et dont la splendeur le cloue sur place. Deux jeunes femmes merveilleusement belles s'approchent pour l'accueillir. La description qu'en fait Adamski a des allures de conte de fées :

> *Celle qui m'avait apporté de l'eau mesurait environ 1,50 mètre. Elle avait le teint très pâle et de longs cheveux blonds dont les ondulations flottaient sur ses épaules dans un mouvement harmonieux. Je n'avais jamais vu des yeux de cette couleur ; ils semblaient constellés de paillettes dorées. Sous une peau fine et délicate, ses traits étaient parfaits, ses oreilles petites, ses dents régulières et admirablement blanches. Elle semblait très jeune. Ses mains étaient longues et fines et ses doigts effilés. Elle ne portait pas le moindre maquillage, pas plus que sa compagne.*

Adamski identifie la Vénusienne comme étant Kalna, et la jeune Martienne, Ilmuth. Cette dernière, une adolescente aux cheveux bruns un peu plus grande que Kalna, a de « grands yeux lumineux ». Les deux jeunes filles portent des sandales minuscules et de longues robes de voile, retenues par une large ceinture, qui descend jusqu'aux chevilles.

La pièce est meublée d'une grande table entourée de fauteuils, de divans et de sièges de toutes sortes, plus bas et plus confortables que les chaises terriennes. « Ils étaient recouverts d'un riche brocart d'aspect soyeux. Les couleurs diverses avaient des tons chauds ou des tons pastel. » On voit ici et là des tables basses transparentes comme du cristal, et le sol est entièrement recouvert d'un unique tapis de haute laine de couleur brune.

Les murs sont ornés de nombreuses images, vraisemblablement des reproductions de scènes de vie sur d'autres planètes. L'une de ces illustrations représente un immense vaisseau-mère. A peine Adamski a-t-il le temps de penser qu'il doit s'agir de celui dans lequel il se trouve que Kalna le corrige :

> *« Non, notre vaisseau est de dimensions bien plus modestes comparé à celui-ci. En fait, il s'agit plus d'une sorte de ville volante que d'un vaisseau à proprement parler. Sa taille atteint plusieurs kilomètres, tandis que le nôtre ne fait que 700 mètres. »*

Adamski a du mal à réaliser ce que représentent de telles dimensions. Kalna reprend :

> *« De nombreuses structures similaires ont été bâties par notre civilisation. Mais elles n'ont pas été conçues à l'usage d'une seule et unique planète ; leur véritable rôle est de contribuer à l'éducation et au plaisir de tous les citoyens de la grande Confrérie universelle. »*

Soudain, une paroi s'ouvre et les deux pilotes prennent place en face du tableau de commande. « Je sentis un frémissement, et le vaisseau glissa dans l'espace. "Nous sommes maintenant à plus de 80 000 kilomètres de la Terre", dit Ilmuth[30]. »

Firkon invite Adamski à jeter un coup d'œil par le hublot. Ce qu'il voit alors (nous sommes en 1953) sera corroboré quelques années plus tard par les témoignages des astronautes qui iront effectivement dans l'espace. Je suis intimement convaincu, et sans doute en partie pour cette raison, que les récits d'Adamski ne sont pas (en tout cas, pas tous) sortis de son imagination.

7

CONFIRMATIONS ET CONTRADICTIONS

Je fus surpris de voir que l'arrière-plan, dans l'espace, était plongé dans l'obscurité la plus totale, remarque George Adamski, ébloui par ce qu'il aperçoit par le hublot du vaisseau géant. *Pourtant, cette énorme masse n'est pas inerte, elle semble parcourue par des milliards de lucioles qui scintillent et s'agitent en tous sens. Ce feu d'artifice céleste est si beau qu'à la vue de ce spectacle, on se sent rempli d'une crainte respectueuse*[1].

Le 20 février 1962, neuf ans après le vol supposé d'Adamski dans l'espace, l'astronaute américain John Glenn vole en orbite autour de la Terre dans la capsule Mercury VI. Il raconte : « Le soleil se levait. Tous ces petits objets que j'avais pris pour des étoiles brillaient en réalité d'une vive lueur verte, comme autant de lucioles dans une nuit noire. Il y en avait des milliers...[2] »

Un an et demi plus tard, le 12 octobre 1964, les cosmonautes soviétiques Vladimir Komarov, Konstantin Feoktistov et Boris Yegorov, naviguant à bord de Voskhod 1, confirment cette vision :

> *Les particules lumineuses n'étaient visibles que dans un ciel entièrement noir, lorsque les rayons du soleil frappaient de côté. Leur mouvement est étrange. Parfois, deux d'entre elles se dirigent l'une vers l'autre. Nous pensions qu'elles se détachaient de notre vaisseau. Apparemment,*

ce sont plutôt des particules de poussière comme on en trouve un peu partout, même dans le cosmos[3].

Les avis sont partagés quant à cet « effet luciole ». Thomas Stafford, qui était aux commandes d'Apollo X au cours de la mission de mise en orbite autour de la Lune, en mai 1969, estime que ce scintillement est produit par les rayons du soleil sur les débris de réacteurs dispersés en vol. Selon lui, l'eau et l'urine évacués hors des vaisseaux habités peuvent conduire au même phénomène[4]. C'est sans doute vrai, mais on ne peut nier que l'hypothèse des micro-météorites (la « poussière cosmique ») est la plus vraisemblable dans la plupart des cas.

UN PRÉCIEUX DISPOSITIF

Au cours de son premier vol sur le vaisseau-mère, Adamski aurait remarqué un instrument de la taille d'un appareil de radio, doté d'un écran analogue à celui d'un téléviseur.

> *Grâce à ce dispositif,* expliquait Firkon, *nous pouvons enregistrer tout ce qui se passe sur Terre, ou sur les planètes que nous sommes amenés à survoler. Non seulement nous entendons les échanges de conversations, mais nous prenons des photos, qui apparaissent sur cet écran. Un mécanisme intégré les transforme en vibrations sonores et les traduit immédiatement dans notre langue. Le mode d'enregistrement est analogue à celui de vos magnétophones.*

Firkon ajoute que tous les mots sont constitués de vibrations, à la façon exacte dont les mélodies se fondent sur certaines notes, si bien que l'apprentissage des langues étrangères, à partir de ce principe, est beaucoup plus rapide[5].

UNE DANGEREUSE CEINTURE DE RADIATIONS

Adamski fut présenté par ses hôtes à un patriarche, âgé de près d'un millier d'années, qu'il décrit comme un «être supérieurement intelligent». Ce dernier était très préoccupé par les effets nocifs des explosions nucléaires.

> *«Les radiations n'ont pas encore dépassé votre atmosphère, mais elles n'en détruisent pas moins la vie sur Terre. Vous êtes en train de remplir l'univers de substances mortelles, à l'aide de ces engins que vos savants et vos militaires appellent des "bombes".*
>
> *«Les radiations émises par ces bombes sont plus légères que l'atmosphère terrestre, mais plus lourdes que l'espace intersidéral. Si la guerre survient, et si les Terriens se servent de ces dangereux joujoux, une partie de la population sera anéantie, le sol deviendra stérile et les eaux seront empoisonnées pour très longtemps. Il est possible que la substance même de votre planète soit si gravement mutilée que l'équilibre de la galaxie en soit rompu. Il deviendra impossible pour nous, au cours des siècles à venir, de voyager à travers l'espace, que vous aurez ainsi contaminé*[6].

DEUXIÈME VOL SPATIAL

A l'occasion d'un deuxième vol dans l'espace, le 21 avril 1953, Adamski affirme avoir été emmené dans un autre vaisseau, saturnien cette fois. Celui-ci, quatre fois plus gros que le vaisseau vénusien, rejoint à son tour un vaisseau porteur de grande taille. A l'intérieur, on lui montre la cambuse qui, à son grand désappointement, ne contient ni appareils, ni placards d'aucune sorte. Zuhl, son hôte, lui explique que les cloisons contiennent tous les équipements nécessaires, mais qu'elles demeurent indiscernables, comme d'ailleurs toutes les portes du vaisseau, tant qu'elles ne sont pas ouvertes.

Les personnes qui s'activent à bord du vaisseau ont la même apparence que les occupants du vaisseau précédent.

Aucune des jeunes femmes présentes ne semble avoir plus de 25 ans. Pourtant, Adamski apprendra un peu plus tard qu'elles avaient entre 30 et 200 ans ! Elles sont vêtues de magnifiques robes longues retenues par de larges ceintures ornées de pierres précieuses, qui scintillent d'un éclat extraordinaire. Les hommes, eux, portent des blouses d'un blanc étincelant, dont les larges manches sont resserrées au poignet, et des pantalons bouffants dont la matière lui est inconnue.

DISQUES TÉLÉGUIDÉS

Sur le vaisseau porteur se trouve un « laboratoire » contenant douze disques téléguidés. « Je compris que ces dispositifs étaient utilisés pour des missions d'observation », précise Adamski. L'un de ses compagnons lui en a expliqué le fonctionnement.

> *Chaque disque mesurait environ 1 mètre de diamètre. Fait d'une matière brillante, il semblait constitué de deux assiettes retournées l'une sur l'autre. J'appris qu'il existait des disques de différentes tailles, selon l'équipement qu'ils contenaient. Des appareils d'une extrême précision leur permettaient de suivre la trajectoire qui leur était assignée, de recueillir toutes les informations utiles et de les communiquer au vaisseau-mère – qu'il s'agisse de sons, d'émissions radio, de lumière, ou même des ondes cérébrales des Terriens...*

Sur le pont, six jeunes femmes sont occupées à équiper les disques, en les nourrissant des données nécessaires à leur mission et des instructions de vol.

> *Ces femmes se ressemblaient énormément, et je les contemplais avec surprise et admiration tandis qu'elles se livraient avec un bel ensemble à cette élégante pantomime, comme un concerto muet.*

Pendant ce temps, les écrans, dans le laboratoire, enregistrent les données.

Je remarquai que des lignes apparaissaient et disparaissaient, très vite remplacées par une succession de points et de traits qui formaient d'étonnantes figures géométriques.

Un extraterrestre lui en explique le fonctionnement :

« Les disques survolent un site spécifique et enregistrent tous les sons qu'il émet. C'est ce que vous voyez sur les écrans, sous forme de lignes, de traits ou de points. Les appareils analysent ces informations et les interprètent.

« Dans l'univers, tout possède un schéma particulier. Par exemple, lorsque quelqu'un pense "maison", ce qu'il voit en pensée diffère de ce que verrait son voisin dans la même situation. Beaucoup de choses, y compris les émotions humaines, sont enregistrées de cette façon. Nous savons ainsi ce que pensent vos congénères, et s'ils sont animés de sentiments amicaux ou hostiles à notre égard. »

Les habitants de l'espace sont également certains, par ce moyen, d'être avertis de tout événement anormal à la périphérie de l'atmosphère, « un risque qui augmente à chaque explosion d'une bombe atomique ou d'une bombe à hydrogène quelque part dans le monde[7] ».

LA LUNE

C'est au cours de ce deuxième voyage qu'Adamski est autorisé à voir – sur un écran de contrôle – la surface de la Lune. Son récit a été tourné en ridicule et pourtant, certains éléments sont d'une précision confondante :

Il est curieux de constater à quel point nous nous trompons sur notre plus proche voisine. Ce que nous appelons cratères sont pour la plupart de grandes vallées cernées de hautes montagnes. Certains de ces cratères, c'est vrai, ont été provoqués par la chute de météorites sur le sol lunaire. Mais, dans ce cas, le fond est très nettement en entonnoir. A ma grande surprise, je remarquai de profonds sillons dans la roche, qui ne pouvaient avoir été provoqués que par le cours impétueux d'une rivière disparue. On apercevait çà et là une végétation timide. La surface était tantôt faite d'une matière fine et pulvérulente, tantôt de particules plus grosses ressemblant à des cristaux de sable ou à du gravier[8].

Végétation mise à part, la description ressemble à s'y méprendre à celle que feront un peu plus tard les astronautes et les savants. Avant que l'homme ne pose le pied sur la Lune, les astronomes s'interrogeaient sur la composition de sa surface. Thomas Gold, par exemple, de l'Observatoire royal de Greenwich, avança en 1955 que les « mers » lunaires étaient couvertes d'une poussière si épaisse que quiconque essaierait d'alunir serait englouti[9]. Neil Armstrong, témoin de première main, pour ne pas dire de premier pied, dissipa définitivement ces inquiétudes lorsqu'il descendit sa fameuse échelle, le 20 juillet 1969 : « La surface est fine et poudreuse », commenta-t-il.

Malheureusement pour lui, Adamski ne s'est pas arrêté là. Il prétend avoir fait un troisième voyage dans l'espace et avoir de nouveau regardé la surface de la Lune, cette fois sur sa face cachée, où il aurait aperçu des montagnes enneigées, des forêts, des lacs, des rivières et même une « ville de bonne taille », où les humains pourraient vivre sans difficulté, à condition de bénéficier de la dépressurisation convenable[10] !

A la décharge de son ami, Desmond Leslie fait remarquer que les photos prises par l'équipage d'Apollo VIII font apparaître sur la Lune des taches verdâtres, que l'on pourrait très bien prendre pour des forêts vues à très haute altitude. Sur l'un des clichés, on voit même un magnifique « lac » du plus beau bleu. Si les caméras les plus perfectionnées de la Terre voient la Lune de cette façon, pourquoi ne pas pardonner à Adamski d'avoir été victime d'une illusion d'optique ? Leslie ajoute que son ami avait une très mauvaise vue (il souffrait d'une cataracte), mais qu'il refusait de l'admettre et qu'il ne portait jamais ses lunettes[11]. Pourtant, si la mauvaise vue d'Adamski peut expliquer cette interprétation erronée, que dire des explications de ses hôtes qui lui ont décrit oralement ces forêts, ces lacs et ces rivières ?

Adamski, pour sa part, raconte qu'il eut un soir la surprise, en mai 1959, d'entendre un savant russe déclarer sur les ondes de la BBC que le sol de la Lune n'était pas constitué de poussière volcanique, mais d'une formation granitique analogue à celle de la Terre, et que plusieurs taches vertes ressemblant à de la végétation avaient été observées sur la face cachée de la Lune [12].

ANOMALIES LUNAIRES

Malgré les nombreuses contradictions et élucubrations que contiennent les récits d'Adamski, une part du mystère demeure. Certaines régions de la lune présentent effectivement des sillons qui semblent avoir été creusés artificiellement. On les explique en général par des mouvements sismiques ou la présence d'anciens cours d'eau. Néanmoins, les « failles » du cratère Gassendi (voir cahier photo 1, page XI) semblent réellement construites de la main de l'homme.

Il convient de parler aussi des « phénomènes lunaires transitoires » découverts par l'astronome Patrick Moore. Celui-ci les attribue à des « émissions gazeuses induites par des tremblements de lune ». On remarquera avec intérêt que des émissions de vapeur d'eau, « sortant des fissures du sol lunaire comme des geysers », ont également été détectées par les instruments laissés sur place par Apollo XI et Apollo XII [13]. Un nuage de vapeur d'eau de plus de 15 km^2 aurait même été repéré. On se souvient que lorsque Apollo VIII se trouvait en orbite autour de la Lune, Frank Borman aurait déclaré : « On dirait qu'il y a pas mal de nuages, là-dessous [14]. » Ce qui, on en conviendra, représente autant d'assertions venant étayer de façon spectaculaire les affirmations d'Adamski évoquant, plusieurs années auparavant, une formation nuageuse autour de la Lune.

RENCONTRES AVEC LES GRANDS DE CE MONDE

Grâce au succès de son livre, Adamski devint une célébrité. Il fut sollicité à travers le monde pour faire des conférences et pour rencontrer les plus éminentes personnalités. Le 8 mai 1959, il fut invité par la reine Juliana de Hollande au palais Soestdijk, à La Haye. Un certain nombre de dignitaires et d'experts, dont le prince Bernhard, le lieutenant général H. Schaper, commandant en chef de l'armée de l'air des Pays-Bas, et le professeur Jongbloed étaient présents à cette réception.

Après une question de la reine au sujet de ses voyages autour de la Lune, Adamski fut soumis à un interrogatoire serré, bien que courtois, de la part du général Schaper et des astronomes qui se trouvaient présents. Il répondit sans se démonter qu'il ne pensait pas que les militaires et les savants disaient la vérité sur ce qu'ils savaient des extraterrestres. «Il est bien connu qu'il existe un certain nombre de dossiers secrets et de rapports confidentiels de l'armée de l'air qu'on se garde bien de divulguer auprès du grand public, et dont les responsables politiques ne sont guère plus informés. Je pense que cette situation existe dans tous les pays du monde.»

L'entretien tourna essentiellement autour des hommes de l'espace et de l'avenir de l'humanité, mais Adamski refusa de faire une déclaration détaillée aux journalistes qui l'attendaient à la sortie, arguant qu'il ne pouvait s'arroger le privilège de s'exprimer avant que la reine elle-même ne le fît[15]. La presse apprécia modérément cette décision et couvrit de ridicule cette réunion au sommet – sans même savoir ce qui s'y était dit. Les articles qui s'ensuivirent témoignèrent donc allègrement de cette mauvaise humeur. «Nouveau scandale à la Cour de Hollande», titraient les journaux français, belges et suisses.

Carol Honey, qui fut pendant sept ans le bras droit d'Adamski, me confia qu'il ne prenait pas pour argent comptant toutes les déclarations du célèbre contacté, mais qu'en tout état de cause, il avait assisté personnellement, à Palomar Terraces (Palomar Gardens avait été vendu au milieu des années 50), à différentes visites de représentants du gouvernement et de l'armée [16].

Adamski prétendait également avoir été consulté par l'armée de l'air au sujet d'un incident survenu à Washington le 6 juillet 1956. Adamski répondit qu'il consulterait les « garçons », comme il avait l'habitude d'appeler ses visiteurs de l'espace, pour savoir ce qui s'était passé. D'après ses dires, ceux-ci lui auraient répondu qu'ils avaient effectivement arraisonné un appareil et qu'ils avaient donné à l'équipage le choix entre retourner sur Terre ou les accompagner sur une autre planète. L'équipage avait choisi la seconde solution tant, dans le passé, ceux des leurs qui avaient été abductés s'étaient vus méprisés et ridiculisés par les autres Terriens sitôt qu'ils leur eurent raconté leur aventure. Pour prouver leur bonne foi, les extraterrestres avaient par la suite renvoyé l'avion vide à sa base en le téléguidant. Il semble que l'armée de l'air des États-Unis soit parvenue à la même conclusion [17].

En 1960, Adamski aurait eu un entretien d'un quart d'heure avec Margaret Chase-Smith, sénateur du Maine et présidente de la Commission sénatoriale sur la recherche spatiale. «Je lui ai donné un maximum d'informations, ce dont elle m'a chaleureusement remercié [18]. »

LE PAPE JEAN XXIII

Le 31 mai 1963, le pape Jean XXIII, très malade à l'époque, aurait reçu Adamski en audience privée. Ce dernier en aurait profité pour lui remettre d'importants documents qui lui avaient été confiés à cette fin par les hommes de l'espace, alors qu'il se trouvait à Copenhague. Les démentis se sont bien évidemment succédé, mais les doutes subsistent.

Adamski était attendu à 11 heures du matin. Il fut accompagné jusqu'aux marches de Saint-Pierre par deux de ses collaboratrices, May Morlet (de Belgique) et Lou Zinsstag (de Suisse).

D'après le témoignage de Lou, que je connais bien, George fut introduit au Vatican par une porte dérobée, et en sortit une heure plus tard, rayonnant.

> *Je ne lui avais jamais vu un air aussi heureux. «Nous avons réussi, me dit-il, j'ai obtenu la bénédiction du Saint-Père et je lui ai remis le message!»*

Au cours du déjeuner qui s'ensuivit, Adamski sortit une pochette de plastique violet. Lou Zinsstag commente :

> *L'inscription qu'on pouvait y lire était très étrange, les caractères m'étaient inconnus. J'étais en tout cas sûre qu'il ne s'agissait ni de latin, ni de gothique, encore moins de russe, de chinois, de japonais, d'arabe ou d'hébreu. On pouvait cependant nettement lire la date du jour, le 31 mai 1963, tracée en caractères romains. A l'intérieur, protégée par du coton blanc, se trouvait une magnifique pièce d'or à l'effigie du pape. J'ai appris plus tard qu'il s'agissait d'une nouvelle pièce œcuménique, déjà frappée mais pas encore sur le marché, dans la mesure où le Concile œcuménique avait été reporté à une date ultérieure en raison de l'état de santé du pape. Deux semaines plus tard, la pièce était en vente dans les banques européennes, et son prix variait entre 300 et 400 francs suisses. A l'époque de notre voyage à Rome, Adamski n'avait absolument pas pu se la procurer dans le commerce et, de toute façon, il n'en avait pas les moyens.*

Deux jours plus tard, le pape meurt. La visite d'Adamski, comme on peut s'en douter, n'a et ne sera jamais officiellement confirmée. Un collaborateur britannique, Ronald Caswell, envoya une première lettre, et obtint une réponse évasive (voir fig. 9), après quoi je décidai d'écrire à mon tour. La chancellerie du Vatican me répondit qu'aucune audience privée n'avait été accordée les jours précédant le décès du pape[19]. La question de la pièce d'or n'était même pas abordée.

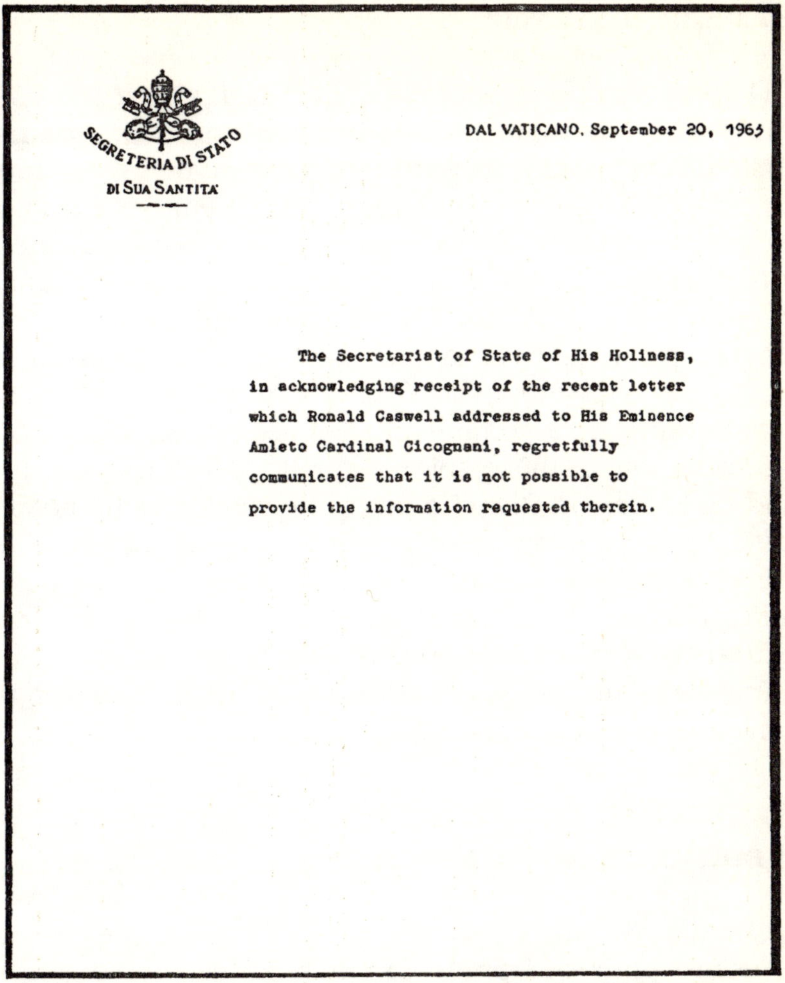

SEGRETERIA DI STATO
DI SUA SANTITA'

DAL VATICANO, September 20, 1963

The Secretariat of State of His Holiness, in acknowledging receipt of the recent letter which Ronald Caswell addressed to His Eminence Amleto Cardinal Cicognani, regretfully communicates that it is not possible to provide the information requested therein.

Fig. 9. Lettre du Vatican répondant à la demande d'information de Ronald Caswell sur les détails de l'audience privée accordée à George Adamski par le pape Jean XXIII en mai 1963 *(Ronald Caswell)*.

Sur bien des points, Lou Zinsstag reste très dubitative. C'est la raison pour laquelle elle a très vite cessé de travailler avec Adamski. Mais elle demeure persuadée qu'il a effectivement été reçu par Jean XXIII, ce qui rend crédible un certain nombre d'entretiens secrets, comme ses visites à la Maison-Blanche[20].

LE PRÉSIDENT KENNEDY

D'après Madeleine Rodeffer, qui est restée à ses côtés pendant les derniers mois de sa vie en 1965, Adamski aurait eu au moins un entretien privé avec le président Kennedy. Une nuit de mai 1963, John Kennedy lui aurait rendu visite à l'hôtel Willard, proche de la Maison-Blanche. Aucun témoin n'assistait à la rencontre, mais il est notoirement connu qu'Adamski possédait une carte officielle délivrée par le gouvernement des États-Unis, qui autorisait son possesseur à accéder à n'importe quelle base militaire ainsi qu'à certaines zones réservées, et qui pourrait accréditer la thèse selon laquelle il s'était à son tour rendu à la Maison-Blanche pour une rencontre hautement privée. Lou Zinsstag raconte même qu'il aurait accompagné le Président sur une base secrète, dans le désert californien de Hot Springs, afin de visiter l'un des vaisseaux-mères géants. Adamski devait même apprendre ultérieurement que le Président aurait eu une longue conversation avec les visiteurs, mais qu'il n'aurait pas été invité à une démonstration de vol.

UN PARFAIT HOMME DU MONDE

Qu'Adamski ait eu des relations haut placées ne fait de doute pour personne. Jacques Vallée, par exemple, rapporte que, d'après l'homme qui hébergeait Adamski pendant son voyage en Australie, ce dernier avait un passeport spécial qui lui garantissait un certain nombre de privilèges [21].

C'était d'ailleurs un homme extrêmement bien élevé, et ses manières étaient celles d'un gentleman. Lou Zinsstag raconte une anecdote révélatrice. Adamski et elle furent invités à un grand dîner par un couple de notables de Bâle. Malgré un service compliqué et une disposition de l'argenterie dont seules les grandes familles ont le secret, il se comporta avec un tel naturel que ses hôtes eux-

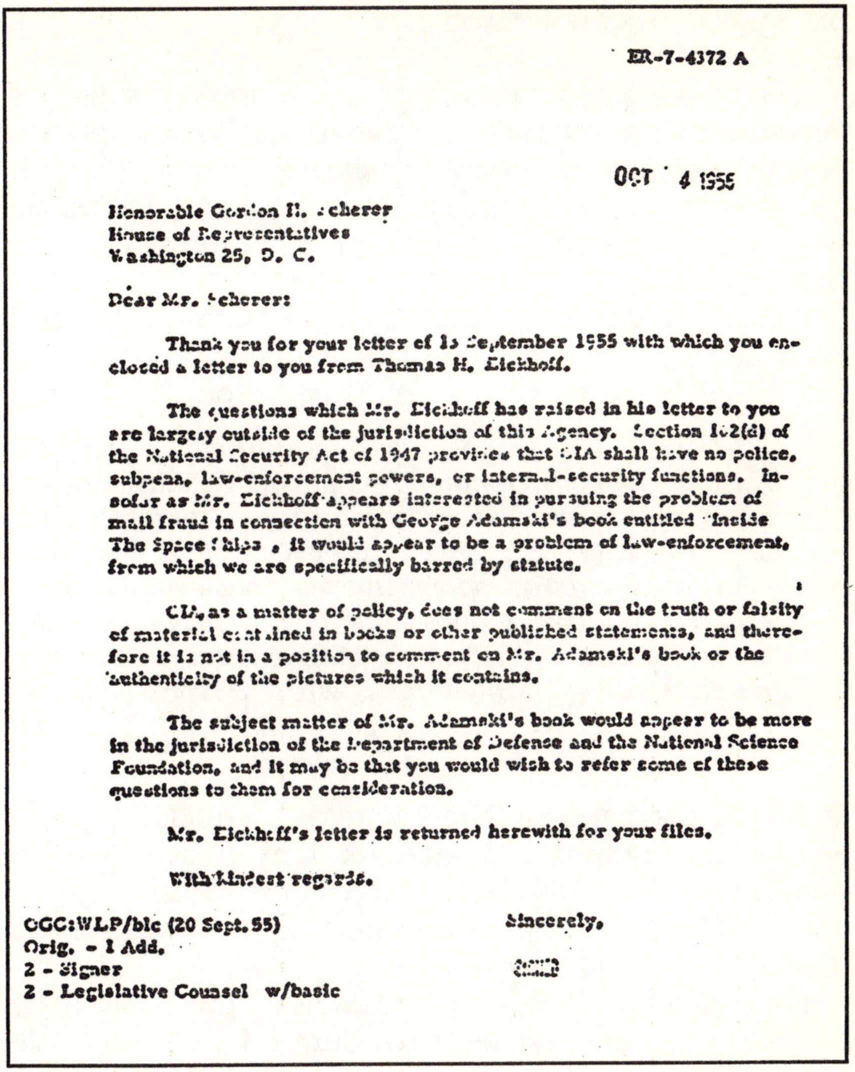

ER-7-4372 A

OCT 4 1955

Honorable Gordon H. Scherer
House of Representatives
Washington 25, D. C.

Dear Mr. Scherer:

Thank you for your letter of 15 September 1955 with which you enclosed a letter to you from Thomas H. Eickhoff.

The questions which Mr. Eickhoff has raised in his letter to you are largely outside of the jurisdiction of this Agency. Section 102(d) of the National Security Act of 1947 provides that CIA shall have no police, subpena, law-enforcement powers, or internal-security functions. Insofar as Mr. Eickhoff appears interested in pursuing the problem of mail fraud in connection with George Adamski's book entitled "Inside The Space Ships", it would appear to be a problem of law-enforcement, from which we are specifically barred by statute.

CIA, as a matter of policy, does not comment on the truth or falsity of material contained in books or other published statements, and therefore it is not in a position to comment on Mr. Adamski's book or the authenticity of the pictures which it contains.

The subject matter of Mr. Adamski's book would appear to be more in the jurisdiction of the Department of Defense and the National Science Foundation, and it may be that you would wish to refer some of these questions to them for consideration.

Mr. Eickhoff's letter is returned herewith for your files.

With kindest regards.

Sincerely,

OGC:WLP/blc (20 Sept. 55)
Orig. - 1 Add.
2 - Signer
2 - Legislative Counsel w/basic

Fig. 10. Réponse d'Allen W. Dulles, directeur de la CIA (1953-1961) à Gordon H. Scherer, de la Chambre des Représentants, le 4 octobre 1955 *(CIA)*.

mêmes en furent frappés. «Il a choisi ses couverts sans l'ombre d'une hésitation. Il mange et il boit comme un parfait homme du monde. Il pourrait être invité à Buckingham Palace[22]!»

DES ARGUMENTS BIEN FRAGILES

Quelques-unes des expériences d'Adamski ont eu des témoins, mais pour d'autres, nous n'avons que sa parole. Il raconte notamment, dans une lettre à Charlotte Blodget, que deux savants l'accompagnaient au cours de l'un de ses voyages dans l'espace, mais qu'ils ont refusé que leur nom soit cité.

Dans la postface de *Inside the Space Ships*, il prétend avoir été invité à bord d'un vaisseau spatial le 24 avril 1955, dans le but de prendre quelques photos.

> «*Nous ne pouvons rien vous garantir pour d'évidentes raisons que vous comprendrez plus tard,* lui dirent ses hôtes, *mais nous essaierons de vous photographier dans le vaisseau. En fait, tout serait plus simple si nous pouvions utiliser notre propre méthode de photographie, mais cela ne vous serait d'aucune utilité. Nos appareils photos et nos films sont entièrement magnétiques et votre race n'utilise pas l'équipement nécessaire à la reproduction de ces images. Vous devrez donc vous contenter de vos appareils, en espérant un résultat notable.*»

Il avait donc apporté son Polaroid et expliqué le fonctionnement de l'appareil à ses hôtes. Il existe quatre de ces photos (dont l'une est reproduite dans le cahier photo 1, page VIII), et pour ma part, je ne vois pas de raison de douter de leur authenticité.

En décembre 1958, selon Adamski, un homme de l'espace vient le chercher en voiture à la gare, près de Kansas City, dans le Missouri, alors qu'il a manqué son train, et le conduit près d'un bouquet d'arbres que survole un engin de l'espace. La méthode d'embarquement diffère de ce qu'il a raconté ailleurs, et je suis frappé des ressemblances qu'elle présente avec l'expérience d'autres abductés et contactés.

> *A cette occasion en particulier, je fus transporté dans le vaisseau alors qu'il était en vol. J'eus l'impression d'être enveloppé d'un rideau de plastique transparent, mais je ne*

pouvais pas le toucher. Il semble qu'une force magnétique vous soulève de terre, comme un ascenseur. Cette opération peut fonctionner à très grande distance, mais la plupart du temps, le transport s'effectue sur une centaine de mètres seulement. On peut emporter des bagages avec soi, comme si on se tenait sur une plate-forme invisible[23].

Une fois à bord, Adamski demande à ses compagnons s'il ne serait pas possible de survoler la région à basse altitude en plein jour, de façon à ce que d'autres témoins les voient. Ils lui répondent qu'ils connaissent le moyen d'échapper aux contrôles militaires, mais que lui, en revanche, serait arrêté et mis au secret. Même si des centaines de témoins les apercevaient, ajoutent-ils, ils seraient très vite réduits au silence. C'est pourquoi l'atterrissage à Davenport, dans l'Iowa, où le train devait initialement le conduire, ne peut avoir lieu avant la tombée de la nuit[24].

QUI VEUT TROP PROUVER NE PROUVE RIEN

D'après Adamski, l'armée des États-Unis aurait fait exploser une bombe atomique dans la stratosphère en 1960. Les Russes eurent la même idée, mais ne la mirent pas à exécution, sur pression des extraterrestres. En réalité, la marine américaine avait procédé à trois essais de ce genre en 1958, dans le cadre du projet Argus. Adamski ajouta que les extraterrestres s'employaient activement à neutraliser les dangereuses radiations provoquées par ces explosions.

A partir de leurs laboratoires situés sur un vaisseau-mère, ils envoient des boules vertes (qui ont été aperçues un peu partout dans le monde). Ces engins sont destinés à neutraliser ou à absorber les radiations nocives induites par les essais nucléaires[25].

Je ne connais pas la fréquence à laquelle on apercevait ces « boules vertes » en 1959, au moment de cette remarque, mais je peux dire qu'entre 1948 et 1950, en tout cas, elles ont été signalées par un très grand nombre de témoins, essentiellement à proximité des installations nucléaires et des zones d'expérimentation. Comme je le raconte dans mon livre[26], ces constatations ont donné lieu à quantité d'enquêtes et de recherches de la part de l'armée et des services secrets (voir aussi fig. 11 et 12).

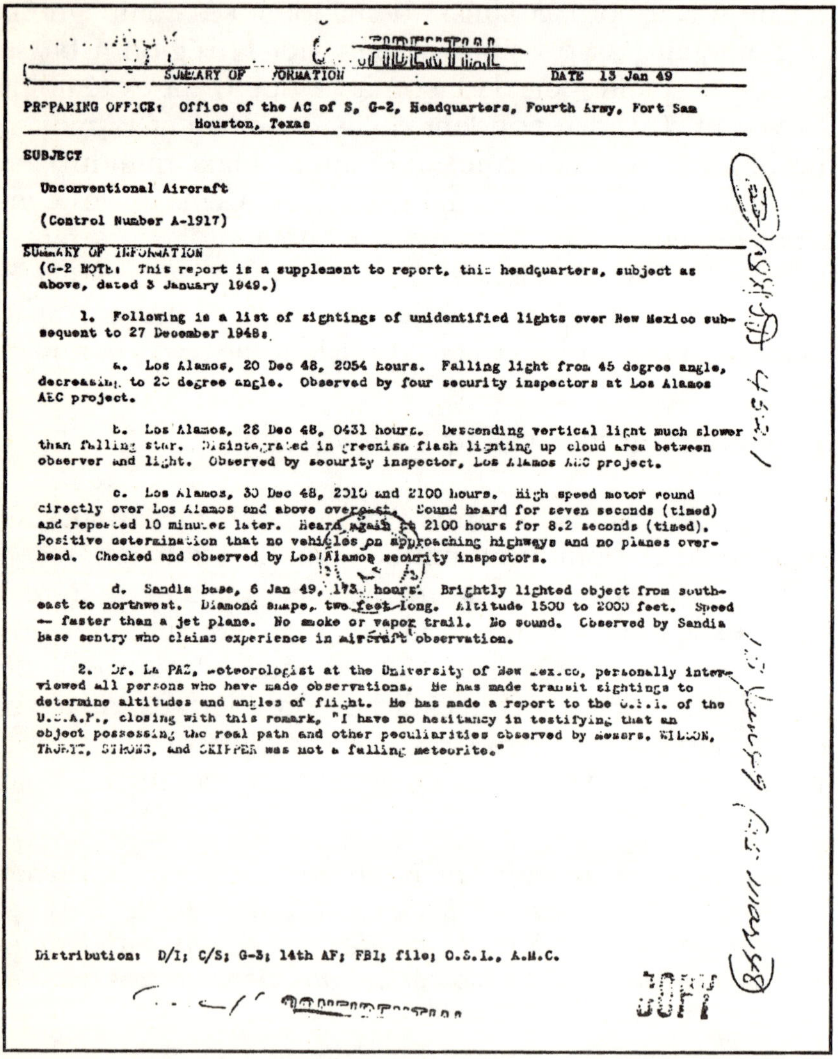

SUMMARY OF INFORMATION DATE 13 Jan 49

PREPARING OFFICE: Office of the AC of S, G-2, Headquarters, Fourth Army, Fort Sam Houston, Texas

SUBJECT

Unconventional Aircraft

(Control Number A-1917)

SUMMARY OF INFORMATION

(G-2 NOTE: This report is a supplement to report, this headquarters, subject as above, dated 3 January 1949.)

1. Following is a list of sightings of unidentified lights over New Mexico subsequent to 27 December 1948:

a. Los Alamos, 20 Dec 48, 2054 hours. Falling light from 45 degree angle, decreasing to 20 degree angle. Observed by four security inspectors at Los Alamos AEC project.

b. Los Alamos, 28 Dec 48, 0431 hours. Descending vertical light much slower than falling star. Disintegrated in greenish flash lighting up cloud area between observer and light. Observed by security inspector, Los Alamos AEC project.

c. Los Alamos, 30 Dec 48, 2010 and 2100 hours. High speed motor sound directly over Los Alamos and above overcast. Sound heard for seven seconds (timed) and repeated 10 minutes later. Heard again at 2100 hours for 8.2 seconds (timed). Positive determination that no vehicles on approaching highways and no planes overhead. Checked and observed by Los Alamos security inspectors.

d. Sandia base, 6 Jan 49, 173. hours. Brightly lighted object from southeast to northwest. Diamond shape, two feet long. Altitude 1500 to 2000 feet. Speed — faster than a jet plane. No smoke or vapor trail. No sound. Observed by Sandia base sentry who claims experience in aircraft observation.

2. Dr. LA PAZ, meteorologist at the University of New Mexico, personally interviewed all persons who have made observations. He has made transit sightings to determine altitudes and angles of flight. He has made a report to the O.S.I. of the U.S.A.F., closing with this remark, "I have no hesitancy in testifying that an object possessing the real path and other peculiarities observed by Messrs. WILSON, TRUETT, STRONG, and SKIPPER was not a falling meteorite."

Distribution: D/I; C/S; G-3; 14th AF; FBI; file; O.S.I., A.M.C.

COPY

Fig. 11. Rapport des services d'espionnage de l'armée américaine, daté du 13 janvier 1949, relatif aux ovnis aperçus au-dessus de Los Alamos *(US Army)*.

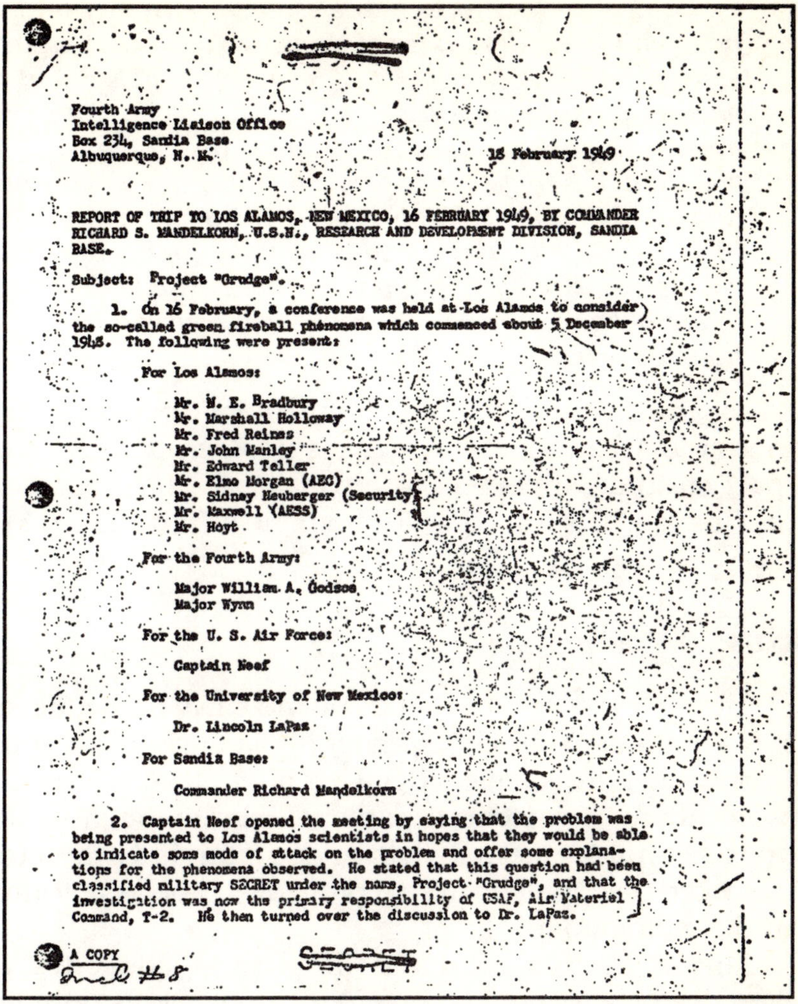

[redacted]

Fourth Army
Intelligence Liaison Office
Box 234, Sandia Base
Albuquerque, N. M.

18 February 1949

REPORT OF TRIP TO LOS ALAMOS, NEW MEXICO, 16 FEBRUARY 1949, BY COMMANDER RICHARD S. MANDELKORN, U.S.N., RESEARCH AND DEVELOPMENT DIVISION, SANDIA BASE.

Subject: Project "Grudge".

1. On 16 February, a conference was held at Los Alamos to consider the so-called green fireball phenomena which commenced about 5 December 1948. The following were present:

For Los Alamos:

Mr. N. E. Bradbury
Mr. Marshall Holloway
Mr. Fred Reines
Mr. John Manley
Mr. Edward Teller
Mr. Elmo Morgan (AEC)
Mr. Sidney Neuberger (Security)
Mr. Maxwell (AESS)
Mr. Hoyt

For the Fourth Army:

Major William A. Godsoe
Major Wynn

For the U. S. Air Force:

Captain Neef

For the University of New Mexico:

Dr. Lincoln LaPaz

For Sandia Base:

Commander Richard Mandelkorn

2. Captain Neef opened the meeting by saying that the problem was being presented to Los Alamos scientists in hopes that they would be able to indicate some mode of attack on the problem and offer some explanations for the phenomena observed. He stated that this question had been classified military SECRET under the name, Project "Grudge", and that the investigation was now the primary responsibility of USAF, Air Materiel Command, T-2. He then turned over the discussion to Dr. LaPaz.

A COPY
Incl. #8

SECRET

Fig. 12. Début d'un très long rapport des services d'espionnage, daté du 18 février 1949, concernant les « boules de feu » de Los Alamos *(US Army)*.

Dès 1960, Adamski avertit ses collaborateurs qu'un nouveau groupe de visiteurs est à l'œuvre, dont il ne connaît ni le nombre, ni les intentions. Mais il s'empresse de les imaginer.

Lorsque nous nous limitions à la Terre en pensant que l'espace était vide, nous ne présentions aucun intérêt pour les habitants des autres planètes. Mais maintenant que nous envoyons des fusées et des satellites dans l'espace, leur curiosité est éveillée, et il est normal qu'ils soient de plus en plus attentifs à ce qui se passe chez nous. Par ailleurs, le fait que ces gens vivent dans l'espace ne fait pas d'eux des anges, et ils peuvent être, tout comme nous, animés de mauvaises intentions. Sans doute n'ont-ils pas l'intention d'attaquer sur tous les fronts, mais il est bien possible, néanmoins, que nos propres vaisseaux spatiaux soient obligés, à brève échéance, de recourir à la protection de l'armée.

A la grande surprise des mouvements pacifistes des années 60, Adamski ne s'est jamais posé en défenseur de la paix et du désarmement. « Ce n'était pas un rêveur, écrit Lou Zinsstag. Il savait que le moment n'était pas encore venu [27]. »

VÉNUS

Adamski a raconté les scènes de vie sur Vénus, que ses hôtes lui auraient projetées en trois dimensions au cours de son prétendu voyage sidéral en août 1954. « Nous disposons d'un projecteur capable d'émettre ou non des rayons selon une distance déterminée », lui dit Orthon (on peut noter avec intérêt que ce procédé rappelle la formation des hologrammes).

Adamski décrivit ainsi des montagnes couvertes de neige, des pics rocheux, des forêts. « Nous avons de nombreux lacs et sept océans, tous reliés les uns aux autres par des systèmes de voies fluviales, naturelles ou non », dit Orthon. Plusieurs villes furent également dévoilées à la curiosité et l'édification d'Adamski, toutes peuplées d'habitants qui vaquent à leurs occupations. Puis, vint le tour d'une grande plage couverte de baigneurs où viennent mourir de « longues vagues ondulantes ». Les animaux étaient également présents : des chevaux, des vaches, plus petits que leurs équivalents terriens, mais tellement similaires, « comme tous les animaux de cette planète ».

En 1961, Adamski proclame à qui veut bien l'entendre qu'il a fait un voyage sur Vénus – voyage qui aurait duré douze heures –, et qu'il serait resté cinq heures sur place. Mais sa description relève de la plus haute fantaisie.

> *Il faisait beau, l'air était pur et frais. Au bout de quelques minutes, je me sentis fatigué. La pression atmosphérique de Vénus est analogue à celle que l'on ressent sur Terre en altitude, à Mexico par exemple*[28].

Il parle ailleurs d'un climat tropical, de saisons des pluies et d'une abondance de fruits et de légumes. Adamski est informé que la période de rotation de Vénus est de 23 heures (et non de 24 heures comme pour la Terre), alors qu'en réalité elle est de 243 jours !

SATURNE

Son récit le plus farfelu est probablement celui de sa visite sur Saturne. En mars 1962, Adamski adressa à ses collaborateurs un rapport sur un voyage qu'il aurait fait, entre le 27 et le 30 du mois, pour se rendre à la « réunion des douze conseillers de notre système solaire ». Les plus dévoués de ses amis commencèrent à douter sérieusement de sa sincérité. Lou Zinsstag interpréta le voyage sur Saturne comme une « expérience mentale personnelle ». Henk Hinfelaar, de Nouvelle-Zélande, ne fut pas davantage convaincu. Tous deux en arrivèrent d'ailleurs à la conclusion qu'Adamski « était tombé en de mauvaises mains ». Il avait d'ailleurs admis lui-même qu'il fréquentait une « nouvelle équipe de garçons ».

> *« A notre avis,* s'exprima Lou, *soit cette nouvelle équipe appartient à une organisation d'agents secrets (pas nécessairement gouvernementale) ou d'experts très habiles en matière d'hypnose et de contrôle mental, soit Adamski rencontre réellement des visiteurs d'un autre monde, lesquels semblent bien décidés cette fois à lui donner de fausses informations et à semer la confusion, peut-être*

pour décrédibiliser ses témoignages précédents, comment savoir? "Ce ne sont pas des anges", comme le disait George lui-même[29]. »

LA VÉRITÉ EST DANGEREUSE

John Keel est persuadé que les ufonautes mentent sciemment à tous les contactés. « Ces mensonges participent du rideau de fumée qui leur sert à masquer leur origine, leur but et leurs motifs véritables[30]. » Mais avant d'accuser les extraterrestres de supercherie, comment ignorer qu'Adamski lui-même est loin d'être exempt de tout reproche ? En octobre 1962, par exemple, il envoie à ses collaborateurs une lettre délirante, censément écrite par l'un de ses amis extraterrestres et ornée de symboles venus d'ailleurs manifestement truqués, disant : « Vous faites du bon travail. George Adamski est le seul Terrien que nous avons décidé d'aider. » En réalité, l'adresse de l'expéditeur de cette lettre, loin de provenir de l'espace, n'est autre que celle d'une boîte postale louée pour Adamski par l'une de ses amies, Martha Ulrich. Pour tous ceux qui avaient gardé un soupçon de confiance à Adamski, la coupe est pleine. « Adamski s'acharne à détruire sa propre image », déplore Roy Russell, l'un de ses collaborateurs australiens[31]. L'ouvrage intitulé *Science of Life Study Course*, dont Adamski prétend qu'il reprend des informations que lui auraient communiquées ses « frères de l'espace », n'est pas autre chose qu'une nouvelle version de son premier livre, *Wisdom of the Masters of the Far East*, publié en 1936 par « L'Ordre royal du Tibet »[32].

Les détracteurs d'Adamski se plaisent à citer les preuves négatives rassemblées par Carol Honey pour affirmer que le bonhomme est un charlatan. Malheureusement, il semble que ses conclusions plus favorables sont souvent occultées. En voici un exemple éloquent :

Seule la vérité m'intéresse, et c'est pourquoi j'avais prévenu Adamski que je ne soutiendrais que les faits pour lesquels il pourrait apporter des preuves. Il me remit plusieurs manuscrits, dont la plupart provenaient de ses premiers fichiers. Pendant un certain nombre d'années, chaque mot que publiait Adamski passait par ma machine à écrire. Si quelque chose échappait à la publication, c'est que j'en avais décidé ainsi, parce que je trouvais que ce n'était pas compatible avec la vérité.

En diverses occasions, Adamski me montra des photos, des objets, des enregistrements, des rapports de laboratoire que j'examinai avec soin. Aucun de ces documents n'a jamais été communiqué au public ou à la presse, pour autant que je sache. Ils étaient pourtant autrement convaincants que ceux qu'il avait accepté de reproduire. Il disait qu'on lui avait demandé de ne pas les divulguer avant que le moment soit venu de le faire. S'il mentait, pourquoi ne pas avoir produit ces pièces pour enfoncer le clou ? Et que sont-elles devenues après sa mort ?

George Adamski a rencontré des hommes venus d'autres planètes et ses photos étaient authentiques. Plus tard, il a menti parce que ses amis l'avaient abandonné, et qu'il ne voulait pas perdre la face[33].

PIONNIER DE L'ESPACE ?

En 1949 était paru à compte d'auteur un roman de science-fiction, *Pioneers of Space : A Trip to the Moon, Mars and Venus*[34], signé par le « professeur George Adamski » (et rédigé, en réalité, par Lucy McGinnis). L'ouvrage présente des similitudes frappantes avec *Inside the Space Ships* (1956), surtout lorsque l'auteur décrit les « Vénétiens, Martoniens *(sic)* et Saturniens », ce qui ne pouvait manquer d'attirer l'attention des sceptiques et de les amener à douter de la véracité du prétendu témoignage vécu.

Je demandai à Lucy McGinnis, qui est restée la secrétaire d'Adamski pendant plusieurs années (avant de se lasser de ses affabulations dans les années 60), quelles conclusions lui inspirait le rapprochement entre les deux ouvrages. «Je me suis souvent interrogée à ce sujet, me répondit-elle, songeuse. Le premier livre, à l'évidence, était une fiction, mais c'était sans doute une façon de s'intéresser au sujet. Peut-être en savait-il davantage, à ce moment-là, que ce qu'il laissait entendre. Je ne sais pas... A vrai dire, je n'ai pas vraiment cherché à approfondir. Je l'aurais peut-être fait si je n'avais pas vu de mes yeux ces vaisseaux de l'espace, mais je les ai vus.»

Lucy n'a pas seulement été témoin de la rencontre de Desert Center. Elle a également très bien vu un ovni qui survolait Palomar Terraces quelques années plus tard. Voici son témoignage :

> *Je me reposais dans ma chambre. Pour une raison indéterminée, je me suis levée et je suis sortie. J'ai levé les yeux, et j'ai vu au-dessus de ma tête ce gros objet volant en forme de soucoupe. J'étais pétrifiée. Je pouvais voir à travers la carlingue. Il y avait deux étages, et je distinguai même l'escalier qui permettait de passer de l'un à l'autre. Des gens s'agitaient à l'intérieur. Ils portaient une sorte de combinaison de ski, serrée aux chevilles. Et d'un seul coup, l'engin est parti.*

Je demandai aussi à Lucy pourquoi Adamski s'était mis, au fil des ans, à raconter des histoires invraisemblables. Elle répondit qu'à son avis, il souffrait d'un ego démesuré, et que c'était sans doute pour cette raison que ses amis extraterrestres s'étaient désintéressés de lui. Cet abandon n'aurait fait qu'aggraver la situation et l'aurait poussé à inventer de nouveaux voyages vers Saturne et Vénus [35]. L'explication semble convaincante, mais laisse sans réponse les multiples questions concernant la personnalité complexe d'Adamski et ses déclarations encore plus complexes.

Desmond Leslie, de son côté, cherchant à réhabiliter son ami, avance des explications ésotériques concernant les «Vénusiens», «Martiens», «Saturniens» et consorts. «Nos "frères de l'espace", dit-il, sont capables de se matérialiser dans notre environnement, mais leurs planètes ont une "fréquence vibratoire" supérieure, si bien que nous n'avons pas été en mesure de découvrir des êtres vivants dans notre système solaire[36].» Je n'ai rien contre cette hypothèse. Toutefois, mis à part le fait que nos «frères» ne viennent pas nécessairement de notre système solaire (comme l'aurait déclaré Adamski lui-même, selon Carol Honey[37], et comme le laissent entendre un certain nombre de contactés), il existe un autre point à ne pas négliger.

Leslie cite Paramahansa Yogananda, grand maître du yoga, et évoque les extraordinaires pouvoirs détenus par certains maîtres qui peuvent léviter, se rendre invisibles, projeter leur image à de grandes distances, traverser les murs, etc.[38] Ces hommes, malgré leurs capacités physiques, mentales ou spirituelles, sont des êtres de chair et de sang. Par conséquent, je ne vois pas pourquoi des extraterrestres ne seraient pas capables d'en faire autant. Adamski confia un jour à Leslie que nous ne pouvions rendre visite aux habitants des autres planètes «compte tenu de notre condition physique actuelle». Je crois qu'il y a du vrai dans cette affirmation, et pour des motifs qui n'ont rien d'ésotérique.

Lorsque Leslie l'interrogea sur la nature des visiteurs de l'espace, Adamski répondit: «Ces gens ne sont pas des fantômes. Orthon s'est blessé la main sur la carlingue lorsqu'il a rattrapé mon bras pour éviter qu'il ne soit arraché par le champ de force, et je peux affirmer qu'il saignait, d'un vrai sang rouge comme le nôtre[39].» D'ailleurs, lorsqu'il ressentait de la suspicion chez son interlocuteur, il se plaisait à lancer: «Je ne vois pas pourquoi des fantômes se donneraient la peine de voyager dans un vaisseau spatial.»

A supposer que notre système solaire n'abrite pas d'autres civilisations, pourquoi des peuples venus d'autres systèmes solaires ne pourraient-ils pas avoir installé des bases temporaires ou permanentes sur certaines planètes ou leurs satellites, voire sur la Terre? Adamski a été le premier à révéler que les extraterrestres avaient des bases sur notre planète, au demeurant bien connues d'un certain nombre de représentants de l'armée et des services secrets. De cela, mes diverses enquêtes m'ont permis d'en être, pour ma part, parfaitement convaincu.

EXPÉRIENCES PERSONNELLES

Je n'ai jamais rencontré personnellement Adamski. En novembre 1963, alors que j'étais en tournée à travers les États-Unis avec le Royal Philharmonic Orchestra, j'ai eu l'intention de me rendre chez lui, à Vista, pour le voir, sachant que Los Angeles était sur notre itinéraire. Mais les horaires d'autocar ne concordaient pas, si bien que j'ai abandonné l'idée. Sur la route de Los Angeles, cependant, j'ai vécu une curieuse expérience qui m'a laissé une forte impression.

Le 13 novembre, en convoi de trois autocars, nous avons quitté Tucson pour Los Angeles. A mi-chemin, près de la frontière entre l'Arizona et la Californie, nous nous sommes arrêtés pour déjeuner. Je me suis assis à une table avec quelques-uns de mes camarades, en regardant machinalement les clients qui attendaient leur tour pour se faire servir. Mon attention fut attirée par une jeune fille merveilleusement belle, assez petite, avec un visage aux traits délicats et de longs cheveux blonds bouclés. Je me souvins un peu plus tard de la description que donnait Adamski de Kalna, et de sa peau « presque transparente[40] ».

Adamski fut le premier à raconter que des extraterrestres vivaient et travaillaient parmi les hommes. Il disait souvent que les visiteurs venus d'ailleurs choisissaient volontiers les endroits anonymes, comme un restaurant ou le hall d'un hôtel. J'avais rencontré un certain nombre d'autres témoins qui prétendaient que la communication était possible grâce à la télépathie, et je décidai de tenter une expérience. Me concentrant au maximum, je transmis donc à ma belle inconnue cette question muette : « Est-ce que tu viens d'une autre planète ? »

La réponse se fit attendre. Pourtant, quelques minutes plus tard, elle quitta le comptoir et se dirigea droit sur moi. Elle s'arrêta, me sourit et s'inclina comme pour acquiescer. Puis, le visage de nouveau impassible, elle alla s'asseoir de l'autre côté de la salle.

Je ne sais plus où se trouvait ce restoroute, mais, coïncidence frappante, je me rappelle parfaitement avoir vu des panneaux indiquant que Desert Center, lieu de la première rencontre d'Adamski, n'était pas très éloigné.

Quatre ans plus tard, j'ai vécu une expérience du même ordre, alors que je me trouvais de nouveau aux États-Unis. En février 1967, j'étais à New York pour une série de concerts du London Symphony Orchestra à Carnegie Hall. Un après-midi, je me trouvais dans le hall de l'hôtel Sheraton, à l'angle de la 56e Rue et de la 7e Avenue, et je tentai une nouvelle expérience de télépathie. Je venais de voir Madeleine Rodeffer à Washington, et elle m'avait affirmé que la plupart des rencontres avec des extraterrestres avaient pour cadre les lieux publics. Je tentai ma chance. Je formulai une requête d'ordre général, du genre : « S'il y a parmi vous un visiteur d'un autre monde, qu'il vienne s'asseoir près de moi et me le fasse comprendre d'une manière ou d'une autre. »

New York est une ville très agitée, et j'ai vu beaucoup de gens (dont certains, à défaut d'être extraterrestres, paraissaient assez étranges) défiler devant moi au cours de la demi-heure qui a suivi. Soudain, un homme est entré, dont le comportement a immédiatement attiré mon regard. Vêtu d'un costume gris foncé, d'une chemise blanche et d'une cravate noire, il aurait pu aisément passer pour un homme d'affaires de Madison Avenue. Il mesurait environ 1,70 mètre. Les cheveux blonds et bouclés, le visage bronzé et les traits réguliers, il paraissait avoir 35 ans. Il vint s'asseoir à côté de moi d'un air exagérément détaché et sortit de son attaché-case un exemplaire du *New York Times*. Il le feuilleta de façon très artificielle et le replia peu après. Je pensai qu'il était temps d'entrer en communication avec lui par télépathie. Je lui demandai donc en pensée, pour le cas où il viendrait d'une autre planète, de me le faire savoir en plaçant son index droit sur l'aile de son nez. La réponse fut immédiate. A peine avais-je formulé ma requête qu'il fit très exactement ce geste !

Il est clair, à mon avis, que George Adamski a déformé, embelli ou inventé certains éléments de son aventure. D'autres, en revanche, sont parfaitement crédibles et vérifiables. La rencontre initiale et les premiers récits des témoins se fondent à l'évidence sur des faits réels, mais les divers acteurs de cette histoire l'ont modifiée avec le temps, si bien qu'elle apparaît comme une légende. Il ne me paraît pas inutile de revenir sur ses témoignages et sur ceux d'un certain nombre de contactés qui déclarent avoir rencontré des créatures venues d'ailleurs. En jetant le bébé avec l'eau du bain, nous risquons de passer à côté de la vérité, une vérité susceptible d'éclairer notre vie présente et future. Comment ne pas remarquer, par exemple, que des données qui paraissaient invraisemblables il y a quarante ans le sont déjà beaucoup moins aujourd'hui ?

8

DE L'ANECDOTE AUX SUEURS FROIDES

> *« Nous avons des piles de rapports sur des soucoupes volantes. Nous sommes bien obligés de les prendre au sérieux, considérant que nous avons perdu pas mal d'hommes et d'avions en essayant de les intercepter. »*

Voilà ce qu'a déclaré en 1953 le général Benjamin Chidlaw, commandant de la Direction de la Défense aérienne américaine, au cours d'une conversation avec Robert Gardner[1].

Dans de précédents ouvrages, j'avais déjà fait allusion à des dossiers très troublants, qui indiquaient qu'un avion et des pilotes avaient disparu sans laisser de trace. Par exemple, le 23 novembre 1953, près de Soo Locks, dans le Michigan, un chasseur F-89C Scorpion fut envoyé en urgence pour intercepter une cible inconnue, qu'un contrôleur de la GCI (défense aérienne au sol) avait repérée par radar. Quand l'avion s'approcha de la cible, ses signaux et ceux de l'ovni se confondirent sur l'écran radar de la GCI, comme s'ils s'étaient heurtés en plein vol. Pendant un instant, un seul signal apparut sur l'écran, avant de disparaître. On ne retrouva jamais ni l'épave, ni l'équipage[2].

Dans un précédent chapitre, je répercutais les déclarations de George Adamski, lequel affirmait qu'il avait été consulté en 1956 par l'armée de l'air dans l'affaire d'un avion de chasse qui avait mystérieusement atterri tout seul, le pilote ayant disparu. Alors que je me documentais pour ce livre, je tombai sur une histoire du même genre que les deux dernières, que je tenais d'une source tout à fait fiable.

Nous sommes en juin 1953. Le sergent Clarence O. Dargie travaille au centre d'opérations d'une base de l'armée de l'air à Otis, dans le Massachusetts, quand un radar détecte un ovni. Aussitôt, un chasseur décolle pour l'intercepter. Peu après le décollage, alors que l'avion se trouve à 500 mètres d'altitude, tous les systèmes de l'avion tombent en panne. « Un phénomène pratiquement impossible, expliqua Dargie, car les systèmes, à l'exception des moteurs, sont indépendants. Si une source d'énergie tombe en panne, les autres continuent de fonctionner. »

Alors que l'avion commence à piquer du nez, le pilote ordonne à son navigateur de sauter. Dans une situation de ce genre, la procédure normale consiste à actionner la première manette, qui ouvre la verrière, puis la seconde, qui éjecte le siège. En entendant le déclic de la seconde éjection, le pilote doit actionner une manette pour sortir à son tour du cockpit. Comme l'avion est sur le point de s'écraser, le pilote s'éjecte après la première explosion, prenant ainsi le risque de se heurter au navigateur. Le pilote atterrit dans le jardin d'une résidence de Cape Cod, mais on ne retrouvera ni l'avion, ni le navigateur. « Si l'avion s'était écrasé, on aurait entendu une explosion. Mais il a disparu sans laisser de trace. L'avion et l'ovni disparurent également de l'écran du radar[3]. »

UN CONTACT TRÈS RAPPROCHÉ

Au cours du printemps 1954, on observa un très grand vaisseau dans un endroit proche de Bruyères, dans le département des Vosges, au nord-est de la France. L'incident eut lieu un après-midi, vers la fin avril, au lieu-dit Bois-de-Champ, un endroit pratiquement désert.

Roger Mougeolle et Gilbert Doridant coupent du bois quand, soudain, ils entendent un grand bruit, comme un train passant sur un pont en métal ; un son caractéristique d'ovni, qui a souvent été décrit dans les mêmes termes. Un lourd silence s'ensuit. Puis, trois gros objets en forme de cigare font leur apparition. Deux passent au-dessus de la tête des deux hommes, mais le troisième, tout aussi silencieux, atterrit lentement dans la clairière où se tiennent les bûcherons, rapporte Joël Mesnard, qui recueillit le témoignage de Mougeolle :

> *Sa surface était totalement lisse, d'un gris métallique. Mougeolle estima qu'il mesurait plus de 200 mètres de long sur environ 80 à 100 mètres de large et autant de haut. Le monstre s'immobilisa à quelques décimètres du sol.*

Fig. 13. Roger Mougeolle attaquant le vaisseau à la hache, tandis que son compagnon s'enfuit au loin. Il est instantanément projeté à une distance de 6 mètres et se retrouve paralysé jusqu'au décollage du vaisseau *(Joël Mesnard/Lumières dans la nuit).*

Terrifié, Doridant s'enfuit, pour ne plus jamais retourner dans cette partie de la forêt. Quant à Mougeolle, convaincu qu'il s'agit d'un avion conventionnel, il s'avance et passe la main sur la carlingue, qu'il trouve froide et lisse, comme du métal. C'est alors qu'il donne un coup de hache au vaisseau, pour voir ce qui pourrait bien arriver (fig. 13). Le coup produit un bruit sourd et, aussitôt, Mougeolle est propulsé à une distance de 5 ou 6 mètres.

> *Mougeolle se retrouva étendu de tout son long sans pouvoir esquisser le moindre mouvement,* rapporte Mesnard. *Ce qui l'a projeté ainsi n'était assurément pas un souffle d'air, ni quoi que ce soit qui puisse s'en rapprocher, mais quelque chose de totalement inconnu, une force absolue qui aurait agi sur l'ensemble de son corps. C'est alors qu'il comprit que ce qui le clouait au sol de la sorte n'était autre que le monstre lui-même.*
>
> *L'immense vaisseau maintint sa position durant plusieurs minutes, obstruant la vision de Mougeolle, puis décolla et disparut. Fort heureusement, notre témoin ne souffrit par la suite d'aucune séquelle de son extraordinaire rencontre*[4].

RENCONTRES AÉRIENNES

Le distingué astronome britannique, le docteur H. Percy Wilkins, alors qu'il effectuait une série de conférences aux États-Unis, se retrouve le 11 juin 1954 dans un Convair qui le conduit à Atlanta, en Géorgie. Vers 10 h 45, il remarque deux étranges objets volants par le hublot.

> *Mon attention fut attirée par deux objets brillants, de forme ovale, qui semblaient flotter au-dessus de deux masses de cumulus particulièrement impressionnants, dont les côtés – distants d'environ 3 kilomètres – se trouvaient dans l'ombre. Ces deux objets étaient d'une couleur jaune, comme du cuivre ou de l'or, et beaucoup plus brillants que les nuages éclairés par le soleil. On aurait dit des soucoupes en métal reflétant la lumière. Elles se dirigeaient lentement vers le nord* (voir fig. 14).
>
> *Soudain, un troisième objet du même type apparut sur la partie sombre du nuage, mais il était gris et terne, sans doute parce qu'il se trouvait dans l'ombre. Tandis que les deux objets brillants poursuivaient leur lente progression,*

le troisième se propulsa à une vitesse extrêmement rapide, décrivit une courbe et disparut derrière une autre masse de nuages. La scène dura environ deux minutes, mais à partir du moment où il amorça son déplacement, l'objet gris disparut en cinq secondes[5].

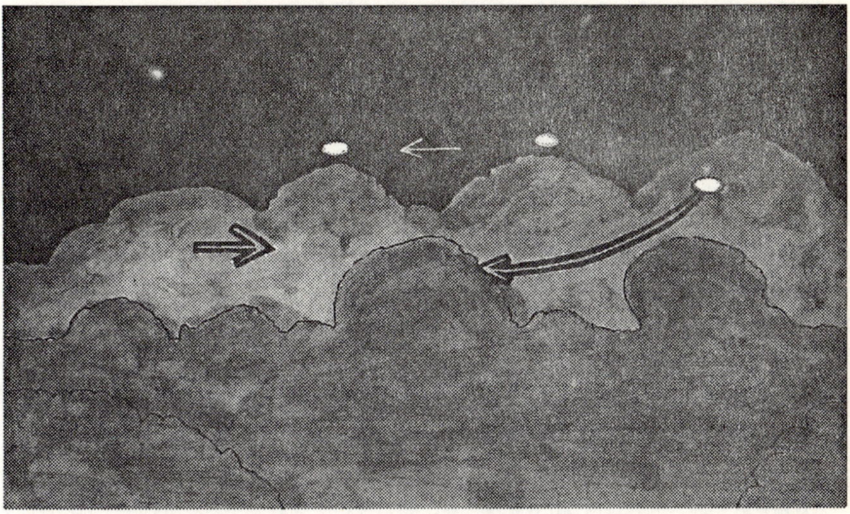

Fig. 14. Dessin, par le docteur H. Percy Wilkins, des soucoupes volantes qu'il observa le 11 juin 1954.

Après avoir atterri à Atlanta, le docteur Wilkins raconte aux reporters qu'il a vu trois soucoupes volantes dont il estime le diamètre à 15 mètres[6]. « Une chose est certaine, écrivit-il, s'il s'agit d'objets solides, capables de se déplacer dans n'importe quelle direction et à n'importe quelle vitesse, alors ils ont été conçus, ils sont dirigés et contrôlés par une intelligence supérieure à celle de l'homme[7]. »

Moins de trois semaines plus tard, le 1er juillet 1954 vers midi, une base de l'armée de l'air à Griffiss, dans l'État de New York, capte un signal radar. Aucun avion n'est prévu dans cette zone. Un Lockheed F-94 Starfire est aussitôt envoyé pour l'intercepter, guidé par le contrôleur du GCI. L'opérateur radar a lui aussi les yeux rivés sur le signal de son écran.

A quelques minutes du décollage, le pilote observe visuellement un ovni : un disque brillant situé loin au-dessus du F-94. Le pilote met alors les gaz et se dirige vers la cible, tandis que l'officier radar envoie un message radio au vaisseau pour identification. Soudain, les moteurs du jet s'arrêtent. Le journaliste Frank Edwards décrit la scène :

> *[...] Dès cet instant, le cockpit de l'avion se métamorphosa en un terrible piège. Bien que le feu ne se soit pas déclaré à bord, le pilote racontera plus tard à ses compagnons qu'il avait eu l'impression qu'un chalumeau lui brûlait le visage. Il voulut faire un rapport à la base, mais comprit qu'il n'en avait pas le temps... Il hurla à l'officier radar l'ordre de s'éjecter. Suffoquant, à moitié aveuglé, le pilote s'éjecta à son tour et aperçut brièvement l'ovni alors qu'il était sur le dos. Une énorme chose circulaire...*

Les parachutes du pilote et de l'opérateur radar s'ouvrirent normalement, et ils se posèrent près de Walesville, dans l'État de New York. Malheureusement, leur avion heurta une automobile et deux maisons, tuant deux adultes et leurs deux enfants, et blessant plusieurs personnes[8, 9].

La version de l'armée est différente. Elle affirme que l'accident eut lieu le 2 juillet. Le 1er juillet, elle aurait reçu des rapports concernant un ovni ayant l'apparence d'un ballon. Le lendemain, un F-94C effectuant une mission d'entraînement est chargé d'enquêter au sujet de deux avions non identifiés, l'un à 3 000 mètres d'altitude (qui sera identifié) et un autre qui, apparemment, s'apprête à atterrir sur la base de Griffiss. C'est alors que « la température dans le cockpit monta brusquement... Les boutons "incendie" étant allumés, les deux pilotes se sont éjectés avec succès. » Aucune mention d'un ovni[10].

Le commandant Donald Keyhoe déclara que le pilote s'était brièvement entretenu avec le reporter dépêché sur les lieux, mais les enquêteurs officiels se présentèrent avant qu'il ait pu terminer son interview et lui interdirent aussitôt de continuer à accorder de nouveaux entretiens à la presse. L'incident fut classé. Keyhoe et Edwards sont convaincus que l'accident s'est bien passé comme leurs sources le leur ont décrit [11].

DES VISITEURS ANGÉLIQUES

Tout commence par une belle, bien que froide journée, aux environs de 16 h 45, le 21 octobre 1954. Le mari de Jessie Roestenburg, Anthony, est parti à son travail, à la délégation départementale de l'enseignement du Staffordshire. Ses deux fils ne sont pas encore rentrés de l'école. Elle se trouve chez elle, à Vicarage Farm Cottage, à Ranton dans le Staffordshire, avec sa petite fille et son chien.

> *J'ai emmené ma petite fille se promener,* se rappelle Jessie. *Puis, j'ai allumé le feu pour préparer le repas du soir. J'ai commencé à me laver avant de me changer dans le cabinet de toilette situé à l'extérieur de la maison, quand j'ai entendu un bruit – un sifflement, comme quand le maréchal-ferrant plonge du fer brûlant dans l'eau, mais en mille fois plus fort... J'ai cru que c'était un avion sur le point de s'écraser.*
>
> *J'étais embêtée parce que les garçons n'étaient pas encore rentrés de l'école. Je suis sortie pour voir ce qui se passait et je tombe sur mes fils, à plat ventre sur le sol, qui se mettent à crier :*
>
> *«Maman, il y a une soucoupe volante!»*
>
> *Je leur ai répondu d'arrêter de dire des bêtises, mais ils étaient blancs comme des linges. C'est alors que je me suis dirigée comme un automate vers la pompe à eau dans le jardin. J'avais l'impression que je n'étais plus maîtresse de mes mouvements. Je voulus demander aux garçons s'ils allaient bien, mais aucun son ne sortit de mes lèvres. Tout d'un coup, je l'ai vu, un disque argenté suspendu dans les airs, qui avait la forme d'un chapeau mexicain. Au centre, une lumière tournait très lentement. Le disque avait un dôme, comme en verre, et de l'intérieur, deux êtres nous observaient. C'était les plus belles personnes que j'aie jamais vues.*

Ils avaient un front large et de longs cheveux dorés. Je ne les voyais qu'à partir de la taille. Ils portaient un genre de pull d'un bleu vif et un globe sur la tête, comme un bocal à poisson.

Jessie Roestenburg se souvient que ces silhouettes avaient quelque chose de féminin, mais elle demeure persuadée qu'il s'agissait d'hommes. Ils observaient les témoins d'un air grave et plein de compassion.

Je ne pouvais pas bouger, j'étais littéralement paralysée. La peur s'était envolée et j'étais tout simplement hypnotisée. Toute notion de temps m'avait quittée et je fus envahie d'un sentiment de paix que je n'ai plus jamais ressenti depuis.

J'ai demandé aux garçons s'ils avaient vu la même chose que moi ; naturellement, ils me répondirent par l'affirmative. Nous avons couru dans le champ pour chercher où la soucoupe était passée. Un des garçons s'est écrié : « Regarde ! » Le vaisseau spatial a fait le tour du cottage, et s'est propulsé à la verticale avant de disparaître.

Maintenant, nous étions morts de peur. Nous sommes rentrés dans le cottage, j'ai fermé les portes et je me suis cachée sous la table en attendant le retour de mon mari.

Quand Tony Roestenburg rentre chez lui, Jessie lui raconte ce qui est arrivé. Mais elle se heurte à un mur de suspicion et de scepticisme. « Il a questionné les garçons séparément et décidé de rapporter l'incident à la police. Ranton n'avait jamais vu autant de policiers. Des gens sont venus de partout, des journalistes, tout le tintouin. »

C'est alors que Jessie tomba malade et fut transportée à l'hôpital. « On m'a fait des analyses de sang tellement mauvaises qu'ils ne comprenaient même pas comment j'étais encore en vie. Ils ont pensé que j'avais été exposée à des radiations. J'ai longtemps été dans un état lamentable et puis je me suis rétablie petit à petit. »

J'ai rencontré Jessie Roestenburg à plusieurs reprises et je suis absolument convaincu de sa sincérité. « J'ignore toujours qui ils étaient, dit-elle au reporter Neil Thomas en 1996. Je suis persuadée qu'ils ne nous voulaient aucun mal. Ils sont bien plus intelligents que nous. Nous avons dû leur paraître bien pitoyables près de la pompe à eau, alors qu'ils se trouvaient dans leur vaisseau spatial [12, 13]... »

NAINS POILUS AU VENEZUELA

Il y eut en 1954 des rencontres dramatiques avec des nains poilus. L'une d'elles, retrouvée par Jean Sider, eu lieu au Venezuela.

Le 28 novembre à 2 heures du matin, Gustavo González et José Ponce sont au volant d'un camion dans les faubourgs de Caracas, quand ils tombent sur une sphère lumineuse d'environ 3 mètres de diamètre, arrêtée à 2 mètres du sol, qui leur bloque le passage. Les hommes descendent de leur camion et une créature naine s'avance vers eux. Dans l'intention de l'emmener au commissariat de police le plus proche, González attrape le nain et s'aperçoit qu'il est incroyablement léger (environ 17 kilos), très dur et couvert de poils raides. La créature repousse González, l'envoyant à 5 mètres. Tandis que deux autres entités sortent des buissons, chargées de pierres ou de mottes de terre, et rentrent dans la sphère, Ponce court jusqu'au commissariat de police. Pendant ce temps, la créature qui avait repoussé González se dirige de nouveau vers lui, les yeux brillants, toutes griffes dehors. Paniqué, González sort un couteau et le frappe à l'épaule. Le couteau rebondit comme s'il avait touché du métal. Un autre nain poilu sort de la sphère, un tube à la main, et envoie vers González un rayon qui l'aveugle momentanément. Finalement, les créatures rejoignent leur habitacle et disparaissent rapidement.

González se rend en titubant jusqu'au commissariat de police où il rejoint Ponce. Les policiers croient tout d'abord avoir affaire à deux alcooliques, mais ils s'aperçoivent rapidement de leur erreur. González a de longues écorchures sur la cage thoracique, à l'endroit où la créature l'a griffé. On donne des calmants aux deux hommes [14].

La nuit du 10 décembre, deux jeunes gens, Lorenzo Flores et Jesús Gómez, qui sont allés chasser le lapin près de l'autoroute transandine entre Chico et Cerro de las Tres Torres, tombent sur un objet brillant, à quelque distance des voies, qu'ils prennent tout d'abord pour une voiture. En s'en approchant, ils remarquent qu'il ressemble plutôt à deux cuvettes posées l'une sur l'autre, en suspension à environ 1 mètre du sol. L'objet mesure 3 mètres de long, et du « feu » sort de sa base. Voici comment Flores décrit la scène :

> *J'ai vu quatre petits hommes en sortir. Ils mesuraient moins de 1 mètre. Quand ils nous ont vus, ils se sont attaqués à Jesús et ont tenté de l'entraîner vers la chose. J'ai pris mon fusil, qui n'était pas chargé, et j'ai frappé l'un d'entre eux. Le fusil s'est brisé en deux !*
>
> *Nous ne distinguions pas très bien les traits de leur visage, parce qu'il faisait sombre, mais nous avons vu qu'ils étaient recouverts de poils. Ils possédaient une force exceptionnelle.*

Gómez, qui avait apparemment perdu connaissance, ne gardera de cette scène que de vagues souvenirs. Les jeunes gens ne voient pas l'objet décoller, car dès que Gómez a repris conscience, ils courent vers l'autoroute et arrêtent une voiture. En voyant les écorchures, les bleus et les chemises déchirées, le chauffeur les emmène aussitôt au commissariat. Les policiers, les médecins et les psychiatres déclarent les jeunes gens « sains d'esprit et parfaitement responsables [15] ».

Le 16 décembre, Jesús Paz et deux amis rentrent d'un dîner à San Carlos, quand Paz demande au chauffeur de s'arrêter pour aller se soulager dans les buissons. Soudain, les hommes restés dans la voiture entendent un cri perçant. Ils se précipitent et trouvent Paz qui gît, inconscient. A une courte distance, un petit homme couvert de poils court en direction d'un objet plat et brillant, en suspension dans l'air. Un des hommes, Luis Mejia, membre de la garde nationale, veut sortit son revolver, mais se rend compte qu'il l'a laissé à la caserne. Il lance en vain une pierre en direction de la créature. Le vaisseau s'élève dans un bourdonnement assourdissant.

On emmène Paz, en état de choc, jusqu'à l'hôpital de San Carlos, où on découvre de longues écorchures sur tout un côté et le long de la colonne vertébrale[16].

Le même jour, le président Dwight Eisenhower déclare lors d'une conférence de presse qu'un représentant de l'armée de l'air lui a déclaré que l'idée de soucoupes volantes « venues d'une autre planète ou de quelque autre endroit était totalement sans fondement[17] ».

Finalement, un des médecins qui examinèrent Flores et Gómez admit plus tard qu'il avait été témoin d'un des incidents qui avaient eu lieu à Caracas le 28 novembre. Alors qu'il avait été appelé par un malade en urgence, il s'était retrouvé sur la route où González et Ponce avaient arrêté leur camion. Il était resté suffisamment longtemps pour voir ce qui se passait, raconta-t-il, puis il était parti, craignant une publicité gênante. Dans une déclaration officielle qu'il prépara pour les autorités du Venezuela, le médecin confirma l'incident tout en demandant que son nom ne soit pas révélé. A la suite de cela, ce médecin fut invité à Washington pour en discuter avec les autorités américaines[18]. Quoi qu'en ait pensé le président Eisenhower, certains officiels prenaient le sujet très au sérieux.

DES ÉMULES DU BONHOMME MICHELIN

La scène se passe à Dinan, dans les Côtes-d'Armor (ex-Côtes-du-Nord). Nous sommes en mai 1955 et M. Droguet s'apprête à refermer la porte menant à la cour d'un collège de filles, où il est gardien. C'est alors qu'il est temporairement aveuglé par un rayon de lumière bleue. Terrorisé, il sent ses genoux qui s'entrechoquent et ses cheveux qui se dressent sur la tête.

Droguet distingue alors dans la cour un énorme objet circulaire qui se tient immobile à 1,50 mètre au-dessus du sol. Bien qu'il n'entende rien, il ressent une vibration constante. Le témoin voit alors clairement deux êtres qui se tiennent près de la machine, et qui ne l'ont apparemment pas remarqué (voir fig. 15). De plus en plus alarmé, Droguet veut s'enfuir, mais il découvre qu'il est rivé au sol. Les êtres sont revêtus d'une combinaison d'un gris métallisé, semblable à celles du fameux bonhomme Michelin sur les affiches publicitaires.

Le témoin ne voit pas la tête des créatures, car leur visage est dissimulé par des casques. Ils portent des gants. Sur la poitrine, chaque créature porte une boîte noire lestée de plombs. L'un d'eux ramasse quelque chose par terre, probablement des cailloux, tandis que l'autre inspecte les alentours. Droguet a le sentiment que quelqu'un l'observe de l'intérieur de la machine.

Les deux êtres se dirigent vers leur vaisseau spatial, sous lequel Droguet distingue un trou noir et une échelle qui pend. Ils ne mesurent pas plus de 1,60 mètre et se déplacent avec difficulté, « comme des plongeurs avec des semelles de plomb » – une observation que recoupent plusieurs autres témoignages provenant d'un peu partout.

> *En retrouvant l'usage de ses jambes, le témoin rentre chez lui en courant. Il ne parle qu'à sa femme et à quelques amis intimes de ce qui lui est arrivé. En apprenant l'histoire de ce contact, la principale du collège conseille à M. Droguet de ne rien révéler de l'affaire, par crainte du scandale*[19].

A l'époque, beaucoup d'autres rapports parlent de « bonshommes Michelin ». Si ces apparitions n'avaient été constatées qu'en France, nous aurions de bonnes raisons de penser à une opération publicitaire, mais ces bonshommes ont été observés dans d'autres pays – et bien après 1954.

Fig. 15. *(J.-L. Boncœur/Lumières dans la nuit).*

LES CRÉATURES DE L'ESPACE

C'est une nuit chaude, le 21 août 1955. Peu de temps après 23 heures, Cecil « Lucky » Sutton, accompagné de membres de sa famille et d'autres témoins, se précipite au commissariat de police d'Hopkinsville dans le Kentucky, où il raconte au commissaire divisionnaire Russell Greenwell qu'ils viennent d'échapper à une créature étrange. Son vaisseau spatial a atterri chez les Sutton, près de Kelly, à une dizaine de kilomètres. « Au nom du ciel, venez à notre secours, plaide Sutton. Nous les avons combattus pendant des heures. »

D'après la famille, Billy Ray Taylor, un ami, était venu dans la soirée chercher de l'eau au puits dans la cour, derrière la ferme des Sutton. C'est alors qu'il remarque dans le ciel une lumière colorée, qui allait descendre dans les arbres près d'un ravin, à 500 mètres de là. Peu de temps après, la mère de Sutton, Glennie Lankford, voit une créature avec de très longs bras et des mains griffues levées vers le ciel s'approcher de la maison. Sutton et

Taylor s'arment d'un 22 long rifle et d'un fusil de chasse et tirent sur la créature qui, aussitôt, recule et semble comme « flotter » jusque dans les sous-bois.

Le siège se poursuit toute la nuit. Des créatures lumineuses ne cessent de s'approcher de la maison, les bras toujours dressés, et sont repoussées par les coups de feu. Cinquante coups de feu seront tirés, mais les balles semblent résonner comme sur du métal au contact des créatures. A un moment donné, une des créatures, perchée sur le toit, assène un coup de patte sur la tête de Taylor.

Les créatures mesurent 1,20 mètre, avec de grosses têtes et des oreilles pointues. Leurs yeux sont larges, brillants, jaunes et très écartés. Elles ont de grandes bouches qui ne s'ouvrent jamais, des jambes raides et filiformes et semblent se propulser en prenant appui sur leurs bras.

En quelques minutes, la police locale, la police de l'État, un shérif, des journalistes et des réservistes de l'armée de Fort Cambell arrivent sur les lieux. Ils ne trouvent que des cartouches vides et une tache lumineuse étrange, près de la clôture, là où l'une des créatures est tombée après avoir été touchée. Quand tout le monde fut rentré chez soi, il était près de 2 heures du matin. On revit sporadiquement les étranges créatures, qui cessèrent leur manège aux environs de 4 h 45.

En tout, sept adultes et trois enfants, tous déclarés sains d'esprit par la police et la plupart des autres enquêteurs, ont témoigné de cet incroyable incident. Ce cas est répertorié comme « non identifié » par les dossiers « Blue Book [20, 21] ».

Dans un chapitre sur les ovnis du livre *Introductory Space Science*, publié par le département de physique de l'Académie de l'armée de l'air des États-Unis, le général Donald Carpenter écrit :

> *Voilà deux mille ans que nous avons les preuves que des extraterrestres arrivant sur Terre auraient toutes les chances de se faire mettre en pièces par la foule. A l'époque moderne, le 24 juillet 1957, sur les îles Kouriles, des batte-*

ries antiaériennes soviétiques ont ouvert le feu sur des ovnis. Ils ne les ont pas touchés. Les ovnis étaient lumineux et bougeaient très vite. Aux États-Unis, un chasseur F-86 a également essayé de descendre une soucoupe volante en plein vol[22]*. Quant à l'incident de Kelly, il prouve que ce sont les humains qui sont dangereux. A aucun moment de cette histoire les «visiteurs» n'ont répliqué. Mais on a l'impression que les créatures décrites par les témoins ont pris grand plaisir à leur faire peur*[23]*...*

9

FANTAISIE EXTRATERRESTRE ?

> *Assise sur un rocher près du ruisseau, se tenait la femme la plus exquise que mes yeux d'enfant aient jamais contemplée ! Ses longs cheveux blonds tombaient en cascade sur son visage et ses épaules, les courbes de son corps charmant étaient mises en valeur par un vêtement translucide dont la texture immatérielle tenait du nylon et du soleil jouant sur les feuilles. Sa peau avait le velouté des camélias*[1]*...*

C'est ainsi que Howard Menger décrit la première apparition qu'il eut d'une extraterrestre, à High Bridge, dans le New Jersey en 1932, alors qu'il n'avait que dix ans. Menger connut son heure de gloire à la fin des années 50, dans le sillage de George Adamski.

La charmante dame expliqua à Menger qu'elle avait fait un très long voyage pour le rencontrer, car elle et son peuple le connaissaient depuis toujours. « Nous contactons nos proches », avait-elle ajouté, ce qui impliquait peut-être que Menger avait été lié à son peuple par le passé.

A l'époque, Menger avait déjà vu, en compagnie de son frère, des soucoupes volantes. Après avoir donné quelques informations à Menger sur le rôle qu'il aurait à jouer dans la vie, la dame lui demanda de s'en aller le premier. Il s'éloigna et s'arrêta un instant pour jeter un coup d'œil en arrière. La dame lui souriait toujours, assise sur son rocher[2].

En 1942, Menger sert dans l'armée américaine. Il appartient à une division blindée basée près d'El Paso, au Texas. Alors qu'il se promène à Ciudad Juárez, une ville mexicaine toute proche, un taxi s'arrête près de lui et le chauffeur lui désigne un homme assis sur la banquette arrière. Les cheveux longs et blonds, le teint bronzé, il lui paraît plus grand et plus imposant que la moyenne des Mexicains et lui semble parler anglais avec un léger accent. Menger décline son invitation à s'asseoir auprès de lui, mais se demandera plus tard s'il n'a pas commis là une erreur.

Quelque temps plus tard, alors qu'il est cantonné à Camp Cook, en Californie, Menger est salué par un homme en uniforme qui s'adresse à lui par télépathie.

> *Il aurait pu passer pour un GI ordinaire,* dira Menger, *malgré ses yeux lumineux et ses traits d'une rare perfection, mais ce qui me surprit le plus fut la bonté, la sagesse, la qualité spirituelle qui émanaient de cet homme. Sa réserve naturelle indiquait qu'il s'agissait bien d'un homme à part, ce qui ne l'empêchait pas de faire montre d'un certain sens de l'humour.*

Faisant allusion à la prise de contact ratée de Juárez, l'homme commence par lui dire combien il comprend son hésitation à être monté dans un taxi avec un tel énergumène. Il se réjouit également du fait que Juárez soit l'endroit idéal pour des rencontres interplanétaires. A cet égard, il lui révèle que son peuple avait déjà établi des contacts avec des Mexicains, plusieurs siècles auparavant.

> *Nous avons connu les Aztèques longtemps avant les Conquistadores qui les ont anéantis. Cela est fort regrettable, car ils détenaient bien des secrets qui ont péri avec cette civilisation.*

Certains de ces secrets auraient eu un rapport avec l'utilisation du son et de la lumière pour produire de l'énergie. Lui-même appartenait à une population d'extraterrestres qui venaient sur Terre contacter les survivants d'une race très ancienne.

Puis, l'homme venu d'ailleurs annonça à Menger que son unité serait bientôt mutée à Hawaï, qu'il serait détaché à un service qui lui laisserait du temps libre, ce qui lui permettrait ainsi de reprendre contact avec eux. Et c'est ce qui arriva [3].

A Hawaï, Menger est chargé des relevés topographiques du bataillon, avant de travailler avec les services secrets de la marine sur des inventions ultra-secrètes [4]. Un soir, sur un coup de tête, il emprunte une jeep et se dirige vers une zone truffée de grottes, à plusieurs kilomètres du quartier général, où il rencontre une autre jeune fille venue d'ailleurs.

> *Vêtue d'une sorte de pyjama à longue tunique, faite d'un tissu arachnéen aux couleurs pastel, elle était grande, avec de longs cheveux sombres bouclés. Elle aussi rayonnait d'amour spirituel et de profonde compassion. Je me sentis rempli d'humilité et profondément attiré par elle, car ces femmes provoquent une attraction physique irrésistible.*

Selon Menger, leur mode de communication télépathique vous amène très naturellement à un comportement direct, sincère et très libre. La jeune fille lui annonce qu'en avril 1945, il sera basé à Okinawa – où il servira effectivement avec le 713e bataillon blindé [5].

Menger y fut même blessé par l'explosion d'une grenade. Un éclat lui pénétra dans l'œil, provoquant une infection et une cécité temporaire. Mais au cours de son séjour à l'hôpital, une infirmière lui assure qu'il guérira. Elle lui annonce également un nouveau contact peu de temps après sa sortie de l'hôpital.

Effectivement, à peine eut-il repris ses activités militaires qu'il manque d'être transpercé à coups de baïonnette par trois soldats japonais, qu'il parvient toutefois à maîtriser sans les tuer. Un exploit qu'il attribue à l'influence mentale de ses contacts avec les visiteurs.

Puis, la nuit suivante, il établit un nouveau contact, au nord d'Okinawa, avec un homme très grand, vêtu d'un uniforme kaki, qui affirme arriver de Vénus. Il lui prédit que les Japonais seront bientôt anéantis par une puissance stupéfiante et inattendue. Quelques semaines plus tard, c'est Hiroshima, puis Nagasaki[6].

En juin 1946, alors que Menger rend visite à ses parents à High Bridge dans le New Jersey, il voit atterrir un vaisseau semblable à celui décrit par Adamski. Deux hommes chevelus en uniforme gris-bleu en sortent, bientôt suivis par la femme que Menger avait rencontrée en 1932. « Cette charmante créature n'avait pas du tout changé, dit Menger. Elle paraissait 25 ans et assurait en avoir plus de 500 ! Cet âge était cependant exceptionnel, car les contacts que j'ai eus par la suite étaient beaucoup plus "jeunes". » Au cours de la conversation qui s'engage, on explique à Menger qu'il continuera à avoir des occasions de poursuivre son conditionnement et son instruction[7]. Plus d'une année s'écoule, jusqu'aux derniers mois de 1947, où deux visiteurs l'emmènent dans une ferme isolée, un des sites qui auront leur rôle à jouer dans les rapports entre humains et extraterrestres. On lui confirme alors l'imminence de contacts par téléphone[8].

TENTATIVES PHOTOGRAPHIQUES

Au cours de plusieurs contacts, Menger a eu l'occasion de prendre un certain nombre de photographies et de films du vaisseau, et parfois de leurs occupants. Malheureusement, l'obscurité ne permet de distinguer que des silhouettes (voir cahier photo 1, pages X et XI). Par exemple, le 2 août 1956, il prend un cliché Polaroid de l'un des vaisseaux sur le point d'atterrir.

Les trois objets ronds sous le vaisseau, semblables à du métal, devinrent translucides et changèrent de forme. L'un d'eux vint à la rencontre du sol et y adhéra, comme s'il embrassait le sol. Des phénomènes étrangers à nos lois physiques terrestres...

Une porte s'ouvrit et un homme apparut, blond, athlétique. Il s'avança vers moi. Alors qu'il n'était plus qu'à 15 mètres, j'appuyai sur le déclencheur de mon appareil. Sur la photo développée, on distingue une silhouette qui se détache sur un vaisseau à la forme mouvante, comme entouré d'un brouillard gazeux et volatil (voir cahier photo 1, pages X et XI).

« Un simple effet du flux électromagnétique dégagé par le vaisseau », lui expliquera plus tard l'homme de l'espace.

A L'INTÉRIEUR DU VAISSEAU

Le lendemain soir, Menger est emmené pour la première fois à bord d'un vaisseau. Juste avant de le laisser y pénétrer, un des hommes de l'espace pointe un rayon bleu sur sa tête, ce qui lui procure une plaisante sensation, comme un chatouillement. « C'est pour traiter votre corps afin que vous puissiez pénétrer dans le vaisseau, expliqua-t-on à Menger. Le rayon a mis votre corps sur la même fréquence que celle du vaisseau. Ainsi, vous vous y sentirez parfaitement bien et ne souffrirez d'aucun effet secondaire[9]. »

Aux premières heures de la journée du 5 août 1956, Menger est emmené pour un long voyage.

Nous sommes entrés dans une grande pièce circulaire. En son centre se trouvait une table ronde en matériau translucide, sous le plateau de laquelle des lumières de toutes les couleurs s'allumaient et s'éteignaient. Le pilier supportant la table était pris dans une énorme lentille grossissante, elle-même encastrée dans le sol. Un tiers de la pièce était occupé par des panneaux où clignotaient des lumières colorées. Devant le tableau de bord, il y avait un cadre pour une sorte d'écran de contrôle. Du moins je le suppose.

A ce moment, un des hommes de l'espace tend la main en direction de la table et deux chaises sortent du sol. Menger et son guide y prennent place, et aussitôt apparaît sur l'écran une vue de la Terre. Après le décollage, la lentille zoome sur une autre scène terrestre. Menger voit apparaître deux personnes qu'il connaît. Elles sont dans leur voiture sur l'autoroute. «L'image était aussi claire qu'en plein jour, racontera Menger. J'entendais même les voix de ces deux personnes comme si elles se tenaient près de moi dans le vaisseau. Plus tard, nous avons vu la Terre, qui ressemblait à une balle de tennis d'un bleu pur parsemé de touches rouges, flottant dans un noir d'encre [10]...»

Ce qui est à la fois surprenant et intéressant dans cette description, c'est qu'elle correspond tout à fait aux photos que les astronautes rapporteront quelques années plus tard. En outre, loin de se contenter de ces visions, Menger prit des photographies de la Terre et de la Lune par un hublot, dont trois purent être développées. Malheureusement, il admettra que ces clichés sont flous [11].

TÉMOIGNAGE DE CONTACT

A la fin des années 50, Howard Menger rencontre Marla (Connie) Baxter, qu'il épouse après avoir divorcé de Rose, sa femme depuis dix-sept ans. Connie aide Howard à diriger sa boutique d'enseignes, à Somerville, dans le New Jersey, et se consacre avec lui à des recherches plus ésotériques. Elle publie ses expériences dans *The High Bridge Incident* [12].

Plusieurs personnes qui assurent avoir rencontré certains des contacts de Menger, sont venues témoigner au cours de l'émission *The Long John Party Line*, animée par Long John Nebel, sur radio WOR, à New York. Voilà un extrait de l'interview du père de Menger :

Nebel : Ces personnes étaient-elles d'une taille normale ?

Menger Sr. : Oh non. L'un mesurait environ 1,95 mètre et l'autre 1,90 mètre.

Nebel : Étiez-vous suffisamment près pour distinguer les traits de leurs visages ?

Menger Sr. : Non.

Nebel : Et que portaient-ils ?

Menger Sr. : Une sorte de combinaison de ski, fermée au col et aux poignets. Il faisait très sombre... Mais ces gens semblaient émettre de la lumière. C'est ainsi que nous avons compris qu'ils s'avançaient vers nous. Quand ces gens sont repartis, ils marchaient dans une herbe de 1 mètre de haut comme si c'était un trottoir bitumé. Aucune fatigue...

Nebel : Vous avez également vu des vaisseaux ?

Menger Sr. : Oh oui, dans les airs et en plein jour, et j'ai d'abord été très sceptique[13].

Quand je l'ai interviewé en 1978, Menger me raconta qu'il avait de nombreux témoins, tous parfaitement sains d'esprit :

L'une était mariée à un médecin, un autre était physicien à l'université de Princeton. Leurs déclarations à la radio confirmaient mes dires. J'avais des photos et des films. Je possède des preuves incontestables que j'ai été contacté, non par des êtres étranges, mais par des hommes plus avancés que nous sur le plan technologique et spirituel. Ces preuves seraient parfaitement recevables devant une cour de justice[14].

Le physicien auquel il se réfère est le « docteur Tom Richards », qui était à l'époque étudiant à Princeton (et dont le vrai nom est Richard Berry, me révéla Menger). En septembre de cette année, avec la permission des hommes de l'espace, il fut invité avec d'autres par Menger à rencontrer un de ses contacts. « Les visiteurs atterrirent à environ 400 mètres d'une maison isolée dans une région boisée », écrivit Menger. D'après l'enquêteur Peter Jordan, Richards vit tout d'abord deux objets en forme de disque, d'environ 2 mètres de diamètre, qui planèrent en silence à tout juste 6 mètres en face de lui, en émettant des lumières de couleurs vives. Menger était présent, ainsi que Rose, sa femme, et un lycéen du nom de Hotchkins.

Comme Menger n'autorisa pas les témoins à s'approcher davantage de l'objet (à cause du niveau d'énergie électromagnétique), le scepticisme scientifique de Richards ne fut jamais totalement dissipé, mais l'expérience le marqua et il imagine mal, vu le caractère de la scène, qu'il ait pu s'agir d'une simulation[15].

RÉTRACTATION ET REMISE EN CAUSE

En 1961, après une période d'isolement et d'oubli, Howard Menger revint sur le devant de la scène pour *The Long John Nebel Television Show*. Paris Flammonde, producteur de l'émission et auteur de deux livres très bien documentés sur le phénomène des ovnis, écrivit que Menger, à la surprise de ses opposants et de ses détracteurs, renia ses expériences, suggérant qu'elles étaient d'ordre « psychique[16] ». Embarrassé, l'air absent, il se montra hésitant et se déroba aux questions. John Keel rapporte les propos de Flammonde :

> *Howard Menger, époux saturnien d'une voyageuse de l'espace vénusienne [à une époque, il prétendait que lui et sa femme étaient des êtres réincarnés d'une autre planète], ami des extraterrestres, transcripteur d'une authentique musique venue d'ailleurs, maître de la télékinésie, expert en soucoupes volantes, s'est rétracté ! Ses soucoupes volantes auraient été des hallucinations, les extraterrestres des visions, ses origines et celles de Marla des métaphores.*

Plus tard, dans des lettres destinées aux enquêteurs Jim Moseley et Gray Barker (qui a publié *From Outer Space to You*), Menger insinuera que le Pentagone lui avait fourni les films des soucoupes, en lui demandant de participer à une expérience visant à tester la réaction du public face à des contacts extraterrestres. « Non seulement il s'agissait d'une farce, mais elle aurait été mise en scène par le gouvernement des États-Unis ! », écrivit Keel.

Mais la vérité, car elle existe malgré tout, n'est pas si simple. Par exemple, en 1967, lors d'une apparition à une convention de New York, il confirma au moins l'une de ses rencontres, celle de High Bridge, qui remontait à 1956 :

> *Le vaisseau arriva de l'ouest. Il ressemblait à une énorme boule de feu. J'étais malade de peur. Puis, il se transforma en un vaisseau qui aurait pu être conçu par des hommes, reflétant le soleil tandis qu'il se rapprochait du sol. C'était une vision impressionnante. Un panneau s'ouvrit dans le flanc du vaisseau. Deux hommes apparurent sur une plate-forme inclinée, vêtus de combinaisons brillantes. L'un d'eux s'avança, il était très grand, splendide, avec de longs cheveux blonds et il me dit que bientôt les hommes seraient bien obligés de croire en leur existence et en leur message de paix et d'amour.*
>
> *Si vous saviez,* poursuivit Menger, *ce que doivent supporter les contactés comme moi qui prennent sur eux de transmettre les messages de ces visiteurs, vous nous plaindriez. Aujourd'hui, c'est peut-être un peu plus facile mais, au début des années 50, on vous menait la vie dure, surtout si vous étiez un commerçant, un citoyen respectable tentant de vivre en bonne entente avec les autres dans la communauté.*

Qu'est-il donc vraiment arrivé à Howard Menger ? En 1978, je passai plusieurs jours chez lui à Vero Beach, en Floride, avec sa femme Connie et mon amie Lou Zinsstag. Il jura de sa sincérité, mais reconnut qu'il avait parfois été induit en erreur par les extraterrestres, ou alors qu'il avait mal interprété leurs propos. Par exemple, l'un d'entre eux lui avait dit qu'il arrivait de Vénus. Cela ne voulait pas nécessairement dire qu'il était vénusien, comme il avait cru bon de le croire à l'époque. Peut-être avaient-ils simplement une base sur cette planète ?

Menger envisagea même avec le plus grand sérieux la possibilité que ses « visiteurs » aient tout simplement été originaires de la Terre.

Ces problèmes sont très complexes, et les théories se multiplient. L'une d'elles soutient que la Terre est la seule planète du système solaire ayant reçu le don de la vie. Il y a des millions d'années, des hommes d'une civilisation bien supérieure à la nôtre se seraient réfugiés sous les océans à la suite d'un cataclysme. D'où la légende des Atlantes et de l'Atlantide... Peut-être, après tout, ont-ils fondé des villes sous terre, ce qui pourrait expliquer qu'ils cherchent à nous égarer volontairement, en lâchant des noms comme Vénus ou Mars... Pour garder le secret...

« *Êtes-vous sûr d'être allé sur la Lune ?* lui demandai-je.

– *J'y ai beaucoup réfléchi au cours des années,* me répondit-il. *A l'époque, je croyais que c'était la Lune. Ils m'ont dit qu'il s'agissait d'un de nos satellites... et nous n'en avons qu'un ! Oui, j'ai pris une photo depuis un hublot. C'est tout ce que je sais.*

– *Mais comment avez-vous survécu sur une planète sans atmosphère ? Quand ils ont ouvert la porte du "train", vous avez prétendu être frappé par une bourrasque d'air chaud...*

– *Je l'ignore. J'étais sous leur contrôle. Leur technologie est tellement avancée*[17]*...* »

UNE BASE EXTRATERRESTRE ?

A propos d'un épisode rapporté par Connie Menger dans son livre *The High Bridge Incident*[18], nous l'avons interrogé sur la base qu'il aurait visitée dans les Blue Mountains. Voici son témoignage direct :

Alors que je roulais la nuit dans les Blue Mountains, je vis cette énorme crevasse dans la montagne. Je la regardai fixement et il en sortit une lumière qui éclaira toute la zone. Et la crevasse s'élargit. Tout un pan de montagne – environ 30 mètres – avec de l'herbe, des arbres, s'ouvrit comme une porte de garage. Cela faisait une heure que j'attendais un ovni, avec mon appareil photo à la main. Mais je n'ai même pas pu appuyer sur le déclencheur tellement la lumière m'éblouissait. Et quand je repris mes esprits, je laissai tomber l'appareil ! Et là, je vis des vaisseaux. Au moins trois, dans ce garage ! Avec des hommes en combinaison argent qui s'affairaient à des tâches techniques. C'est alors que deux de ces types prirent place sur une sorte de moto sans roues et foncèrent vers moi ! Je suis remonté aussi sec dans ma voiture et j'ai déguerpi. Je crois que la raison de leur présence, c'est l'extraction de minerais. Ils creusent des mines pour un truc qui leur sert dans leur technologie[19].

L'hypothèse de Connie Menger est plausible. Dans *Silent Invasion*, la chercheuse Ellen Crystall affirme que deux agents du gouvernement américain lui ont raconté que les visiteurs recherchaient du béryllium, du titane et du zirconium dans la zone où elle a enquêté, autour de Pine Bush, dans l'État de New York. Or, il a bien été prouvé que ces minerais sont effectivement présents dans la région, et qu'ils sont tous trois utilisés à des fins d'ingénierie nucléaire[20]. On a notamment trouvé du zirconium à Berks County, en Pennsylvanie, zone située à environ 100 kilomètres de High Bridge, dans le New Jersey, juste au sud de l'extrémité nord-est de la grande faille des Blue Mountains...

ESCROQUERIE, RÉALITÉ OU INVENTIONS ?

A certains moments, Howard Menger m'a convaincu ; à d'autres, il m'a plutôt donné l'impression d'avoir beaucoup d'imagination. Surtout quand il m'a raconté qu'il avait été impliqué avec un groupe de scientifiques dans la construction d'une soucoupe volante, un projet « top secret » dans lequel il aurait mis beaucoup d'argent.

Il n'en demeure pas moins que, tout comme George Adamski, il semble assez évident qu'il a rencontré des extraterrestres, dont certains ont été observés par des témoins fiables. Quant aux photos et aux films (16 et 8 mm) qu'il a ramenés de ses expériences, ils semblent authentiques.

Pour ce qui est des allégations de fraude, Richard Thomson suspecte Menger d'en avoir rajouté pour amener les gens à croire à l'existence des extraterrestres. Mais d'après Peter Jordan, ces supercheries n'étaient pas aussi importantes que les détracteurs de Menger voudraient le faire croire [21].

Nous laisserons le dernier mot sur cette aventure à Berthold E. Schwarz, un psychiatre émérite qui s'est penché sur le paranormal. J'ai parlé avec lui. Il vit dans la ville même dont Menger est originaire. Il a écrit que « Menger n'avait rien retiré de toutes ces histoires, si ce n'est d'avoir été ridiculisé, persécuté et soumis à des ennuis de toutes sortes. Au cours des années, Menger s'est conduit comme un citoyen honorable dans la communauté. Il a choisi pendant de longues années de ne plus apparaître dans les médias et n'a retiré aucun profit de ses extraordinaires expériences...

« Les traumatismes de la mort de son fils, de son frère et de sa mère qui se sont succédé à de courts intervalles dans les années 50, ont peut-être joué un rôle dans ce qui est arrivé. Ces tragédies l'ont-elles préparé aux événements paranormaux qui allaient suivre ? Nul ne le saura jamais. »

10

CHOC COSMIQUE

Un matin d'avril 1957, vers 7 h 30, un habitant de Córdoba, en Argentine, se dirige vers Rio Ceballos à moto. Il se trouve à 15 kilomètres de l'aéroport de Pajas Blancas quand son moteur tombe en panne. En descendant de sa moto, il remarque un énorme objet en forme de disque, en suspension à environ 15 mètres du sol. Terrorisé, il se cache dans un fossé.

L'objet fait environ 18 mètres de diamètre et 5 de haut. Il amorce une légère descente, jusqu'à 2 mètres du sol, dans un bruit de chambre à air qui se vide. Soudain, un instrument, décrit comme un ascenseur ou « un escalier transparent », commence à descendre de la partie inférieure du vaisseau, transportant une forme humaine. Une fois l'ascenseur stabilisé à 30 centimètres du sol, la silhouette émerge au grand jour. Elle mesure environ 1,70 mètre et est revêtue d'une combinaison ressemblant à un costume de plongée en Néoprène.

Après avoir examiné plusieurs plantes, l'être s'approche du témoin. En silence et avec grâce, il tend la main pour l'aider à sortir de sa cachette. Comme ils se tiennent tous les deux côte à côte, l'être pointe un doigt vers le vaisseau, invitant par là le témoin affolé à le suivre. Pour le calmer, il lui caresse gentiment le front. Rassuré, l'Argentin suit le visiteur jusque dans « l'ascenseur ».

Autour de la cabine ronde, il y a cinq ou six panneaux de 2 mètres de large chacun, avec une énorme quantité de matériel, dont des écrans semblables à des télévisions. Devant chacun des panneaux se tient un être semblable au premier, vêtu exactement comme lui. Ils ne prêtent aucune attention au visiteur. L'Argentin déclarera plus tard avoir été particulièrement impressionné par une grande baie vitrée au-dessus des panneaux, qu'il n'avait pas pu distinguer de l'extérieur. En plus de la lumière du jour, une lumière phosphorescente envahit la cabine sans que sa source soit visible. La couleur du vaisseau est, quant à elle, indistincte : verte par endroits, bleue à d'autres. L'effet général est celui d'un vif éclat métallique.

Puis, on invite le témoin à entrer dans l'ascenseur, qui aussitôt descend. Il toque contre la paroi avec les doigts, produisant ainsi un son métallique. Une fois à terre, il demande par signes comment le vaisseau parvient à rester suspendu. L'être répond en se caressant le dos de la main gauche – un geste que le témoin ne parvient pas à interpréter. La moto est ensuite examinée par le visiteur, qui fait comprendre à son propriétaire que l'engin pourra de nouveau fonctionner après le départ du vaisseau.

Finalement, le visiteur se tourne vers l'homme, lui pose une main sur l'épaule en signe d'adieu et s'en retourne comme il était venu. Peu de temps après, la soucoupe volante décolle et disparaît vers le nord. Ce matin-là, plusieurs personnes ont vu le vaisseau [1]. Malheureusement, le journal qui rapporte cet événement ne donne pas le nom du témoin, sans doute parce que ce dernier voulait garder l'anonymat.

Oscar Galindez, l'enquêteur argentin qui rédigea le rapport original, croit qu'il y a des bases d'ovnis dans les Andes, la localisation la plus probable étant les hautes montagnes du côté de Salta (au nord-ouest de l'Argentine) et la Puna de Atacama, une zone désertique à l'ouest de cette région [2].

RENCONTRE AÉRIENNE AU BRÉSIL

De nombreuses rencontres avec des machines volantes inconnues ont été rapportées en 1957 dans le monde entier par des pilotes civils et militaires, dont les plus troublantes au Brésil.

A 21 heures, la nuit du 14 août, le commandant Jorge Campos Araujo est aux commandes d'un avion-cargo de la VARIG, un C-47 faisant la liaison entre Porto Alegre et Rio de Janeiro. C'est alors que le copilote remarque un objet lumineux sur la gauche de l'avion. Soudain, l'objet manœuvre de façon à couper sa route et à se retrouver sur sa droite, s'immobilise un instant et plonge brusquement sous les nuages. L'équipage décrira l'objet comme ayant la forme d'une soucoupe surmontée d'un dôme d'un vert intense et lumineux, tandis que sa base dégageait une lumière jaune diffuse. Le commandant Araujo estime que la vitesse de la soucoupe atteint plusieurs fois celle du son.

Bien que la rencontre ait fait les gros titres des journaux au Brésil, le plus important n'a pas été révélé au grand public. Après l'atterrissage, le commandant Araujo et l'équipage racontent à un collègue, qui dirige le trafic aérien pour une autre compagnie, que lorsque l'objet était passé sur la droite de l'avion de ligne, les moteurs s'étaient mis à tousser et à avoir des ratés, tandis que les lumières de la cabine de pilotage avaient baissé et failli s'éteindre. Mais tout devait rentrer dans l'ordre quand l'objet avait disparu[3].

Un nouvel incident perturbant a également été signalé au Brésil, un 4 novembre 1957, quand un autre avion cargo C-46 de la VARIG reliant São Paulo à Porto Alegre rencontra une machine volante inconnue. Cela commença par une lumière rouge à la gauche de l'avion. Le commandant Jean Vincent de Beyssac dit en plaisantant à son copilote qu'ils voyaient enfin une soucoupe volante pour de vrai. Mais comme l'objet grossissait, Beyssac décida d'en avoir le cœur net. Le commandant Auriphebo Simoes, qui interviewa Beyssac, a raconté l'histoire suivante :

> *Beyssac se lança à la poursuite de l'objet. Alors qu'il était à mi-chemin d'un virage à 80 degrés, l'objet se mit à briller de façon plus intense et il sentit que quelque chose brûlait... Aussitôt, son appareil de direction automatique et son moteur droit «grillèrent». La chose disparut presque instantanément, tandis que l'équipage recherchait le foyer d'incendie. Jean Vincent de Beyssac rapporta aussitôt l'incident à la tour de contrôle de Porto Alegre où il retourna et atterrit une heure plus tard.*

Après avoir rédigé son rapport, Beyssac rentra chez lui et se soûla. Le jour même, la VARIG donna l'ordre à ses pilotes de ne pas discuter d'ovnis avec les médias [4].

HOSTILITÉ DÉCLARÉE

Un quart d'heure après la rencontre du C-46 de la VARIG, le 4 novembre 1957, à 2 heures du matin, un incident encore plus alarmant eut lieu à la forteresse Itaipu de l'armée brésilienne, à São Vicente, près de Santos. Deux sentinelles furent frappées par une intolérable vague de chaleur émanant d'un objet en forme de soucoupe qui plana au-dessus d'eux en émettant un bourdonnement. Une des sentinelles s'évanouit et l'autre appela des renforts. A l'intérieur de la garnison, l'électricité avait été coupée. Même le générateur de secours ne fonctionnait plus. Les soldats furent brûlés au premier et au deuxième degré. Les autorités réagirent très mal, ainsi que le docteur Olavo Fontes le raconte :

> *Le lendemain, le commandant de la forteresse (un colonel de l'armée) donna des ordres pour que les soldats ne parlent à personne de l'incident – pas même à leur famille. Des officiers des services secrets vinrent enquêter. La forteresse fut placée sous commandement militaire.*

Quelques jours plus tard, des officiers américains de l'US Army Military Mission arrivèrent sur les lieux, escortés d'officiers brésiliens de l'armée de l'air pour questionner les sentinelles et d'autres témoins. Puis, on envoya les deux hommes à l'hôpital militaire de Rio de Janeiro où ils furent isolés du reste du monde par un rideau de fer pour plus de sécurité[5].

Le docteur Olavo Fontes commenta ce cas dans un article. Voilà ce qu'il pense des effets secondaires succédant à une rencontre d'ovnis :

Nous avons les preuves qu'une arme de ce genre ne fonctionne pas comme un champ magnétique alternatif, mais comme un rayon électromagnétique de grande amplitude et à haute fréquence, une sorte d'onde radioélectrique concentrée dans un rayon étroit et puissant. Après une soigneuse analyse des données, j'en suis venu à la conclusion que cette arme serait un ionisateur à micro-ondes, un générateur de micro-ondes qui ionisent l'air quand elles frappent. Ce qui ferait de l'air un conducteur de haute résistance.

Quant à la « vague de chaleur » qui brûla les deux sentinelles d'Itaipu, il affirme qu'il s'agissait d'une arme produite par des ultrasons :

Les oscillations longitudinales supersoniques sont transformées en ondes transversales à l'interface des éléments de différentes impédances acoustiques, par exemple entre la peau et les vêtements. Ces ondes transversales sont plus rapidement absorbées que les ondes longitudinales, avec pour résultat une augmentation de la chaleur sur les zones d'interface... Seul un rayon ultrasonique a pu produire les effets spécifiques de la vague de chaleur qui a frappé les sentinelles d'Itaipu[6].

Le général sir Peter Horsley, ancien commandant adjoint des forces aériennes britanniques, a volé sur quatre-vingt-dix types d'avions, qui vont du Mosquito au Spitfire en passant par le Meteor, le Hunter, le Lightning et le Vulcan, comme nous l'avons vu précédemment. Il a passé plusieurs années au service de Sa Majesté la reine et de Son Altesse royale le prince Philip, auprès desquels il occupait la fonction d'Écuyer. C'est au cours de cette période qu'il connut une expérience qui allait le marquer profondément – une rencontre avec un « extraterrestre ».

Dans sa fascinante autobiographie, *Sounds From Another Room*, sir Peter consacre un long chapitre aux ovnis, avec les détails de ses enquêtes sur les visions rapportées par des pilotes. Ses conclusions furent transmises au prince Philip qui partageait son intérêt pour ces phénomènes. Il en parla aussi à un ancien général de l'armée de l'air, sir Arthur Barratt, lequel lui présenta un de ses amis, un certain général Martin, qui croyait que les soucoupes volantes étaient les véhicules d'habitants d'une autre planète essayant de nous prévenir des dangers d'une guerre nucléaire – ce dont sir Peter n'était pas convaincu.

Un jour de 1954, le général Martin téléphone à sir Peter pour l'inviter à rencontrer le soir même une certaine Mme Markham à son appartement londonien de Smith Street, à Chelsea. Là, dans une pièce faiblement éclairée, il est présenté à un certain « M. Janus ». Sir Peter écrit : « M. Janus entra dans le vif du sujet sans aucune forme de préambule, en me demandant de lui dire ce que je savais des ovnis. Il écouta... et je finis par lui demander ce qu'il attendait de moi. Il me répondit très simplement : "J'aimerais rencontrer le prince d'Édimbourg." » Quelque peu surpris, sir Peter lui répond que cela n'est pas chose aisée. « J'étais sur le point de lui dire que cela posait des problèmes de sécurité, puis je me ravisai. Mais l'homme semblait lire dans mes pensées. » Quand on lui demande pourquoi il désirerait rencontrer le prince Philip, Janus répond : « C'est un homme d'une grande intelligence... Qui croit fermement qu'une juste relation entre l'homme et la nature jouera un grand rôle dans l'harmonie galactique à venir... Peut-être pourrions-nous en discuter tous les deux, dans un premier temps... Vous serez alors à même de juger si je suis dangereux ou non. »

Je crois bon et utile de répercuter à ce point de mon enquête des extraits des quatorze pages que sir Peter consacre à ce sujet.

« PER ARDUA AD ASTRA* »

> *« Voler jusqu'aux étoiles est le rêve ultime de l'homme. Pour le moment, cela ressemble à un songe, mais d'ici une centaine d'années, le système solaire aura peut-être été exploré et l'homme ne voudra pas s'arrêter là. [...] Tout comme Christophe Colomb a découvert d'autres civilisations anciennes, l'homme, au cours de ses voyages, découvrira d'innombrables foyers de culture bien plus anciens que le sien... Il fera des expériences bien plus étonnantes et magnifiques qu'il ne peut l'imaginer, d'autres univers avec des formules d'espace-temps différentes [...].*
>
> *« Pourquoi l'homme veut-il atteindre les étoiles ? Ses énergies n'ont jamais alimenté ses seuls besoins matériels. Depuis les commencements, l'homme s'est efforcé de cultiver la spiritualité et la grâce dont il était conscient sans pouvoir les comprendre. En se surpassant, il a accompli certains de ses plus grands exploits... S'il envahit l'espace pour de simples bénéfices matériels ou pour sa glorification personnelle, il n'arrivera à rien, mais s'il cherche à enrichir sa spiritualité et sa nature, il en viendra à comprendre que Dieu est universel. »*
>
> *La Terre traverse un âge des ténèbres,* poursuit Janus. *Les possessions matérielles comptent plus que l'âme d'un*

* « Les épreuves vous conduiront aux étoiles » (devise de la RAF).

homme. A l'image d'un enfant, l'homme se préoccupe de ses jouets technologiques dont il pense qu'ils lui apporteront le bonheur. Cela se voit à la superficialité de sa culture et à son manque de respect envers la nature. Dans sa quête sans fin de machines de plus en plus complexes, l'homme est préparé à sacrifier pratiquement n'importe quoi – son environnement naturel, les animaux, et même ses frères humains. L'horrible perspective de faire sauter le monde ne le retient pas dans sa course effrénée.»

COSMOGONIE

Janus explique la cosmogonie (l'origine de la vie dans l'univers) en donnant foi à la théorie du big bang – théorie selon laquelle un univers en expansion trouve son origine dans l'explosion géante d'un gaz de haute densité, qui contient tous les éléments nécessaires à la vie et à la matière.

«Si vous acceptez cette théorie, poursuit-il, *alors toutes les galaxies contiennent les éléments nécessaires à la vie et à la matière. Même aux frontières de l'expansion, l'explosion des origines continue de distribuer ces éléments. Si vous l'acceptez, alors vous acceptez de vivre dans un océan de galaxies peuplées de systèmes solaires et planétaires semblables au nôtre. D'après les lois de la probabilité, il doit y avoir des millions de planètes dans l'univers où la vie s'est développée, et dans notre propre galaxie, des milliers qui abritent des civilisations plus avancées que la nôtre.*

«La Terre est une planète jeune, qu'alimente un jeune Soleil. Imaginez un système solaire quelque part dans l'espace abritant des conditions semblables à celles de la Terre sauf que le Soleil serait sur le déclin. Si ses habitants ont survécu aux guerres et aux invasions, on ne peut même pas imaginer le degré de technologie et de spiritualité qu'ils ont atteint...»

Janus prédit que dans une vingtaine d'années, la Terre sera entourée de satellites en tous genres et qu'on accomplira de grands progrès dans la miniaturisation de la technologie, dans le domaine des communications et de la navigation. Sa prédiction est déjà en train de se réaliser.

Que venaient donc faire les visiteurs sur Terre ? Pour Janus, cette circulation ne représente rien dans les vastes autoroutes de l'univers car, après tout, la Terre n'est qu'une petite planète peuplée d'hommes à moitié civilisés et dangereux pour leurs voisins.

> *«La plupart de ces véhicules sont contrôlés par des robots et sont envoyés pour surveiller l'évolution de votre planète. Si le programme d'exploration est un peu compliqué, certains sont alors dirigés par des visiteurs. Ils prennent soin de dissimuler leur existence aux hommes. Chez vous, les explorateurs ont causé des dommages irréparables en apparaissant dans des tribus qui n'ont pas supporté le choc de votre civilisation. De tels impacts sont bien trop dangereux. Les visiteurs refusent d'interférer avec le développement naturel des hommes. Le jour où vous aurez grandi, où vous saurez vous comporter sur votre propre planète, alors vous serez mûrs pour des voyages intergalactiques.»*

LES OBSERVATEURS

Depuis des temps immémoriaux, on a rapporté que des vaisseaux étaient descendus du ciel, amenant d'étranges visiteurs. Les observateurs viennent parmi nous et établissent un contact selon une base très sélective qui garantit que ce contact ne portera ombrage à aucun des deux partis.

> *«Ces observateurs étudient la Terre depuis fort longtemps,* reprend Janus. *Avec leurs techniques médicales, ils s'adaptent sans difficulté à une planète comme la Terre et s'y déplacent sans qu'on les remarque. Ces observateurs ne s'intéressent pas à vos affaires, mais, dans la mesure où vous avez l'intention d'échapper à votre système solaire, il est pour eux de toute première importance que vous preniez conscience de vos responsabilités, car il vous*

faudra respecter la vie partout où vous vous rendrez. Comme vous n'en êtes pas encore là, les contacts restent restreints et sont conduits dans le plus grand secret.

« Les observateurs ont développé des pouvoirs mentaux exceptionnels : ils lisent dans les pensées, pratiquent l'hypnose et ont la capacité d'utiliser plusieurs dimensions. Ils préfèrent établir des contacts avec des peuples démocratiques comme ceux de l'Angleterre et des États-Unis. Ils évitent les dictatures et les États policiers. »

Le discours tirait à sa fin. Sir Peter prit congé de Janus, et lui affirma qu'il prendrait en considération sa requête de rencontrer le prince Philip.

> *Qui était Janus ?* s'interroge sir Peter. *Prenait-il part à un complot ? Était-il un enseignant, un prophète des temps futurs ou alors un visiteur, comme il l'insinua ? Dans tous les cas, il me fit une forte impression, car il dégageait un magnétisme indubitable. Il avait une culture très étendue et parlait avec autorité de la technologie de l'espace. En tout état de cause, il me semblait de mon devoir de rapporter cet entretien aux autorités puisqu'il impliquait la famille royale.*

Sir Peter rédigea donc un rapport qu'il transmit au lieutenant-général sir Frederick « Boy » Browning, trésorier du prince Philip. Browning décida d'organiser une deuxième rencontre avec Janus. Sir Peter appela Mme Markham plusieurs jours d'affilée, mais elle ne répondit pas au téléphone. Il contacta alors le général Martin, lequel devint brusquement vague et distant. Finalement, sir Peter se rendit à l'appartement de Mme Markham à Chelsea, mais elle était absente. D'après les voisins, Mme Markham avait disparu sans laisser d'adresse.

> *Janus avait-il compris que j'avais l'intention d'informer les autorités de ma rencontre ?* écrit sir Peter. *En tout cas, je n'ai plus jamais revu le général Martin, pas plus que Mme Markham et Janus*[7]. *Quand j'avais rencontré Janus, c'était par une soirée d'hiver dans le salon de Mme*

Markham. Il était assis près du feu et ne se leva pas quand nous nous sommes serré la main. Je m'assis de l'autre côté du foyer. Mme Markham avait pris place sur un sofa entre nous deux. Il m'a laissé une impression assez vague, mais sa voix tranquille et grave était inoubliable. Il semblait avoir entre 45 et 50 ans, ses cheveux étaient gris et il portait un costume et une cravate. Il semblait tout à fait normal, si ce n'est qu'il semblait lire dans mes pensées. Bientôt, la conversation se transforma en monologue. Mme Markham nous servit le café et resta très discrète. Au départ, j'étais assez sceptique, mais pour finir, j'étais assez troublé.

« Et quelle a été la réaction de Buckingham Palace ? lui demandai-je.

– Michael Parker, le secrétaire privé du prince, pensait qu'il s'agissait d'une plaisanterie. Mais le prince Philip a un esprit très ouvert[8]. »

En 1969, sir Peter Horsley fut nommé au ministère de la Défense comme responsable de la gestion des opérations aériennes pour le monde entier. Dans sa remarquable autobiographie, il révèle que dans l'AFOR (Air Force Operations Room), il découvrit une grande quantité de rapports sur des ovnis dans une annexe du SOP (Standard Operating Procedure), classés selon leur source.

« Ceux qui pouvaient avoir des répercussions publiques ou politiques atterrirent sur mon bureau, me dit-il[9]. *Bien sûr, 95 % d'entre eux avaient trouvé une explication. Notre principal souci était une invasion de notre espace aérien par les Soviétiques, si bien que ces rapports étaient envoyés à la branche scientifique de la RAF pour une analyse plus détaillée. A cette occasion, j'appris que les Américains traitaient le sujet avec le plus grand sérieux et dans le secret le plus absolu.*

– J'admire votre courage d'avoir pris position sur une pareille histoire, lui dis-je. *Comment avez-vous ressenti les attaques de la presse qui vous ont ridiculisé quand la rencontre avec Janus a fait les titres des journaux ? Je pense à*

un article du Times *par le docteur Thomas Stuttaford, qui affirme que vous avez dû souffrir d'hallucinations*[10].

– Je n'ai fait preuve d'aucun courage, j'ai simplement raconté ce qui s'était passé, me répondit-il. *J'ai rencontré un certain nombre d'officiers de la RAF qui trouvent eux aussi qu'il se passe des choses étranges. Les journaux peuvent bien raconter ce qu'ils veulent.* »

Quant à l'improbable M. Janus, le très réel sir Peter Horsley n'a pas d'opinion précise[11].

11

HUMAINS, PRENEZ GARDE !

Tous les récits de rencontres du troisième type ne sont pas crédibles. Pourtant, de nombreux comptes rendus sont parfaitement cohérents et, des années après leurs dépositions, les témoins demeurent convaincus que quelque chose a infléchi leur vie. L'Argentin qui a raconté l'histoire suivante est une personne équilibrée et saine d'esprit. L'enquête, qui a duré huit ans, a été menée par Héctor Antonio Picco, ainsi que par trois de ses collègues (Jorge H. Cosso, Sotero Caraballo et Eduardo R. Rando).

L'AVENTURE DU POSÉIDON

Par une nuit d'août de l'année 1956, Orlando Jorge Ferraudi rejoint un de ses lieux de pêche habituels sur la côte alors désertique de Northern Resort, où est maintenant située University City, près de Buenos Aires.

> *Il était environ 23 h 30. J'étais en train de ranger mon matériel quand j'eus soudain l'impression que quelqu'un m'observait. Je croyais que c'était le « demeuré » qui se promenait souvent dans le coin. Je me suis retourné, et c'est alors que je l'ai vu. Je fais 1,90 mètre et il me dépassait d'une tête. Sa peau était blanche, ses yeux d'une couleur très claire, ses cheveux coupés court, et il portait un vêtement tout d'une pièce et très ajusté.*

Il faisait très sombre et je compris qu'il communiquait avec moi par la pensée et me disait : « Calme-toi, surtout n'aie pas peur. »

Puis, il me prit par le bras et posa une sorte de « poudrier » sur le mur du quai. Quand il l'ouvrit, il en sortit une lumière phosphorescente. Son vêtement jaune moutarde n'avait pas de plis, aucune fermeture Éclair et pas davantage de boutons, mais une capuche dans le dos. Il répétait : « Surtout n'aie pas peur, tu vas venir avec moi et on va faire un grand voyage. »

Il récupéra son « poudrier » et on descendit les marches du quai vers le Rio de la Plata. Je l'ai suivi comme un automate. Soudain, il a levé sa boîte phosphorescente et j'ai vu un étrange vaisseau en forme de soucoupe arriver du fleuve. Il s'est arrêté sur une plage de sable, une petite porte s'est ouverte, une passerelle en est sortie et un être semblable au premier s'est avancé vers nous. Il me prit gentiment par la main pour m'inviter à entrer dans le vaisseau.

A BORD DU VAISSEAU

Dans le vaisseau, Ferraudi se retrouve face à une adolescente plus jeune que lui d'environ cinq ou six ans (il avait dix-huit ans à l'époque). Et il comprend à ses vêtements qu'elle n'est pas l'un d'entre « eux ». « N'aie pas peur, ils ne te feront pas de mal, ils sont gentils, me dit la petite. Je suis arrivée ici avant toi. Je m'appelle Elena, et je viens de Villa Mercedes [province de San Luis]. »

Soudain, plusieurs êtres sont arrivés, poursuit Ferraudi, *et ils nous ont dit, toujours par télépathie : « Ne vous inquiétez pas, il vous faut changer de vêtements parce que ceux que vous portez contiennent des germes auxquels nous ne sommes pas habitués. »*

Une femme est apparue pour emmener Elena dans une autre pièce. Elle était identique à celles que je devais rencontrer plus tard : très bien proportionnée, vêtue comme les hommes, avec une bouche, un nez et des oreilles nor-

maux et des yeux tirant sur le jaune. La coupe de cheveux ressemblait à celle de Prince Vaillant.

Ils prirent les vêtements que j'avais ôtés sans protester, car leur contrôle sur moi était total, et ils les placèrent dans une sorte de poste de télévision rempli de fumée verte. Ils me donnèrent un vêtement comme le leur; je leur fis remarquer qu'il était trop petit, mais ils insistèrent pour que je l'enfile. Je passai une jambe par l'encolure, puis l'autre : le tissu se détendit pour me recouvrir complètement ! Et quand je marchais, j'avais l'impression de porter des chaussures très confortables alors que j'étais pieds nus.

C'est alors qu'Elena réapparaît et qu'on leur explique qu'ils vont voyager sous l'eau jusqu'à Samborombón Bay.

De là, nous devrions voler au ras de l'eau jusqu'aux côtes de l'Uruguay et traverser l'Atlantique jusqu'à l'Afrique, avant de décoller. « Nous devons prendre ces précautions pour ne pas être repérés, m'expliquèrent les cosmonautes. Nous voulons que votre peuple s'habitue progressivement à nous, ne nous voit pas comme des étrangers, parce que nous ne sommes pas étrangers à cette partie de l'univers. »

Au cours de ses entrevues avec Picco, Ferraudi insiste pour que l'on éteigne le magnétophone quand on lui demande s'il a une idée de l'endroit d'où viennent ses « ravisseurs ». Sa réponse hors micro (il estime que ces restrictions ne sont plus de mise aujourd'hui) est tout à fait intéressante : « On m'a demandé de ne pas le révéler tout de suite. Ils viennent de l'intérieur de la Terre. »

Ferraudi étaye ses déclarations en révélant que les visiteurs ont construit deux bases sous-marines dans les années 50; une en Uruguay en face de la barre de San Juan, à 45 kilomètres de Buenos Aires, et l'autre dans la baie de Samborombón, à 150 kilomètres de Montevideo[1]. Une autre base a été établie dans le golfe du Mexique, et c'est là qu'Orlando et Elena ont été emmenés pour une brève visite.

LA BASE SOUS-MARINE

Quand le vaisseau s'est mis à gagner de l'altitude, remarque Ferraudi, *j'ai pu noter que les parois étaient entièrement lisses, à l'exception de curieuses fenêtres oblongues. On nous accola, la jeune fille et moi, près de l'une de ces fenêtres.*

Nous pouvions alors voir notre belle planète, bleue, énorme, ronde, entourée de quelques nuages, « suspendue » dans un espace sombre et silencieux. Notre lune était d'un gris opaque. Ils nous ont dit : « Nous allons maintenant projeter un champ magnétique qui va nous attirer comme dans un tube. »

Aussitôt, la Terre est devenue aussi petite qu'une orange. Je n'avais ressenti aucune secousse. Puis, ils nous ont expliqué que nous allions revenir à la même vitesse.

Quand nous avons commencé à rebrousser chemin, j'ai crié : « Attention, nous allons nous écraser ! » « Ne vous inquiétez pas, nous ont-ils répondu. Quand nous serons très proches, nous créerons un champ magnétique afin de ne pas entrer en collision avec la Terre. »

Nous avons atterri dans l'océan, peut-être le golfe du Mexique, et après quelques minutes de déplacement sous l'eau, nous avons vu un immense dôme subaquatique, qui ressemblait à un énorme igloo transparent, où l'on voyait des bâtiments, des gens en mouvement et plusieurs vaisseaux du même type que le nôtre.

C'est à ce moment que l'un de nos hôtes nous a dit : « C'est une base de reconditionnement de nos vaisseaux. »

Après avoir longé six ou sept bâtiments au fond de l'océan, Orlando et Elena sont prévenus qu'on va les soumettre à un « test ».

LE TEST

Une des femmes membres de l'équipage apporte un plateau avec dix petits « œufs » : cinq pour Elena et cinq pour Ferraudi.

Ils étaient rouge, jaune, brun, vert, mais j'ai oublié la cinquième couleur. Nous avons dû les avaler tout en buvant un liquide clair et épais. Ces « aliments » n'avaient aucun goût.

On nous a ensuite demandé de nous allonger sur des couchettes rembourrées avec un repose-tête en forme de U, orné de petites lumières de la même couleur que les œufs. Nous nous sommes endormis. Au réveil, Elena et moi pouvions chacun lire dans les pensées de l'autre, ce que nous avons trouvé très drôle. On nous a alors annoncé que nos tests étaient bons, que nous étions en excellente santé, et qu'ils savaient tout de nos états mentaux et physiques, ainsi que la date de notre mort. Ils nous ont également prévenus qu'ils avaient réactivé notre glande pinéale. Il s'agissait là de la partie la plus importante de leur expérience : « A l'avenir, vous nous serez d'une grande utilité. Cette glande est le seul héritage que nous vous avons légué, puisque des cinq races peuplant cette planète, aucune n'en est réellement originaire : elles ne sont que les vestiges des civilisations d'autres planètes. La Terre est un peu le zoo de notre système solaire. Les races qui y subsistent aujourd'hui ont souffert de mutations génétiques dont elles sont responsables. Quand elles se sont mélangées, elles ont provoqué des hybridations, détruisant les souches. La glande pinéale est le seul organe intact. Voilà pourquoi nous l'avons réactivée, donc quand nous penserons à vous, vous entendrez aussitôt un bourdonnement dans votre tête[2]. »

En termes physiologiques, signalons que la glande pinéale est une masse de tissu nerveux rattaché par un pédoncule à la paroi postérieure du troisième ventricule du cerveau, profondément enfoncée entre les hémisphères cérébraux à l'arrière du crâne. Elle fonctionne comme une glande qui sécrète une hormone, la mélatonine... Certains éléments laissent supposer qu'il s'agit du vestige d'un troisième œil[3].

A ce moment de leur extraordinaire aventure, Orlando et Elena sont invités à visiter le vaisseau. Un détail de leur récit recoupe de nombreux autres témoignages : il est impossible de discerner la source de la lumière qui les entoure. « C'est comme si l'air avait été allumé », remarque Ferraudi.

> *Ils nous ont montré le moteur, installé tout autour du vaisseau qui faisait environ 70 mètres de diamètre. Il était formé d'une série de grosses bobines interconnectées, et ils étaient plusieurs, revêtus de vêtements bleus, à s'affairer à son entretien. Ils portaient des gants et une visière leur recouvrait le visage. Je leur ai demandé si c'était avec ça qu'ils volaient. Ils m'ont répondu : « Nous ne volons pas, nous glissons le long d'un champ énergétique. Nous utilisons trois énergies : cosmique, magnétique et solaire. Nous pouvons nous déplacer dans l'espace en les utilisant ensemble ou séparément. Ce que vous appelez une soucoupe volante est construit d'une seule pièce, c'est comme si le vaisseau était "moulé", et les fenêtres soudées*[4]*... »*

Questionné au sujet de Dieu et de la mort, le « gentleman de Poséidon », comme l'appelle Ferraudi, a brièvement répondu :

> *« Pour nous, ce que vous appelez Dieu est une forme d'énergie absolue; quant à la mort, ce n'est qu'un changement dans la structure moléculaire, un changement d'état. On ne s'accouple que pour la procréation, mais nous avons aussi des familles et nous connaissons l'amour. Notre temps de vie est beaucoup plus long que le vôtre. Nos enfants naissent dotés de nos connaissances et ils les perfectionnent en grandissant. »*

La discussion s'oriente alors sur notre utilisation irrationnelle de l'énergie nucléaire qui met en danger non seulement l'habitat que nous partageons avec eux, mais aussi l'équilibre cosmique. L'un d'« eux », qui tient un instrument à la main, désigne une fenêtre devant laquelle flotte un corps solide.

> *L'être pointa son instrument, un rayon en jaillit qui le désintégra. Il nous dit : « Ceci est de l'énergie pure. Quand elle touche son objectif, elle le désintègre. Il est littéralement dissous. » Et il nous lança un dernier avertissement : « Nous voulons que vous sachiez qu'à notre grand regret, nous utiliserons ce pouvoir si vous mettez l'harmonie stellaire en danger. »*

RETOUR SUR TERRE

Finalement, Orlando et Elena sont informés qu'on va les renvoyer d'où ils viennent, et que pendant un certain laps de temps ils ne se souviendront de rien de ce qu'ils viennent de vivre. Ferraudi se rappelle vaguement que, de retour sur la jetée, les êtres lui ont demandé de se pencher, avant de projeter sur lui un faisceau de lumière très brillante, qui l'a plongé dans un profond sommeil. Quand il se réveilla, le soleil était très haut dans le ciel, et il ne se souvenait pas s'il avait ou non pêché des poissons. Il ramassa son matériel et rentra chez lui.

Quinze jours plus tard, alors qu'il rassemble ses articles de pêche pour se rendre au même endroit, toujours de nuit, Ferraudi se dit : « J'espère bien que cette fois, je ne vais pas m'endormir. » C'est alors que tout lui revient brusquement en mémoire. « Non, je ne me suis pas endormi ! J'ai bel et bien voyagé dans une soucoupe volante ! »

« Je suis certain que je n'ai pas rêvé », dira Ferraudi à Héctor Antonio Picco, l'enquêteur principal. Picco questionnera le témoin régulièrement pendant huit ans, tout en étudiant attentivement son langage corporel. Il en conclura que Ferraudi est tout à fait sincère. De plus, Picco est très impressionné de constater que les êtres ont communiqué à Ferraudi des informations scientifiques et médicales qui vont bien au-delà de ses propres connaissances.

Par exemple, Ferraudi voulait absolument construire une « machine » pour guérir le cancer. Au début de son manuscrit, *Le Cancer, ses Origines et son Développement*, il écrit :

> *L'origine de cette maladie réside dans les fonctions altérées de certaines glandes. Leur équilibre bioélectrique se trouvant perturbé, elles déversent dans le sang des sécrétions nocives qui sont à l'origine d'une formation irrationnelle des cellules. Ce phénomène entraîne la circulation de ces sécrétions ; les cellules défectueuses vont chercher pour s'y fixer les organes les plus faibles du corps, où elles trouveront un terrain favorable pour leur développement.*

En juillet 1975, des années après qu'Orlando Ferraudi eut exposé sa théorie, le docteur Albert Szent-Györgyi avança une thèse sur les origines électromagnétiques du cancer, rédigée en des termes très proches de ceux de Ferraudi – malgré les connaissances médicales rudimentaires de l'abducté[5].

UNE BASE SOUTERRAINE

L'après-midi du 15 août 1960, alors qu'il se promène dans une région isolée près de Halmstad, en Suède, Olaf Nielsen, un étudiant en agriculture, assure avoir été enlevé par des extraterrestres et emmené dans une « base spatiale souterraine ». Voilà son incroyable histoire, telle qu'il l'a racontée à un homme d'affaires italien, Paulo Bracci :

> *Soudain, j'ai été pris de vertige et je me suis retrouvé soulevé du sol. Malgré ma terreur, j'ai très bien compris ce qui se passait. A une hauteur d'environ 20 mètres se tenait une soucoupe volante, vers laquelle j'étais irrésistiblement attiré. De me retrouver transporté dans les airs de cette manière me causa un choc, et je perdis connaissance.*
>
> *Quand je revins à moi, j'étais allongé sur une couchette très confortable, à l'intérieur d'une petite cabine. La cabine était de couleur vert pâle, éclairée par une lumière dont on ne percevait pas la provenance. On*

aurait dit qu'elle sortait des murs. Soudain, une porte s'est ouverte et un être est entré. Il nous ressemblait beaucoup et portait un vêtement d'une seule pièce. Il s'est approché de moi et s'est excusé dans ma langue pour la façon dont on m'avait enlevé.

Nielsen relate alors qu'on l'emmène dans une base spatiale souterraine.

J'ai d'abord eu l'impression que j'étais en plein air, et puis je me suis aperçu que je me trouvais dans une caverne brillamment éclairée. Poussé par la curiosité, je demandai s'il existait beaucoup de bases de ce genre sur la Terre. Après un instant d'hésitation, mon guide me répondit que de telles bases existaient sur Terre depuis très longtemps. Certaines se trouvaient en Asie centrale, là où se dressaient des cités florissantes, il y a des milliers d'années. D'après lui, il y en avait d'autres sur les hauts plateaux du Pamir, en Afrique centrale et aussi en Amérique du Sud, où les visiteurs de l'espace avaient réaménagé pour leur propre usage des « villes secrètes pré-Incas ».

A ce moment de son récit, Olaf Nielsen explique qu'on lui montre plusieurs types de soucoupes volantes, ainsi qu'un dispositif destiné à dresser un « rideau magnétique » à l'entrée de la base. Son guide lui explique que ce sont des mesures de protection, non pas contre les habitants de la Terre, mais contre les « Obscurs », des êtres très belliqueux venant d'Orion et désireux de conquérir la Terre.

Gordon Creighton est d'accord avec moi pour estimer que ce témoignage contient des informations importantes. « Il est absolument exact, affirme-t-il, que l'Asie centrale, maintenant désertique, a connu des civilisations brillantes, et les indigènes sont convaincus depuis des millénaires qu'il existe dans les Andes des villes préincas inviolées[6]. »

DES SOUS-MARINS VOLANTS EN MÉDITERRANÉE

A 6 h 35 du matin, le 3 juin 1961, Giacomo Barra et trois de ses amis naviguent au large de Savona, dans le golfe de Gênes. Les hommes ont arrêté le moteur de leur bateau et savourent la petite brise matinale, quand leur embarcation se met soudain à tanguer dangereusement. Le témoignage de Barra est lui aussi éloquent :

> *Nous avons regardé autour de nous, pensant qu'un pétrolier se trouvait dans les parages. Ils sont nombreux à venir mouiller dans le port. Il n'y avait pas de pétrolier mais, à un demi-mille de distance, la surface de la mer formait comme une énorme boule, provoquant de grandes vagues. On était sidérés. Soudain, un engin sortit de l'eau. Sans doute une soucoupe volante, car la partie inférieure avait la forme d'une assiette et la partie supérieure se terminait par un cône. Alors qu'elle surgissait de la mer, l'eau était chassée par un coussin d'air. Une fois émergée, elle s'est arrêtée à une hauteur d'environ 10 mètres et a oscillé légèrement quelques secondes. Puis, un halo s'est formé autour de sa base, et elle a été projetée latéralement au-dessus de la mer avant de disparaître vers le nord-ouest*[7].

TROIS HOMMES DANS UN BATEAU

L'histoire suivante est un des rapports sur des « sous-marins volants » recueillis auprès de pêcheurs français au port du Brusc, entre Marseille et Nice. Aucun des pêcheurs ne voulut donner son nom. Cet incident eut lieu le 1er août 1962, entre 23 heures et 23 h 30, par une belle nuit étoilée.

> *Soudain, à environ 300 mètres de moi, j'ai vu un gros corps métallique, de forme oblongue, surmonté d'une tourelle. Il avançait lentement à la surface de la mer et s'est finalement arrêté. J'ai crié à mes copains dans l'autre bateau : « Un sous-marin a fait surface tout près de nous ! Ça n'a pas l'air de les déranger ! »*
>
> *Un de mes amis a répliqué : « Ça doit être un sous-marin étranger. C'est un modèle que je connais pas. »*
>
> *On a vu des vagues et des remous autour du sous-marin, et j'ai pu distinguer des hommes-grenouilles qui*

sortaient de l'eau et grimpaient sur l'engin. On les a appelés, mais ils ne se sont même pas retournés. Mes deux compagnons, qui les avaient vus aussi et m'avaient entendu les héler, firent de même avec leur porte-voix.

Aucune réponse. Je les voyais très bien, et j'en comptai une douzaine qui escaladaient le sous-marin. C'est alors que trois ou quatre hommes se sont retournés et ils ont hésité un instant avant de regagner l'intérieur du vaisseau. Le dernier a agité le bras avant de disparaître à son tour.

Les trois hommes sont toujours intimement convaincus que l'engin n'est qu'un sous-marin étranger effectuant des manœuvres. Du moins, jusqu'à ce qu'ils le voient s'élever dans les airs...

La machine s'est élevée et est restée là, suspendue au-dessus des vagues. Des lumières rouges et vertes se sont allumées et un rayon de lumière blanche nous a balayés. Il ne dégageait aucune chaleur particulière. Puis il s'est éteint. [...] Le vaisseau a alors été pris dans une lueur orange, les lumières rouges et vertes se sont éteintes. L'engin a commencé un lent mouvement rotatif, de gauche à droite, et s'est élevé à environ 20 mètres au-dessus de la mer.

Il avait la forme d'un plat ovale et était de la taille d'un sous-marin ordinaire. Il est resté suspendu en l'air quelques minutes, le mouvement de rotation s'est accéléré, sa lumière est devenue plus intense et il est parti comme une flèche à l'horizontale, sans émettre aucun son. Sa lumière était maintenant d'un rouge flamboyant. Il a pris un large virage qui l'a ramené vers nous tout en continuant de grimper à une vitesse incroyable. Bientôt, ce n'était plus qu'un petit point dans les étoiles... Vous imaginez notre stupéfaction[8].

MYSTÉRIEUSE RENCONTRE PRÈS DE FLORENCE

Mario Zuccalà vient de rentrer chez lui en bus à San Casciano, dans le Val di Pesa, en Italie, à 20 kilomètres de

Florence, où il travaille comme tailleur. Nous sommes dans la nuit du 10 avril 1962. Le ciel est dégagé et les étoiles brillent. Peu avant 21 h 30, alors qu'il traverse un terrain vague dans le district de Cidinella où il est domicilié, le garçon de 26 ans se sent «légèrement soulevé par une violente rafale de vent».

Fig. 16 *(FSR Publications).*

Un objet qui ressemble à deux assiettes jointes et d'un diamètre d'environ 8, 50 mètres se tient à 6 mètres au-dessus du sol. Un cylindre d'environ 1, 50 mètre de large descend de la machine et vient prendre appui sur le sol. Zuccalà supposera plus tard qu'après avoir atterri, une moitié du cylindre est de nouveau rentrée dans la machine, laissant en évidence l'autre moitié percée d'une porte dont les deux panneaux glissent lentement sur les côtés (voir fig. 16). Mario Zuccalà distingue un espace vide et trois hautes marches brillamment éclairées par une lumière blanche. L'enquêteur Ceccarelli Silvano raconte que sont alors apparus deux êtres d'environ 1,50 mètre.

> *Leurs corps ne semblaient pas différents du nôtre, mais ils étaient entièrement recouverts d'une «armure» en métal brillant. Et ils avaient deux antennes sur la tête... Ces deux petits hommes l'ont gentiment pris chacun par un bras et l'ont emmené à l'intérieur de l'engin, qui était vide et baigné de la lumière blanche que Zuccalà avait aperçue de l'extérieur. M. Zuccalà se souvient d'avoir demandé d'où venait la lumière, mais on ne lui a pas répondu. Il a alors entendu une voix qui semblait résonner dans un espace très vaste.*

La voix parle italien et délivre à Zuccalà le message suivant, assez sibyllin :

> *A la quatrième lune, nous viendrons à 1 heure du matin vous délivrer un message pour l'humanité. A vous-même et à une tierce personne afin de confirmer que ce dont vous avez été le témoin est bien réel.*

Puis, les deux êtres raccompagnent Zuccalà à l'extérieur de l'appareil. Il se retrouve brusquement chez lui vers 21 h 45, sans se souvenir de la façon dont il y est arrivé. Sa femme entend frapper quatre coups très violents à la porte, ce qui n'est pas dans les habitudes de son mari ; là encore, Zuccalà ne se souviendra pas d'avoir frappé. Il a l'air égaré, effrayé et ne se décide pas à entrer. Elle le tire finalement par le bras et il lui raconte ce qui s'est passé. Puis, il va se coucher et passe une nuit agitée.

Le lendemain, Zuccalà se confie à un de ses collègues de travail, qui téléphone à un journal. L'histoire est rapportée dans tous les journaux du soir. Les reporters font remarquer qu'il n'y a pas la moindre trace d'atterrissage sur le terrain désigné par le témoin, mais tout le monde s'accorde à dire que cet homme, père de quatre enfants, est un honnête citoyen. « Il parle avec une tranquille assurance de ce qu'il a vu, rapporte Silvano. Je lui ai demandé s'il avait déjà eu des hallucinations, et il a répondu par la négative[9]. »

UN CONTE DES FORÊTS VIENNOISES

Bobby est un pianiste philippin que mon ami John Bingham, un célèbre pianiste, me présenta en 1962, alors que nous étudiions tous les deux à la Royal Academy of Music à Londres. Je me permets d'inclure ici son récit, car il semblait sincèrement bouleversé par son aventure et, sachant l'intérêt que je portais à ce genre de sujet, il me le confia sous la forme d'un manuscrit à utiliser comme bon me semblerait, à condition de ne pas le publier sous son nom : « Ce n'est pas que je crains les interrogatoires et les batteries de tests auxquels me soumettraient les psychologues, médecins et scientifiques en tout genre, m'écrivait-il, mais je ne tiens pas à perturber la vie de mes parents, qui sont des gens simples, qui mènent une vie sans histoire. »

De 1961 à 1963, Bobby étudie le piano au conservatoire de Vienne. Début octobre 1962, il commence à entendre de temps à autre un son bizarre, particulièrement aigu. « Il avait une fréquence particulière, et était extraordinairement apaisant », écrit-il. Mais à d'autres moments, il se sent agité, il est assailli de pressentiments. Encore plus étrange, il reçoit à intervalles réguliers des « messages télépathiques et des images mentales ».

> *Je n'en connaissais pas la source, mais je sentais que j'étais mystérieusement contacté. Mon cerveau et mon cœur le savaient. Comment, je l'ignore. Je me retrouvais sous l'influence d'un pouvoir étrange dont j'ignorais s'il était bénéfique ou maléfique... Parfois, alors que je jouais pendant la journée, j'étais brusquement obligé de m'arrêter, car juste devant moi, sur la partition, se superposait l'image d'une belle forêt verte. J'ignorais sa signification, mais elle avait une profonde influence sur moi. La seule chose qui me perturbait, c'est que j'ignorais où se trouvait cette forêt.*

Ces images et ces pressentiments atteignent leur point culminant le 8 octobre 1962, date de sa rencontre avec un vaisseau spatial et ses occupants. Bobby est poussé hors de chez lui par une force inconnue.

> *Un tram passait par là et j'y montai sans réfléchir,* écrit-il. *Les idées les plus folles me tournaient dans la tête et mon cœur battait très fort. Je descendis à Schöttentor et pris un autre tram pour Grinzing. J'étais maintenant convaincu qu'il se passerait quelque chose avant la tombée de la nuit. Je descendis à Grinzing et pris un bus pour la forêt. Étais-je guidé vers un site particulier?*

Je marchai pendant quelques minutes avant d'atteindre l'endroit, un coin de campagne agréable et tranquille. C'était un jour de semaine et il y avait peu de promeneurs. J'avançais dans une direction inconnue. Je ne pensais plus à rien et mon cœur se mit à battre plus normalement. Je me sentais calme et concentré. Après une demi-heure de promenade, je me retrouvai dans la forêt.

J'étais perdu et bizarrement, cela ne m'inquiétait pas le moins du monde. Au lieu de revenir sur mes pas, je m'enfonçai dans la forêt. En levant les yeux vers la cime des arbres, immenses et impressionnants, je vis que le ciel était couvert et que le vent soufflait en rafales. Autour de moi, tout était devenu étrangement tranquille, comme avant un typhon, les oiseaux ne chantaient plus, il faisait froid et le brouillard se levait.

La nuit tombe et Bobby arrive alors dans une clairière. C'est alors qu'il entend un sifflement étrange derrière un bouquet d'arbres.

Je regardai et vis les feuilles et les branches des arbres agitées par l'air que déplaçait un objet étrange. J'entendais le sifflement qu'il émettait en glissant doucement vers l'endroit où je me tenais. Fasciné et terrorisé, j'essayai de crier, mais aucun son ne sortit de ma bouche. Je voulus fermer les yeux pour effacer cette vision, mais ils continuaient de fixer la scène. Étais-je contrôlé par un pouvoir qui me dépassait ? Une porte glissa sur elle-même et une passerelle en acier apparut. Une silhouette s'y profila, aussitôt suivie de deux autres. Ces personnages étaient vêtus de combinaisons marron foncé. Ils portaient de lourdes chaussures et leurs visages et leurs mains étaient recouverts d'un voile noir et transparent. Une visière translucide leur entourait la tête et deux tubes partaient du menton et descendaient dans le dos pour aboutir à une sorte de bouteille à oxygène qui leur servait visiblement à respirer. Ils avaient des visages d'humains et mesuraient de 1,60 à 1,80 mètre, avec des corps robustes et bien constitués.

L'un d'entre eux prononça quelques mots que je ne compris pas. Leur chef appuya sur un bouton de la petite boîte qu'il tenait à la main et un rayon rouge m'éblouit et me tranquillisa tout à la fois. Puis, le chef éteignit la lumière et me posa une question en anglais, avec un accent vaguement germanique.

« Voulez-vous venir avec nous ? me demanda-t-il.

– Non, répliquai-je aussitôt.

– Alors voulez-vous visiter notre vaisseau ? » dit-il d'un ton qui n'avait rien de menaçant.

De nouveau, je refusai, sans réfléchir, comme dans un rêve. Puis, je portai la main à la poche de ma veste.

« Arrêtez ! », s'écria-t-il.

Je m'immobilisai aussitôt, très effrayé. Un rayon de lumière rouge tomba sur ma veste et il ajouta :

« Vous pouvez prendre vos lunettes. »

Comment savait-il que mes lunettes étaient dans ma poche ? Je chaussai mes lunettes et les observai. Immobiles, les compagnons du chef semblaient absorbés dans leurs pensées. Peut-être étaient-ils concentrés sur moi et mon environnement.

Finalement, le chef délivrera un message à Bobby, que ce dernier notera, pour mieux s'en souvenir.

« Nous ne sommes pas venus pour vous rendre visite, mais pour vous remettre un message. Il nous est impossible de vous révéler d'où nous venons. Votre désir de conquête de l'espace représente un danger pour nous. Votre égoïsme et votre violence, vos luttes pour le pouvoir, la misère que vous entretenez dans vos pays, les dissensions dans vos familles, vos éternelles luttes entre le bien et le mal nous portent préjudice. Et sur Terre, les personnes mal intentionnées l'emportent maintenant de loin sur les autres.

« Si la situation ne s'améliore pas, votre avidité vous détruira. La guerre atomique vous menace de façon imminente. Si quelques personnes éclairées et généreuses parviennent à survivre à cette catastrophe, elles propageront une nouvelle philosophie ; le changement radical des relations de pays à pays et au cœur des cellules familiales amènera enfin la paix sur Terre.

« L'alternative est que vous soyez définitivement rayés de cette planète si les habitants du cosmos préfèrent préve-

nir une telle catastrophe en vous exterminant – nos forces dépassent de loin ce que vous pouvez imaginer –, car nous craignons d'être contaminés par votre égoïsme et votre obstination à accomplir le mal. Ceci est notre message. Transmettez-le. L'humanité doit prendre garde !»

Après avoir terminé son discours, le chef m'adressa un sourire. Était-ce un sourire de pitié, d'amitié ou de moquerie ? Je suis pour ma part intimement persuadé qu'il s'agissait de pitié, à cause du terrible sort que nous réservons inéluctablement à la Terre. Toujours est-il qu'avant de regagner son vaisseau, il ajouta ces quelques mots :

«Notre rencontre affectera grandement votre corps et votre vie. Les conséquences du choc que vous venez de subir peuvent déboucher sur trois possibilités. Votre décès en avril 1963. La visite de l'endroit d'où nous venons. La poursuite d'une vie normale avec des contacts visuels et mentaux occasionnels, jusqu'à ce que nous décidions de vous laisser en paix.»

Après un dernier sourire, le chef a alors regagné sa soucoupe volante, écrit Bobby. *La passerelle est remontée et ils sont repartis comme ils étaient venus, me laissant dans un état de confusion mentale difficile à décrire. Ma solitude et mon désespoir étaient complets.*

En 1964 et sur les indications de Bobby, j'ai dessiné le vaisseau spatial tel qu'il s'en souvenait. Il recoupe étrangement celui que dessina l'ingénieur anglais H. M. en Afrique du Sud en 1951 (voir fig. 4, page 95), dont le compte rendu n'a pas été publié avant 1977. Sa description de la boîte que tenait le chef – sans doute une machine à traduire – est rapportée dans un certain nombre d'autres dossiers, comme la rencontre de Leeds en 1976.

Il n'en demeure pas moins que le choix des extraterrestres était assez peu perspicace. Bobby est un être nerveux et timoré, qui n'allait sûrement pas se vanter de son expérience. D'ailleurs, qui l'aurait cru ? Il aura fallu quarante ans avant que cette rencontre soit publiée.

Bobby sera profondément affecté par cet événement. Au printemps 1963, il souffrira d'une attaque sans gravité, à Vienne. Et de la fin 1962 à juillet 1964, les extraterrestres entreront en communication avec lui par le biais d'images projetées sur le miroir de sa chambre dans sa maison de Beckenham, à Londres, où il vivait à l'époque avec des amis étudiants, dont John Bingham. Les images semblaient projetées depuis une lumière rouge dans le ciel dont les rayons tombaient sur la vitre et, de là, sur le miroir de l'armoire à glace juste en face. A l'intérieur d'un cercle d'environ 30 centimètres, un visage apparaissait et une voix s'adressait à Bobby. Le discours était essentiellement philosophique, pour autant que Bobby ait bien voulu en parler.

Durant tout le temps où je l'ai personnellement connu, Bobby m'est apparu comme un homme honnête, paisible, et doté d'un solide sens de l'humour. Il jouit d'une certaine réputation comme pianiste et a pendant de longues années enseigné la musique dans une université de la côte Est des États-Unis. J'ai du mal à imaginer qu'il ait pu fabriquer cette histoire de toutes pièces, d'autant plus qu'il a toujours été très réticent à en parler avec moi.

J'ai demandé à John Bingham ce qu'il en pensait. Sa réponse fut sans ambages : pour lui, Bobby disait la vérité. Il en était d'autant plus persuadé qu'il avait une fois assisté à l'une de ces communications hors du commun, et que lui aussi avait vu l'image projetée. Pour moi, ce sont des preuves suffisantes [10].

12

CONTACTS

Dans les années 50 et 60, des extraterrestres se manifestent de temps à autre pour donner des leçons à de malheureux contactés. Mais la plupart semblent déterminés à éviter toute interférence avec les humains. En revanche, ils s'intéressent toujours de très près aux rivières, lacs, mers et océans – ce qui n'est pas surprenant si l'on considère que l'hydrosphère constitue les trois quarts ou presque de la planète Terre. « Ayant travaillé comme pilote dans la Fleet Air Arm, j'ai toujours cru fermement à l'existence des ovnis, à cause des radars », me révéla en 1955 sir Mark Thomson, aujourd'hui pilote privé et président d'une compagnie d'aviation. « Il y a trente ans, les radars militaires étaient déjà suffisamment fiables pour distinguer un ovni d'un ballon météorologique, d'un avion – ou d'une vision imaginaire ! », m'apprit-il, alors qu'il me rapportait un incident qui avait eu lieu en 1963. A cette époque, il était officier de la Royal Navy aux commandes de l'avion à réaction *Sea Wixen*, rattaché au porte-avions *Victorious* :

> *Au cours d'une nuit épouvantable dans l'océan Indien, un « objet » s'approche du porte-avions de l'armée à une vitesse considérable et exécute des manœuvres tout à fait invraisemblables. Bien que je n'aie pas été directement témoin de l'incident, j'appris que cet objet avait été suivi par les radars de plusieurs navires avant que l'on perde sa trace*[1, 2].

D'autres rencontres navales ont eu lieu en 1963. D'après l'ancien officier des services secrets de la marine et le regretté biologiste Ivan Sanderson, la marine américaine effectua une série de manœuvres au large des côtes de Porto Rico au cours de la même année, pour entraîner des hommes à la détection et à la poursuite des sous-marins. Plus de cinq vaisseaux de surface étaient mobilisés, ainsi que le porte-avions *Wasp*, des sous-marins et des avions.

Selon Sanderson, un opérateur sonar rapporta que l'un des sous-marins s'était détaché de sa formation, apparemment pour poursuivre un objet sous-marin non identifié. D'autres bateaux, ainsi que l'avion équipé d'un sonar, ont envoyé des rapports confirmant cet état de fait. D'après l'une des sources de Sanderson :

> *Pas moins de treize avions et submersibles ont noté dans leur carnet de bord que leurs appareils destinés à repérer les engins sous-marins avaient capté le signal d'un submersible se déplaçant à grande vitesse. Ces constatations ont immédiatement été rapportées au COMLANT* [sic] *à Norfolk, en Virginie. Ensuite, les rapports deviennent beaucoup plus vagues. Certaines personnes affirment avoir entendu ou observé les bips d'un sonar captés par les opérateurs, et tous en ont conclu que cet engin était mû par une seule hélice à plus de 150 nœuds, soit environ 280 km/h (cet objet utilisait donc des techniques inconnues, et allait quatre fois plus vite que les appareils les plus rapides dont nous disposons).*

Sanderson apprend également que le sous-marin non identifié est repéré quatre jours d'affilée, alors qu'il manœuvre à une profondeur de 9 000 mètres [3] (la profondeur maximum de l'océan Atlantique est de 9 980 mètres dans la faille de Porto Rico, juste au nord de cette île).

Au cours de cette même année 1963, le docteur Jacques Vallée, ufologue distingué, apprend qu'un sous-marin nucléaire américain Polaris a interrompu sa mission pour refaire surface dans l'Atlantique. Le personnel a été consigné à l'intérieur du sous-marin.

Quelques officiers supérieurs sont montés dans la tourelle. On dit qu'ils sont redescendus avec trois corps humanoïdes enfermés dans des sacs en plastique transparents. Le sous-marin a plongé de nouveau et rallié la côte est dans les plus brefs délais. Il n'avait accompli aucun des importants objectifs qui lui avaient été assignés, dont un essai de mise à feu de plusieurs missiles. Quant aux êtres, ils ressemblaient à des singes rasés. Peut-être étaient-ils vraiment des singes, récupérés après une expérience secrète dans l'espace[4].

Peut-être. Malheureusement, Jacques Vallée n'a pas pu me fournir les éléments qui auraient permis de le confirmer. Étant donné les conditions drastiques qui président à la sécurité des opérations expérimentales de sous-marins nucléaires équipés de missiles, il semble plutôt étrange qu'une telle mission ait été interrompue dans les conditions rapportées par Vallée. Seuls des événements exceptionnels ont pu amener un tel contrordre dans le déroulement de ces opérations.

Nous allons maintenant retourner à des cas impliquant des contacts avec des extraterrestres où les témoins sont plus diserts, ce qui permet de mieux vérifier leurs déclarations.

UN DOSSIER FASCINANT

De tous mes dossiers sur des contacts prolongés avec des extraterrestres humanoïdes, il y en a peu que je trouve totalement convaincants. Celui qui va suivre concerne un témoin que je connais depuis trente ans ; il s'agit d'un cas fascinant, où les extraterrestres n'ont pas donné d'information fausse. Cela ne veut pas dire que je souscris à tout ce que l'on m'a rapporté, d'autant moins qu'au cours des ans, le récit du témoin a révélé quelques invraisemblances, dont on peut imputer la plupart à une tendance à enjoliver les choses. Comme la femme dont je vous parle répugnait à ce que son histoire soit publiée même après sa mort, qui survint en 1995, je l'appellerai tout simplement Joëlle.

Joëlle est née en 1914, à Saint-Pétersbourg, de parents français et russe. Au cours de la Seconde Guerre mondiale, elle rejoint la résistance française en lutte contre l'occupation nazie. Après la guerre, elle travaille à Paris pour le ministère de la Défense, puis part à Londres avec sa famille. Par une étrange coïncidence, ses deux filles, Frédérique et Isabelle, et la mienne, avaient toutes les trois fréquenté l'Arts Educational School, où, en plus du cursus habituel, on apprenait la comédie et la danse. Et c'est à cette occasion que j'ai rencontré Joëlle. Nous ne devions pas nous revoir avant 1967. Elle se trouvait alors en compagnie de son mari et de Lou Zinsstag, qui m'apprit ce qui lui était arrivé.

Les aventures de Joëlle commencent en 1963, alors qu'elle sillonne la région de Sheffield, où elle conduit une étude de marché en faisant du porte-à-porte pour le compte d'une société dont elle est la fondatrice. L'étude de marché porte sur les appareils ménagers, et dans un foyer où elle s'est invitée, elle est frappée par le nombre de gadgets dernier cri exposés dans le living – dont aucun ne se trouve dans le commerce. Quand Joëlle s'étonne auprès de la maîtresse de maison (que nous appellerons Rosamund), cette dernière répond que son mari est un savant, et qu'il teste régulièrement ses dernières trouvailles pour en vérifier l'intérêt pratique.

De la même façon, lorsque Joëlle remarque un grand émetteur-récepteur-radio, Rosamund lui apprend que son mari est radioamateur et qu'il parle à des gens dans le monde entier. Pour étayer ses dires, Rosamund allume le poste et quitte un instant la pièce. Un bref message est alors transmis en anglais, que Joëlle s'empresse de noter sur un carnet qu'elle tient à la main. Quand Rosamund revient, Joëlle lui signale qu'un message est arrivé, sans plus de précision. Rosamund paraît brusquement contrariée et éteint le poste, expliquant que son mari serait très fâché d'apprendre qu'elle a tourné le bouton de l'appareil sans son autorisation.

Plus tard, de retour à son hôtel, Joëlle médite sur le contenu du message : « Serai au Blue John, demain à 16 h 30 – Mark. » Intriguée, elle mène sa petite enquête. Le Blue John désigne des carrières situées près de Castleton, dans le Derbyshire. Leur nom vient du français « bleu-jaune », la couleur donnée à la pierre bleue, un spath, découverte dans le Derbyshire. Curieuse de savoir si elle n'est pas tombée sur un réseau d'espionnage, Joëlle décide de mener son enquête.

LA RENCONTRE DU BLUE JOHN

Le 16 septembre 1963 dans l'après-midi, Joëlle prend sa voiture pour rentrer à Londres. Sur le chemin, elle s'arrête près de la carrière aux environs de 14 h 30, se gare dans un endroit qui domine une vallée en pente douce, mange le repas froid qu'elle s'est préparé et attend de voir ce qui va se passer.

Un peu avant 16 h 30, Joëlle remarque dans le ciel une lumière brillante qu'elle prend d'abord pour le soleil. Cette lumière cesse de briller tandis qu'elle se pose à quelques centaines de mètres. Elle distingue maintenant un avion de forme surprenante, un disque d'environ 6 mètres de diamètre, posé sur un trépied dont les extrémités ressemblent à des champignons retournés. L'appareil est entouré d'une vitre circulaire. C'est alors qu'un homme surgit de derrière l'appareil – celui qui se présentera plus tard sous le nom de Mark, vêtu d'un costume bleu d'une seule pièce et d'un casque recouvert de tissu. Au même instant, un autre homme sort d'une voiture garée non loin de là. Joëlle reconnaît le véhicule qui stationnait devant chez Rosamund. L'homme descend de la colline pour rejoindre l'avion. Les deux hommes se saluent chaleureusement. Mark se tourne vers l'appareil et fait un signe aux membres de son équipage. Puis, les deux hommes se dirigent vers la voiture et disparaissent. L'avion s'illumine et décolle tandis que le « train d'atterrissage » se rétracte à l'intérieur de l'appareil, qui s'immobilise un instant et disparaît à une vitesse fantastique.

UNE BIEN ÉTRANGE MAISON

A ce moment-là, Joëlle n'est pas prête à accepter l'existence de soucoupes volantes. Elle suppose qu'il s'agit en fait d'un avion de technologie avancée, peut-être d'origine soviétique, et d'un espion entretenant des relations secrètes avec le mari de Rosamund. Elle décide donc de retourner chez cette dernière, afin de mener son enquête avant de prévenir la police.

Une demi-heure plus tard, elle frappe chez Rosamund. Le savant, qu'elle appelle Jack, entrouvre la porte et lui demande ce qu'elle veut. Joëlle répond qu'elle a interviewé sa femme la veille et qu'elle aimerait revenir sur un ou deux points du questionnaire. Jack s'apprête à refermer la porte, quand Mark, qui porte maintenant des vêtements ordinaires, intervient. « Laisse-la entrer, Jack. » Jack s'exécute à regret et conduit Joëlle dans le living. « Pourquoi ne pas nous avouer la raison qui vous a amenée jusqu'ici ? demande Mark. – Je voulais juste poser une ou deux questions supplémentaires à Rosamund pour mon étude de marché. – Vous mentez, madame... » Joëlle jure intérieurement. « C'est vilain de jurer », dit-il. Comment avait-il su qu'elle jurait ? « Vous êtes venue ici, poursuit Mark, parce que vous avez vu mon appareil et que vous aimeriez comprendre ce qui se passe, c'est bien ça ? » Sidérée, Joëlle reconnaît à regret qu'il a raison. Et à partir de ce jour, elle prend une part active à cette « liaison extraterrestre ». Ce soir-là, la discussion se prolonge jusqu'au petit matin. Tout d'abord incrédule, elle finit par accepter l'incroyable réalité : Mark vient effectivement d'un autre monde. Au cours des quinze mois qui suivront, Joëlle aura huit heures et demie d'entretiens avec Mark et un de ses semblables, dont la voix grave ressemble à celle de l'acteur Valentine Dyall, d'où le surnom de Val. D'après Joëlle, ces rencontres auront lieu dans plusieurs endroits en Angleterre, dont son appartement de Londres, près d'Earls Court.

UNE BASE D'EXTRATERRESTRES

De son propre aveu, Joëlle ne connaît à l'époque pas grand-chose au sujet, si bien qu'elle commence par poser des questions idiotes. Plus tard, après avoir lu quelques livres, elle est en mesure de mener des enquêtes plus pointues. Évidemment, sa première question sera en relation avec l'origine de ses visiteurs. Mark et Val se dérobent poliment, mais précisent cependant qu'ils viennent d'une planète localisée dans le système solaire qui ressemble par bien des aspects à la Terre. Ils révèlent également que nous ne sommes pas seuls dans le système solaire, et qu'ils ont des bases sur deux lunes de Jupiter (sans préciser lesquelles). Il est intéressant de constater qu'en 1997, selon les données recueillies par l'astronef Galileo lancé par la NASA, on a détecté des signes de vie, sous forme de molécules contenant du carbone et de l'azote, sur deux des plus grosses lunes de Jupiter, Ganymède et Callisto. Voilà des années que des astrophysiciens spéculaient sur des traces de vie sous la surface gelée d'Europe, la plus petite des lunes de Jupiter[5]. D'après Mark et Val, leur peuple possède des bases sur Mars et sur la Lune depuis des milliers d'années, de même que sur la Terre, en Amérique du Sud, en Australie et en Union soviétique, entre autres.

Bien que l'*Homo Sapiens* soit originaire de la Terre, les visiteurs expliquent que pour accélérer l'évolution humaine, ils ont dû intervenir à deux reprises dans notre patrimoine génétique. Alors qu'ils sont d'apparence très semblable, les humains et les extraterrestres évoluent séparément. Comme l'évolution des visiteurs est plus avancée, ils vivent plus longtemps que nous. Val et Mark étaient beaux et distingués, ils avaient la peau claire, des dents parfaites et des yeux assez particuliers qu'on ne remarquait toutefois pas tout de suite. Joëlle affirme également qu'elle a vu un homme à la peau sombre qui appartenait au même groupe, mais elle ne lui a pas parlé.

Mark et Val expliquent qu'ils sont rentrés en contact dans le plus grand secret avec des scientifiques de plusieurs pays. Ils ont contacté Jack huit ans auparavant. Joëlle ne m'a transmis aucun nom. En dehors de Jack, Joëlle rencontrera deux autres savants. L'un d'eux travaillait à la base d'essais de fusées Woomera en Australie, qui fut construite en collaboration avec l'Angleterre à la fin de la Seconde Guerre mondiale. Quant au but de leur mission, les visiteurs se contenteront de déclarer qu'il n'est pas totalement philanthropique... Quoi qu'il en soit, cette mission exige un dévouement sans faille de la part des scientifiques, dont certains collaborent ostensiblement avec les visiteurs sur les bases où ils travaillent. A de rares occasions, ils les accompagnent même sur leur planète. Ils sont choisis parmi les hommes qui n'ont pas de responsabilités familiales.

Dans *Alien Liaison*, j'ai soulevé le problème d'une éventuelle base de visiteurs localisée du côté de Pine Gap, une base ultra-secrète des Américains en Australie, à quelque 25 kilomètres d'Alice Springs. D'après les informations fournies par le professeur J. D. Frodsham en 1989, trois hommes qui revenaient d'une partie de chasse nocturne ont vu s'ouvrir une porte camouflée sur le terrain de la base, puis un disque circulaire monter sans un bruit à la verticale, avant de disparaître à grande vitesse dans le ciel[6].

Officiellement, Pine Gap, une « base de recherche spatiale commune » financée par les ministères de la Défense australien et américain, sert à la reconnaissance et à la surveillance des satellites[7]. Elle a été créée par la CIA en 1966, et elle est gérée par la CIA et la NSA (Agence Nationale de Sécurité). D'après un observateur américain, « les Australiens ont accordé à la base de Pine Gap un statut particulièrement laxiste. Des gens et des avions-cargos entrent et sortent sans être soumis aux procédures de douanes habituelles. En réalité, cet endroit jouit d'un statut extra-territorial[8] ».

D'après l'une de mes sources qui a appartenu à la CIA, être envoyé en poste à Alice Springs est considéré comme une promotion – ce qui ne signifie pas que Pine Gap soit ou ait été une base pour les extraterrestres. Cependant, il y a dans des lettres de George Adamski des allusions curieuses à l'existence d'une telle base, qu'il localise à 2 250 kilomètres de Sydney (ce qui correspondrait à la zone d'Alice Springs). En 1951, par exemple, il écrit ce qui suit à un correspondant :

> *On m'a parlé dans des circonstances très intéressantes d'un grand laboratoire spatial à 2 250 kilomètres de Sydney, opérationnel depuis trois ans. On m'a fait comprendre que des vaisseaux spatiaux s'y poseraient et qu'un système de communication pourrait être établi, par le biais de ce laboratoire, entre les hommes et les êtres de l'espace... On ne me l'a pas présenté comme une certitude, mais comme une possibilité dont je pouvais tirer mes conclusions*[9].

Si cette rumeur est fondée, cela implique que le laboratoire fonctionnait déjà en 1948, des années avant que Pine Gap soit officiellement désignée comme base-relais de centralisation des informations sur les satellites des services secrets. Quelques mois plus tard, en réponse à des questions du même correspondant, Adamski explique que la personne qui lui a communiqué cette information en 1949 est un scientifique attaché au gouvernement chilien, un ancien officier supérieur des forces de l'air chiliennes. « Un système de communication a bien été activé, écrit Adamski, non seulement dans cet endroit, mais aussi aux États-Unis[10, 11]. »

En ce qui concerne l'existence d'une base d'extraterrestres implantée aux États-Unis, Adamski aborde le sujet en 1952 avec un ingénieur de la marine de l'Alaska – c'était avant son premier contact dans le désert de Californie, en novembre de cette même année. Cet homme affirmait que des vaisseaux spatiaux atterrissaient régulièrement dans cet État. D'après cet ingénieur, les extraterrestres qu'il avait vus mesurent entre 90 centimètres et 2,10 mètres[12].

J'ai inclus ces remarques d'Adamski dans le présent ouvrage pour trois raisons. D'abord, elles anticipent toutes les publications faisant allusion à l'existence de bases d'extraterrestres sur notre planète. Ensuite, comme je l'ai dit dans le chapitre 7, Joëlle affirme avoir rencontré un groupe d'extraterrestres du même genre que ceux qui ont contacté Adamski en 1952 (et qui ont malheureusement été obligés de le discréditer). Les contacts de Joëlle l'ont également informée qu'ils avaient une base en Australie, dans un endroit qui n'a pas pu être précisé et où ils étaient en liaison avec un groupe de scientifiques. Et enfin, une de mes sources les mieux informées et les plus fiables a appris qu'un certain nombre de ces bases existaient dans le monde entier, et qu'une liaison limitée entre ces extraterrestres et nous a été établie à la fin des années 40. Comme par hasard, la localisation qu'il a donnée de deux de ces bases était l'Alaska – et Pine Gap.

CONTACTS PROLONGÉS

A une occasion, Joëlle raconte qu'elle a été invitée à s'approcher d'un vaisseau spatial. Il s'agissait du même vaisseau que celui qu'elle avait vu de loin en septembre 1963. La scène se déroule du côté de la frontière galloise, alors qu'ils se préparent à emmener un des scientifiques dans une base d'Amérique du Sud. Joëlle estime que le trépied d'atterrissage mesure environ 8 centimètres de long et les extrémités en forme de champignons inversés une dizaine de centimètres de large. A part une série de hublots ronds, elle n'a pas distingué grand-chose, notamment parce qu'il faisait sombre. En outre, elle n'a pas été autorisée à pénétrer à l'intérieur, mais elle a touché la coque, ce qui, plus tard, lui a donné une légère nausée. Ensuite, Rosamund et elle se sont rendues en voiture au sommet d'une colline voisine pour regarder le vaisseau décoller. Avec un bruit qui ressemblait au bourdonnement d'une ruche d'abeilles, il s'éleva verticalement, s'illumina et se propulsa à l'horizontale.

Joëlle dit qu'elle a aidé les visiteurs à plusieurs reprises. Une fois, ils lui ont demandé de traduire un manuscrit russe au British Museum. Elle les a également invités à venir dîner chez elle, dans son appartement de Londres. Mark et Val étaient très bien élevés, ils aimaient boire du vin, et avaient un grand sens de l'humour. Ils insistaient pour qu'on les traite comme n'importe qui. « Nous avons peut-être quelques milliers d'années d'avance sur vous, disaient-ils, mais nous ne sommes pas des anges. »

Entre eux, Mark et Val ne communiquaient pas par télépathie, ils parlaient leur propre langue. Pour entrer en contact avec les savants, ils utilisaient une sorte de système radio, avec des fréquences protégées, à partir de petits émetteurs-récepteurs fixés à leur poignet par une lanière. Mais ils pouvaient aussi utiliser des modes de communication plus sophistiqués. Une fois où Joëlle rentrait chez elle, elle trouva Val debout dans le living.

« Dieu du ciel, mais comment êtes-vous entré ? lui demanda-t-elle en s'avançant pour lui serrer la main. – Ne m'approchez pas ! Ne me touchez pas ! s'exclama-t-il. Du calme. En réalité, je ne suis pas vraiment ici. »

Val lui expliqua que ce qu'elle voyait devant elle était une image projetée d'un cerveau à un autre pour améliorer la communication à distance. « Peut-être ne s'agissait-il que d'une image dans ma tête », me dira plus tard Joëlle. Toujours est-il qu'après une brève conversation, l'« image » disparut d'elle-même.

LA PLANÈTE-MÈRE

Joëlle raconte que ses amis ont projeté pour elle des images tridimensionnelles de leur planète-mère. On y voit des arbres, des maisons de forme circulaire et d'autres de conceptions différentes, des véhicules de forme tubulaire qui se déplacent juste au-dessus du sol. Ces véhicules sont conçus pour quatre personnes et sont programmés pour s'arrêter là où on désire se rendre. Les extraterrestres lui montrent également des animaux, y compris des vaches qui ressemblent aux nôtres, quoique plus petites.

Joëlle apprend que les saisons sur la planète-mère ne sont pas aussi contrastées que chez nous, que leur rythme et leur durée ne ressemblent pas aux nôtres. Les visiteurs mangent moins que nous et consomment plus de poisson que de viande. Les fruits sont abondants et ils produisent une boisson fermentée voisine du vin.

Ils ne connaissent ni les frontières, ni les gouvernements, mais Joëlle croit comprendre qu'ils ont un « Conseil ». Les classes sociales et les distinctions raciales n'existent pas. Et un système de « crédits » remplace l'argent. Tout le monde contribue à la bonne marche de la société. Par exemple, les scientifiques ne dédaignent pas les tâches plus pratiques. Les couples n'ont pas plus de deux enfants, qui deviennent adultes beaucoup plus rapidement que ceux des humains. Les hôpitaux sont remplacés par des machines qui traitent tous les types de troubles : organiques ou mentaux, aussi bien que les blessures infligées par accident.

Ils apprécient une musique très différente de la nôtre. Ils ont des instruments à corde, mais ne connaissent pas l'archet. Val et Mark soulignent à plusieurs reprises à quel point ils apprécient notre musique.

Les déplacements entre le système solaire des visiteurs et le nôtre sont pratiquement instantanés. On ne lui fournit pas plus d'explications que, de toute manière, elle serait bien incapable de comprendre. Cependant, ils lui expliquent que certaines différences dans leur environnement planétaire leur rendent la vie sur Terre assez difficile, et qu'ils subissent régulièrement un « reconditionnement », un processus similaire à celui qu'ont rapporté d'autres contactés, comme Howard Menger. Joëlle a cru comprendre qu'il s'agissait de difficultés liées à la gravité et à la pression atmosphérique. Pendant que Mark et Val travaillaient sur Terre, pour citer leur cas, ils subissaient tous les quatre jours un traitement de « décompression », soit dans le vaisseau spatial, soit à leur base. Ils n'avaient pas besoin de plus de quatre heures de sommeil.

Les extraterrestres signalèrent ensuite à Joëlle que si elle visitait leur planète, il se pourrait qu'elle ne les voie pas. Ce qui impliquerait qu'ils existent dans une autre dimension ou « fréquence » que la nôtre. Joëlle, elle, pense que nos sens moins développés et notre perception limitée du spectre électromagnétique seraient responsables de cet état de fait. Elle a toujours souligné que, malgré leur avance spirituelle, technique et mentale, ses amis extraterrestres étaient des êtres physiques, avec les besoins que cela entraîne.

ON S'INQUIÈTE EN HAUT LIEU

En 1967, trois ans après sa dernière rencontre avec Mark et Val, Joëlle affirme qu'elle a reçu la visite de deux représentants du Home Office à Londres. Les hommes ont commencé par lui poser des questions sur la « disparition » de Jack et Rosamund, et de certains scientifiques qui étaient à l'époque censés vivre en Amérique du Sud. Joëlle supposa qu'elle avait été repérée à cause du carnet de téléphone d'un des savants sur lequel figurait son nom. En tout cas, ils semblaient très bien informés. Joëlle joua l'indignation. « Comment voulez-vous que je réponde à de pareilles questions ? », leur lança-t-elle à plusieurs reprises.

Ils n'ont pas insisté.

UN LIEN SPIRITUEL

Au cours de ses rencontres avec Mark et Val, Joëlle apprit beaucoup de choses. Elle ne me raconta pas tout. Je l'ai parfois sentie sur le point de me révéler des secrets brûlants, puis elle se reprenait. J'ai eu la sensation qu'elle avait été hypnotisée pour empêcher la révélation d'informations confidentielles. Un blocage inconscient qui n'opérait pas du tout selon les méthodes conventionnelles.

Si Mark et Val se montraient réticents pour parler de leurs origines, de leurs technologies et du but de leur mission, ils étaient très ouverts à d'autres sujets de discussion. Mais ils ne répétaient jamais deux fois leurs explications. Ils préféraient utiliser leur formidable pouvoir de télépathie. Ce qui ne les empêcherait pas d'intervenir directement dans nos affaires s'ils l'estimaient nécessaire. Notamment dans l'éventualité d'une catastrophe nucléaire qui menacerait la Terre et dont les échos risqueraient de se faire sentir jusqu'à leur planète d'origine. Ils signalèrent également que d'autres extraterrestres nous surveillaient, qui n'étaient pas aussi bien disposés qu'eux-mêmes à notre égard. Mais ils ne fournirent pas d'informations supplémentaires à ce sujet.

De plus, ces visiteurs qui assumaient la responsabilité d'avoir à deux occasions amélioré la race humaine dans un passé éloigné, se targuaient également d'avoir à plusieurs reprises fabriqué génétiquement quelques fortes personnalités – comme Jésus – afin d'enseigner des concepts spirituels à l'humanité. Ils auraient procédé grâce à une forme d'insémination artificielle. Ce groupe particulier d'extraterrestres explique sa répugnance à communiquer avec l'humanité dans son ensemble par le fait que nous ne sommes pas prêts, psychologiquement et spirituellement, à un contact avec une civilisation supérieure. Sans compter qu'il est indispensable que nous assumions notre évolution en toute indépendance. D'après Joëlle, ils lui auraient assuré que nous sommes des êtres spirituels qui survivent à la mort.

Aujourd'hui, nous entendons peu parler de rencontres avec des extraterrestres très avancés sur le plan spirituel. Ont-ils quitté notre planète pour toujours ? Se sont-ils engagés dans des projets moins ambitieux ? Je me demande parfois si la principale raison de leur présence sur Terre n'est pas liée à la survie de notre planète – qui leur sert de base, ne l'oublions pas.

« Quelle belle planète, firent-ils une fois remarquer à Joëlle. Quel dommage que vous la traitiez aussi mal... »

13

SANS RIME NI RAISON

Nous sommes tellement conditionnés par l'image d'extraterrestres omnipotents et technologiquement surévolués, que l'idée même d'une défaillance technique – principalement lorsque leur vaisseau tombe en panne, comme nous en avons déjà rapporté des exemples – éveille aussitôt notre méfiance. Le cas que je vais à présent vous rapporter est, à cet égard, unique en son genre, car il a permis d'observer pendant quatre heures des humanoïdes tentant de réparer des avaries. Deux témoins ont vu une soucoupe volante rivée au sol secourue par une seconde. Cet incident, soumis à une enquête minutieuse par Ted Bloecher et le docteur Berthold Schwarz, s'est produit à 2 kilomètres au nord de New Berlin, dans l'État de New York.

Au moment des faits, Mary Merryweather (il s'agit d'un pseudonyme), qui prépare un diplôme en musicologie à Ithaca College, séjourne chez sa belle-mère. Nous sommes le 25 novembre 1964. Vers minuit trente, Mary sort sur la véranda. Elle distingue alors dans le ciel ce qu'elle prend tout d'abord pour une étoile filante, aussitôt suivie d'une seconde étoile étrangement lumineuse, qui fond vers la surface de la Terre en suivant le cours d'un ruisseau situé à quelques centaines de mètres de la maison. «J'étais surprise de voir une étoile filante briller avec une telle intensité, dira Mary à Bloecher. Sans compter que cette vision était accompagnée d'un vrombissement sourd et continu.» Après quelques instants d'hébétude, elle appelle sa belle-mère, qui la rejoint sur la véranda.

Au cours de la demi-heure qui s'ensuit, trois voitures passent dans les environs; les deux premières ralentissent, et la troisième s'arrête brièvement. Dans les trois cas, cette curieuse lumière les surplombe, directement au-dessus d'eux, ou légèrement en retrait. Apparemment effrayés, les automobilistes redémarrent et disparaissent sans demander leur reste. Entre-temps, l'objet illuminé s'est immobilisé à quelques dizaines de mètres, de l'autre côté de la route, en face de la maison. «Puis, il a continué dans la direction nord nord-ouest, s'est élevé au-dessus de cette montagne située à plus de 1 kilomètre, avant de se poser un peu en dessous du sommet de cette colline», poursuit Mary.

Comme il fait froid, Mary rentre dans la maison et observe par la fenêtre, en compagnie de sa belle-mère, le curieux objet, tandis qu'à leurs pieds l'épagneul breton est pris de convulsions.

LES HUMANOÏDES

Les deux femmes étudient l'objet à tour de rôle avec des jumelles à infrarouge. Il leur semble que des gens s'agitent autour de l'appareil, qui vient d'atterrir.

> *La lumière l'éclairait par en dessous, et il reposait apparemment sur un support. En tout cas, il ne touchait pas le sol. Les hommes, je les appellerai ainsi faute d'un terme plus approprié, car ils ressemblaient à des hommes, se glissaient dessous. Comme des garagistes réparant une voiture ou un camion. [...]*
>
> *Je les voyais s'affairer autour de leur engin en portant ce que je supposais être des boîtes à outils. L'une de ces boîtes semblait tellement lourde qu'il fallait deux hommes pour la déplacer. Ils étaient répartis en demi-cercle, autour d'un véhicule de forme arrondie, mais la puissance de*

l'éclairage m'empêchait de distinguer avec précision sa forme...

Les hommes, au nombre de cinq ou six, semblaient revêtus de costume de plongée de couleur sombre, et on voyait leurs mains, d'une teinte plus claire. [...] Je discernais leur stature, leur musculature, leur colonne vertébrale. Ils se déplaçaient sur leurs jambes et travaillaient avec leurs mains et leurs bras, tout comme nous. Par rapport aux buissons qui se trouvaient en bas du champ, ils semblaient cependant un peu plus grands que nous.

Ceux que je voyais le mieux dans la lumière me tournaient le dos. Ils avaient des cheveux coupés court. De profil, ils nous ressemblaient étrangement.

LES RÉPARATIONS

Après qu'un autre véhicule eut surgi au sommet de la colline, juste au-dessus du premier, plusieurs hommes se saisirent d'un objet placé en dessous du véhicule et le déposèrent doucement à terre.

> *Quatre ou cinq hommes rejoignirent ceux qui travaillaient au sol sur le moteur ou le générateur d'énergie pour leur donner un coup de main,* continua Mary. *D'autres, un peu plus bas sur la colline, tenaient un câble qu'ils coupaient en tronçons soigneusement mesurés dont ils se servaient pour réparer le «générateur».*

Il est maintenant 1h15. Les hommes, sans changer le générateur de place – il a été déposé en dessous du véhicule, juste au centre –, s'emploient à le réparer.

> *Je les regardais marcher, s'asseoir, s'allonger sur un coude, s'agenouiller, s'étendre. Il y en avait une douzaine qui allaient et venaient, apportant des objets, les rapportant dans l'un ou l'autre des véhicules. Sans les jumelles, je ne voyais rien.*

Effrayée, la belle-mère de Mary se demande si elles ne devraient pas appeler la police.

Je l'en ai dissuadée. Si on les appelait, ils viendraient avec des fusils et des grenades. Tout ce que nos visiteurs voulaient, c'était réparer leur engin pour pouvoir repartir. Je suis certaine qu'ils m'ont repérée après que la dernière voiture a redémarré. Ma belle-mère avait elle aussi l'impression qu'on nous observait. Elle m'a dit : «Je suis sûre qu'ils ont compris que nous n'appellerions pas les autorités.»

A exactement 4 h 30 à la pendule de notre cuisine, trois hommes se sont avancés vers le générateur. Six hommes se tenaient derrière eux et semblaient tenir quelque chose. Puis, ils ont soulevé tous ensemble le générateur de 20 ou 30 centimètres pour le rentrer dans le véhicule, mais ça ne marchait pas. On voyait bien le fond de l'appareil, comme une assiette inclinée. En s'efforçant de replacer le générateur, ils avaient effectué un mouvement tournant, comme pour le visser, mais ça n'avait pas fonctionné.

Les six hommes ont répété leur manœuvre, conseillés par les trois autres, en pure perte. Ils ont donc tout repris depuis le début et ont travaillé sur le générateur une dizaine de minutes, avant de se lancer dans une nouvelle tentative en utilisant la même méthode. Nouvel échec. Les hommes qui avaient coupé le câble ont attaqué un autre matériau qui semblait plus léger. On voyait bien qu'ils se dépêchaient...

Mais comme toutes celles qui l'ont précédée, cette tentative se solde par une nouvelle déconvenue. Ils redéposent le générateur, l'entourent pendant environ trois minutes, puis le soulèvent très délicatement et, cette fois-ci, voient leur entreprise couronnée de succès. Le système s'enclenche.

LE DÉPART

Il y a à présent juste assez de lumière pour permettre à Mary de voir que l'engin est rond, et sa partie inférieure effilée vers le bas. Elle estime son diamètre à environ 9 mètres, et la longueur des pieds d'atterrissage à 2 mètres.

J'ignore totalement si la partie supérieure se terminait par un dôme, ou si elle était arrondie, précisa Mary. La faute en revient à cette lumière aveuglante en dessous du véhicule.

Il était 4 h 54. Je les vis ramasser rapidement tout ce qui traînait. Puis les « hommes » appartenant à l'équipage de l'engin posé sur la colline y retournèrent, chargés de matériel. Ils couraient comme des gens lourdement chargés. Deux des « boîtes à outils » étaient portées par deux hommes. Tous disparurent de l'autre côté du véhicule ou en direction du second vaisseau.

A 4 h 55, le véhicule posé au sommet de la colline décolla. Il prit brusquement de l'altitude et partit comme une flèche à l'horizontale, dans la direction d'où il était venu, ouest sud-ouest. Une minute plus tard, l'autre engin décolla à son tour, s'avança vers le sommet de la colline, s'éleva encore un peu, et fut propulsé dans la même direction que le précédent. Et voilà. La nuit avait été longue.

DES TRACES

Le lendemain après-midi, Mary et sa belle-mère se rendent sur les traces de l'incident et y découvrent comme trois empreintes, où un objet en forme de cône arrondi à son extrémité s'est profondément enfoncé. Les trois impacts forment un triangle d'environ 5 mètres de côté.

Cela ressemblait fort à la trace d'un trépied supportant quelque chose de très très lourd, parce que l'un des pieds, en se posant sur un rocher, l'avait brisé. Il s'était même enfoncé de 10 centimètres dans le schiste. Dans la terre, les impacts étaient de 35 centimètres de large sur 45 de profondeur. On retrouvait les mêmes traces sur la colline, en forme de triangle équilatéral avec trois trous d'égale dimension.

Le lundi qui suit l'événement, Mary part avec son mari à la recherche de morceaux de câble. A environ 2 mètres en dessous des empreintes laissées par le véhicule accidenté, ils découvrent un tronçon de 8 centimètres d'un matériau assez étrange.

Cela ressemblait à un bout de câble qu'ils auraient oublié. A l'extérieur, on aurait dit du papier toilette marron, sauf que ce n'était pas vraiment du papier... Et au centre – le câble avait été coupé latéralement –, on pouvait voir 2 ou 3 centimètres d'un matériau qui ressemblait à une feuille d'aluminium compressée, sauf que ce métal ne se comportait pas comme de l'aluminium, qui se froisse facilement. Dans ce cas, c'était impossible de le froisser.

Bien que le mari de Mary soit ingénieur chimiste, il ne fait pas analyser le matériau. Et quand Bloecher interviewe Mary en 1973, la famille ne parvient malheureusement pas à remettre la main sur ce fameux morceau de câble.

Cependant, dans les années 60, on a retrouvé ce genre de rubans d'aluminium sur un certain nombre de terrains d'atterrissage d'ovnis dans d'autres parties des États-Unis. Ces rubans se présentaient souvent par paquets. On les a parfois identifiés comme des débris d'aluminium déchargés par les avions de l'armée de l'air qui les utilisent comme mesures défensives contre les radars. Mais il est tout de même curieux qu'on en ait découvert près des sites d'atterrissage des ovnis (et dans un cas précis, dans la bouche d'une vache dont on pense qu'elle a été mutilée par des extraterrestres). L'enquêteur Don Worley m'en a envoyé des échantillons prélevés sur un site d'atterrissage qu'il a inspecté dans l'Indiana. Je m'arrangeai pour en faire analyser un échantillon au Laboratoire national d'Oak Ridge, dans le Tennessee. Malheureusement, il fut perdu. J'en envoyai donc deux supplémentaires dans un laboratoire privé, en Angleterre cette fois-ci. D'après le docteur Anthony Fish, ces échantillons étaient composés d'aluminium avec des traces de fer et de silicone, semblables en cela à 99,5 % des feuilles d'aluminium que l'on utilise pour cuire les aliments, et dont les impuretés sont également composées de silicone et de fer. « Mary Merryweather n'a jamais cherché à faire parler d'elle et de ses observations hors du commun, commente Ted Bloecher. Au contraire, elle s'est refusée à toute publicité et n'a discuté de cet incident qu'avec une douzaine de personnes, choisies parmi des membres de sa famille ou des amis proches[1,2,3]. »

UNE FAILLE DANS L'ESPACE-TEMPS A MADAGASCAR

Le témoin du cas suivant, un certain M. Wolf, est né en Allemagne, mais a pris la nationalité française après avoir servi dans la Légion étrangère. La surprenante histoire qui va suivre nous est contée par H. Julien, reporter au journal français *Lumières dans la nuit*.

> *C'était en mai 1967,* commence Wolf. *J'étais à Madagascar où je servais dans la Légion étrangère. Nous revenions d'un exercice de reconnaissance dans la brousse et nous étions en contact radio permanent avec le QG. Toutes les heures, nous devions leur signaler notre position. Arrivés dans une clairière d'une centaine de mètres de diamètre, on a décidé de prendre la pause déjeuner et on a sorti nos rations. Il faisait très beau.*
>
> *Soudain, nous avons vu arriver par les airs une machine d'une couleur indéfinissable. Je suis moi-même daltonien, mais je peux vous assurer que cet objet brillait comme un sou neuf et projetait une luminosité incroyable autour de lui. Il s'est posé comme une feuille qui tombe, et on aurait juré qu'il avait un problème mécanique. Quand il a touché le sol, on a ressenti un choc violent. Puis, on a entendu un sifflement perçant. Le vaisseau était là, devant nous, tous feux éteints.*
>
> *Ce qui a suivi est à peine croyable. Nous étions vingt-trois légionnaires, avec un officier supérieur et quatre sergents. Et nous étions tous paralysés. Nous avons bien vu l'appareil atterrir et redécoller, mais nous avions perdu toute notion du temps. Laissez-moi vous expliquer : quand l'appareil a disparu, nous avons aussitôt retrouvé l'usage de la parole et notre liberté de mouvement. Nous étions tous exactement dans la même position et au même endroit que quand il avait atterri. Mais en regardant nos montres, on a compris qu'il était 3 h 15. Deux heures quarante-cinq s'étaient écoulées sans qu'on s'en rende compte. On avait*

manqué trois rendez-vous radio avec le QG. Et notre officier, qui sur le coup n'a pas pu trouver d'explication valable, s'est fait sonner les cloches.

L'APPAREIL

L'appareil était lisse comme un œuf. Aucune ouverture apparente. Aucune antenne. Cet objet de forme ovoïde était deux fois plus haut que large. Je n'ai pas idée de sa dimension exacte, vu la végétation qui couvrait la clairière. Mais quand il s'est envolé, il faisait bien 7 ou 8 mètres de haut, si on s'en réfère aux arbres. A la base, il comportait plusieurs orifices que l'on distinguait parfaitement bien d'où nous étions situés. Quand il a décollé, il en est sorti des flammes... Comme celles d'un fer à souder qu'on utilise pour couper du métal. De chaque orifice jaillissaient des flammes courtes et épaisses.

Il était également doté de pieds. Je ne les ai pas vus, à cause de la végétation, mais on a relevé sur le sol trois marques formant un triangle. Au milieu du triangle, un cratère de 3 mètres de profondeur s'était creusé, qui allait en s'élargissant. Tout au fond du cratère, il y avait des cristaux de toutes les couleurs, comme des morceaux de verre brisé. Le fond du cratère en était tapissé et cela formait comme un anneau vitrifié.

Quand le vaisseau s'est envolé, il s'est élevé lentement au-dessus des arbres, puis il a disparu à une vitesse fantastique, comme s'il était aspiré dans le ciel, en laissant une traînée derrière lui.

ILS JURENT LE SECRET

Le quartier général nous ordonna de ne pas nous approcher du terrain d'atterrissage et de ne pas discuter de ces événements entre nous. Des spécialistes sont venus en avion de Paris pour nous interroger. On nous a fait jurer de ne révéler à personne la scène dont nous avions été témoins. Des médecins nous ont fait subir des exa-

mens, car deux jours après cet événement, nous s… frions tous de violents maux de tête, le sang nous ba… aux tempes et nous entendions un sifflement persista… On ne nous a jamais communiqué les résultats de ces examens[4].

Le plus frappant dans toute cette histoire, c'est ce laps de temps qui s'est écoulé sans qu'aucun des légionnaires n'en ait eu conscience, un effet secondaire très courant dans les récits d'abductés. Ces hommes ont-il été emmenés dans le vaisseau ? Y a-t-il eu interaction entre ces extraterrestres et les légionnaires ? On ne le saura sans doute jamais.

Quoi qu'il en soit et en dépit de ces questions sans réponses, ce dossier est intéressant à plus d'un titre, puisqu'il apporte de l'eau au moulin des théories de la propulsion des ovnis telles qu'elles sont exposées par Leonard Cramp, ingénieur anglais en aéronautique, dans son remarquable ouvrage, *Piece for a Jig-Saw* (*Une pièce du puzzle*)[5].

UN POLICIER ABDUCTÉ

Un des cas les plus fascinants et les plus convaincants de rapports de contact avec des visiteurs d'un autre monde, est celui d'un policier du Nebraska, Herbert Schirmer, qui tomba sur un vaisseau spatial et son équipage à Ashland, au petit matin du 3 décembre 1967. Schirmer se rappelle avoir vu une « soucoupe volante » au bord de l'autoroute à 2 h 30, ce qu'il consigna dans le registre de la police. Six mois plus tard, il fournira davantage de détails au cours d'une séance d'hypnotisme menée par un professionnel, Loring Williams.

Quand Schirmer sortit de sa voiture de patrouille pour voir ce qui se passait, des êtres humanoïdes s'approchèrent de lui et le paralysèrent temporairement avec un gaz inodore de couleur verdâtre. Ensuite, ils l'emmenèrent à bord du vaisseau qui reposait sur un trépied d'atterrissage.

Une petite passerelle extérieure entourait le dôme du vaisseau. Il se retrouva dans une pièce d'environ 8 mètres sur 6, haute de 2 mètres, avec des hublots, des écrans ressemblant à des écrans d'ordinateur, et deux sièges à dossier triangulaire. Les quatre membres d'équipage mesuraient environ 1,50 mètre et étaient vêtus d'uniformes gris argent très ajustés, qui couvraient également le cou et la nuque. Une courte antenne sortait au niveau de leur tête, ils avaient des ceintures avec un étui contenant un « revolver à gaz », des gants et des bottes. Sur leur poitrine, ils arboraient un emblème qui ressemblait à un serpent ailé (voir le caducée dont parle Dan Fry, page 71).

> *La peau de leur visage était d'un blanc grisâtre, une couleur un peu terreuse,* dit Schirmer au journaliste Warren Smith. *Ils avaient des sourcils fins étirés vers les tempes, des yeux de type oriental. Enfin, pas vraiment orientaux,* précisa-t-il. *Ils ressemblaient plus à des yeux de chat. Le nez était plus long, plat et proéminent que celui des humains. Leur bouche se réduisait à une fente. Leurs lèvres étaient à peine marquées*[6].

L'un d'eux, qui semblait être le commandant de l'équipe, dit à Schirmer qu'ils pompaient de l'électricité sur une ligne à haute tension voisine, une opération qu'il observa par un hublot. Plus tard, l'électricité prélevée fut remplacée.

> *Quand ils atterrissent, un champ magnétique invisible leur servant de mécanisme de défense entoure le vaisseau,* dit Schirmer sous hypnose. *Ils ont aussi une technique que je ne comprends pas et qui leur permet de tirer de l'énergie de l'eau. Voilà pourquoi nous les rencontrons souvent à proximité des rivières, des lacs et des larges étendues d'eau*[7].

Le vaisseau, d'environ 30 mètres de diamètre, était propulsé par de « l'énergie électromagnétique réversible », autorisant un vol libéré de l'inertie et de la gravité. Un rotor de « cristal » au centre du vaisseau était relié à deux grandes colonnes. « Il dit "qu'il s'agit de réacteurs", se rappelle Schirmer sous hypnose. L'énergie électrique et magnétique réversible leur permet de contrôler la matière et de faire fi des lois de la gravitation. »

Selon lui, le vaisseau était composé de magnésium pur. On montra à Schirmer un petit appareil en forme de soucoupe, qui pouvait être lancé du plus grand vaisseau. George Adamski a également décrit un appareil de cette sorte, capable de transmettre des données audiovisuelles en temps réel.

« Ils envoient la petite soucoupe en reconnaissance afin de s'assurer qu'ils peuvent suivre avec le grand vaisseau, expliqua Schirmer à Smith. Les images de la soucoupe miniature sont ensuite retransmises sur un écran à l'intérieur du vaisseau. »

Ainsi, les visiteurs viendraient d'une galaxie voisine, mais auraient des bases dans notre système solaire, y compris sur la Terre.

> *Je ne suis pas certain qu'ils viennent de l'endroit qu'ils m'ont indiqué,* précisa Schirmer. *Ils cherchent peut-être à nous rassurer. Le commandant de l'équipage m'a révélé que pour se protéger, ils nous induisaient délibérément en erreur. Les personnes avec lesquelles ils prenaient des contacts étaient volontairement choisies au hasard, afin de plonger les gouvernements et les ufologues dans la perplexité... J'ai été très impressionné par leurs systèmes de sécurité « sans rime ni raison ».*

Au bout de vingt minutes, Schirmer est raccompagné hors du vaisseau, et il se souvient de les avoir regardés décoller.

> *Une lueur orange apparut à la base du vaisseau, accompagnée par un sifflement aigu, le trépied se rétracta et l'appareil disparut comme une fusée dans le ciel. Ce matin-là, j'ai souffert d'un sévère mal de tête. J'avais des bourdonnements d'oreille. Dès que j'étais sur le point de m'endormir, le bourdonnement s'intensifiait. J'avais aussi une marque rouge qui courait le long du cou, juste derrière mon oreille gauche.*

Les violents maux de tête de Schirmer persistèrent longtemps après la rencontre. Le dossier Schirmer fut étudié par un groupe de recherche sur les ovnis de l'université du Colorado. Schirmer y fut envoyé pour y subir des tests psychologiques, dont des séances d'hypnotisme, auxquelles assista le docteur Edward Condon lui-même, qui dirigeait le groupe de recherche. Des membres de l'équipe apprirent à Schirmer que son expérience ferait l'objet d'un rapport circonstancié.

> *Ils m'ont dit que l'armée de l'air et d'autres agences du gouvernement analysaient leurs rapports de très près avant publication. Le Comité Condon aurait été désigné pour étouffer l'affaire, afin de soulager l'armée de l'air de toutes ces enquêtes sur des ovnis qui ne cessaient de s'accumuler en 1966. Certains de ces types avaient le sentiment que la CIA était dans le coup. Un des membres de l'équipe avait beaucoup travaillé sur ces enquêtes. On l'a arrêté pour trafic de drogue. Des policiers sont rentrés chez lui et se sont dirigés droit sur une planque de marijuana. Je connais le travail de la police. Il faut être bien renseigné pour trouver aussi rapidement une marchandise de ce genre. Je ne suis pas le seul à penser que ce type a été piégé parce qu'il avait découvert des éléments gênants au cours de son travail d'enquête*[8].

DES INTRUS A CHEVEUX LONGS

Début janvier 1968, une visite d'humanoïdes est signalée dans une fazenda au Brésil, à Lagõa Negra, près de Lagõa de los Patos, dans l'État brésilien de Rio Grande do Sul. Il y a cinq témoins : le propriétaire de la fazenda, sa femme, son fils, sa fille et le contremaître.

L'incident a lieu entre 20 et 22 heures, par une nuit étoilée. Tout d'abord, les témoins observent un objet en forme de disque, d'environ 10 mètres de diamètre et 3 mètres de haut, flottant à 2 mètres au-dessus du sol, près d'un bouquet d'eucalyptus, situé à moins de 400 mètres de la maison. Le vaisseau, qui présente une coupole sur sa partie supérieure et une sorte de protubérance sur la partie inférieure, a des reflets métalliques et émet une violente lumière, de couleur rouge qui pénètre par les fenêtres et les jointures des portes, et brûle les yeux des témoins.

Les deux premières silhouettes à apparaître près du disque mesurent environ 2 mètres, elles sont vêtues de vêtements blancs très serrés avec une large bande blanche à la taille et un col montant de couleur sombre. Les visages des êtres sont pâles et aplatis, avec des cheveux qui leur tombent sur les épaules. Ils ont de grands pieds nus, de grandes mains et une façon assez efféminée de se déplacer sans plier les genoux.

Ensuite, d'autres êtres apparaissent. Ils ne mesurent pas plus de 1,40 mètre, portent des vêtements marron foncé avec une bande autour de la taille, des cheveux aussi longs que les premiers, et sont chaussés de petites bottes. Ils se déplacent rapidement, mais sans s'éloigner du disque. A un moment donné, les deux plus grands se dirigent vers une rigole d'écoulement qui longe une clôture en fil de fer barbelé. Ils la suivent, se retrouvent à mi-chemin entre la grille donnant accès au jardin de la maison et le disque, hésitent, reviennent sur leurs pas. Puis ils s'éloignent une deuxième fois du disque et se rendent à la grille par un chemin différent, s'arrêtent devant un petit pont en bois qui enjambe le fossé, et retournent au disque. Ensuite, une autre équipe reprend le premier itinéraire. Cette fois-ci, ils traversent le pont, ouvrent la grille, la referment derrière eux et se dirigent vers la maison.

Entre-temps, le propriétaire de la fazenda et son contremaître ont quitté la maison et observent la scène, embusqués dans les hautes herbes sous des palmiers, une position qui leur permet d'observer le disque et ses occupants sans être vus. La femme et les enfants restent à l'intérieur. Effrayé par la lumière rouge qui baigne la maison, le fils s'est couché dans son lit et a rabattu les

Fig. 17. Les visiteurs chevelus qui atterrirent devant cinq témoins dans une fazenda près de Lagõa dos Patos, dans l'État brésilien de Rio Grande do Sul, en janvier 1968 *(Terence Collins/FSR Publications).*

couvertures sur sa tête. Les cinq chiens de la maison, qui sont normalement féroces avec les étrangers, ne bronchent pas, même quand les visiteurs s'approchent de la maison. Le contremaître, qui est armé, veut affronter les intrus, mais le propriétaire lui ordonne de rester tranquille.

> *Quand les êtres parvinrent à 60 mètres de la maison,* rapporte l'enquêteur Jader Pereira, *la fille distingua nettement leur visage, parce que l'environnement était brillamment éclairé par la lumière du disque. Et elle s'est écriée : «Maman, regarde, on dirait des saints du Paradis !»*

Cette exclamation effraie sa mère, qui se précipite dehors pour demander à son mari de rentrer immédiatement. En la voyant agir ainsi, les deux êtres s'arrêtent. Ils hésitent, s'avancent et s'arrêtent à plusieurs reprises, puis retournent au disque en empruntant le même itinéraire que celui qui les a amenés. Ils réintègrent tous les cinq leur vaisseau, qui s'élève dans un léger mouvement rotatif. L'incident a duré à peine vingt minutes.

Le jour suivant, les témoins découvrirent des empreintes de pieds nus avec de très longs orteils, et des talons de forme angulaire. D'autres présentaient un talon de forme arrondie et portant une étoile à cinq branches à l'avant de la plante du pied ou de la semelle. Malheureusement, aucun moule en plâtre ne fut coulé à partir de ces empreintes[9].

Les humanoïdes décrits dans ce dossier sont à rapprocher des descriptions précédentes de visiteurs, comme le fameux Orthon de George Adamski, avec ses cheveux longs et son vêtement brun foncé. D'après les enquêteurs, la famille qui a connu cette aventure est tenue en haute estime par la municipalité de Viamao et est respectée dans toute la région. Jusqu'alors, ils ne s'étaient jamais intéressés aux soucoupes volantes[10].

14

DRÔLES DE RENCONTRES

Carroll Wayne Watts, un planteur de coton de Loco, près de Wellington, au Texas, vit son premier « vaisseau de l'espace » le matin du 8 février 1967. Ce fut le prélude à l'une des rencontres les plus étonnantes qui aient jamais été rapportées, suivie d'une nouvelle expérience hors du commun six semaines plus tard. L'événement fut couvert par toute la presse, avec des conséquences désagréables pour Watts et sa famille. Le côté comique de la rencontre et la « confession » de Watts, reconnaissant qu'il s'agissait d'une escroquerie, fait qu'elle est rarement citée dans la littérature spécialisée. Voici l'histoire, fondée sur un rapport inédit qu'il a rédigé avec sa femme, Rosemary.

Vers 11 heures du matin, Watts voit ce qu'il prend tout d'abord pour un appareil se déplaçant à grande vitesse, direction nord-ouest/sud-est, à une altitude d'environ 450 mètres. « J'ai d'abord cru que c'était un avion, quand j'ai remarqué qu'il n'avait pas d'ailes et ne laissait aucun sillage derrière lui, dit Watts. A cette hauteur, il ressemblait à un long cigare. »

Fort intrigué par cette apparition, Watts laisse rapidement la vie reprendre son cours normal. Et plus d'un mois plus tard, le 21 mars, vers 15 heures, alors qu'il calcule la production de coton de l'un de ses champs, il remarque un nouvel objet aérien. Cette fois, il est beaucoup plus proche.

Il volait à une altitude d'environ 70 mètres, et se déplaçait à une vitesse d'environ 80 km/h. Quand il passa à environ 200 mètres de moi, je vis une ouverture vitrée sur le devant avec un hublot oblong de chaque côté. Le vaisseau ressemblait à un cylindre d'environ 30 mètres de long sur 3 mètres de haut. Il était d'un gris mat et ne reflétait pas le soleil. Il parcourut un peu plus de 1 kilomètre en direction du nord-ouest, prit la direction nord-est en accomplissant un virage à 70 degrés et disparut en trente secondes, sans laisser de trace, dans un silence complet.

UNE RENCONTRE RAPPROCHÉE

Le soir du 31 mars, la femme de Watts se rend avec ses enfants à une réunion de sa congrégation religieuse. Vers 22 h 30, alors qu'il revient d'une visite chez ses parents, Watts remarque une lumière dans un champ, près d'une vieille grange située dans ses terres.

Comme elle abritait des outils et des machines, j'ai pensé que je ferais mieux d'aller y jeter un coup d'œil, raconte-t-il. *Au premier abord, la lumière ressemblait à celle d'un phare de voiture. En m'approchant, je remarquai qu'elle était beaucoup plus brillante.*

Je m'arrêtai à environ 60 mètres du véhicule et réalisai qu'il ne s'agissait pas du tout d'une automobile. Il mesurait environ 30 mètres de long sur 3 mètres de haut et de large. Sa forme était celle d'une balle de P38, longue et arrondie à une extrémité. A l'avant, le fuselage incliné vers l'avant convergeait vers les lumières. Entre le gris mat et l'aluminium, il ne reflétait pas la lumière.

Watts s'arrête à environ 15 mètres du vaisseau et sort de sa camionnette pour aller voir de plus près. Il s'approche vers l'arrière. Il remarque une strie très fine à 1 mètre de l'extrémité, et se demande si cela n'indique pas une ouverture[1]. Dans une interview accordée à Tony Kimery, Watts s'exprimera dans ces termes :

Je pensais qu'il s'agissait d'un avion expérimental contraint à un atterrissage forcé. Je me demandai s'il n'y avait pas des hommes d'équipage blessés à bord, et j'essayai de m'en assurer, ce qui posait un problème vu qu'il n'y avait ni portes, ni ouvertures. J'arrachai un pieu à une vieille clôture et tapai à coups redoublés sur la machine[2].

Soudain, une porte qu'il n'a pas remarquée s'ouvre devant ses yeux ébahis.

Je vis une porte se rabattre vers le sol, découvrant des marches[3].

A l'intérieur, pas d'équipage, juste des machines et toutes sortes d'instruments de mesure, des cadrans éclairés par une étrange lumière bleutée. Puis, j'entendis un bruit, comme celui d'un disque qui se met en marche, et une voix, semble-t-il enregistrée, s'adressa directement à moi. Elle connaissait mon nom, tous les événements de ma vie et me demanda si j'acceptais de subir un examen médical[4]. *Je leur demandai à quoi leur servirait cet examen, et on me répondit qu'un être humain devait passer un examen médical complet pour savoir s'il pourrait supporter l'épreuve d'un vol spatial. Ils m'enjoignirent de me poster devant la machine qui allait pratiquement du sol au plafond. Puis, la voix m'expliqua que les visiteurs possédaient un appareil qui, à 300 mètres d'une maison, pouvait dénombrer le nombre de ses habitants et déterminer leur âge.*

Ensuite, la voix insista pour que j'entre dans la machine afin de commencer l'examen. Je refusai. J'eus quand même le temps d'apercevoir des cartes et des indicateurs qui affichaient des données que je ne pouvais lire.

D'une teinte gris clair, les cartes faisaient environ 1 m^2 *et étaient suspendues à 30 centimètres du sol. Elles faisaient penser à des cartes d'état-major. Elles comportaient sept ou huit lignes qui couraient en diagonale et auraient pu figurer des rivières, ainsi que des marques en forme de lune qui auraient pu représenter des montagnes. La longitude et la latitude y étaient signalées.*

Après qu'on m'eut demandé pour la troisième fois de subir cet examen, l'inquiétude me gagna et je décidai qu'il valait mieux que je m'en aille. Après mon départ, l'appareil s'éleva à environ 1 mètre et se dirigea vers le sud en direction d'un pré. Il manœuvrait en silence, sauf quand la porte s'ouvrait. Au repos, il ne touchait jamais le sol. Quand il décolla, ses lumières phosphorescentes passèrent de l'ambre au rouge rosé. Il s'éclairait grâce à un phare large d'environ 5 centimètres[5].

Sans prendre le temps de faire demi-tour avec sa camionnette, Watts prend ses jambes à son cou pour rejoindre son domicile, qui se situe à un peu moins de 1 kilomètre. En entendant son mari lui raconter de façon assez incohérente ce qui venait de lui arriver, Rosemary Watts appelle le commissariat de Wellington, distant de 17 kilomètres, au nord-est de la ferme. Le commissaire Donald Nunnelly, un parent de Watts, arrive en compagnie du shérif du comté de Collingsworth, John Rainey. Ils se rendent avec Watts sur la scène du drame. Ils ne remarquent rien de particulier, si ce n'est la camionnette de Watts, immobilisée dans la boue.

Le shérif Rainey informe l'armée de l'air pendant qu'un lieutenant interroge Watts. Le lieutenant ne parvient pas à le rassurer, et dans l'éventualité où un incident du même genre se reproduirait, il est bien en peine de lui donner des conseils[6].

A BORD

Le 11 avril 1967, vers 20 h 30, Watts voit une lumière semblable à celle qu'il avait aperçue le 31 mars et située à peu près au même endroit. Une heure plus tard, il quitte sa maison pour partir à la recherche du « vaisseau de l'espace ». « Comme je ne pouvais obtenir aucune information de l'armée de l'air, je voulais mener tout seul mon enquête », expliqua-t-il.

Après avoir arpenté le terrain dans un rayon de 5 kilomètres autour du point où il croit avoir aperçu la lumière, il tourne dans un chemin pour faire demi-tour.

Alors qu'il commence à reculer, Watts remarque que la zone autour de lui devient moins sombre. Il y prête peu d'attention, car cette nuit-là est assez claire. Puis, la lumière s'intensifie tandis que le moteur de sa camionnette se met à vibrer, avant de s'arrêter tout à fait après deux ou trois soubresauts. Il essaye sans succès de redémarrer : «Je regarde dans mon rétroviseur et vois qu'il reflète une lumière. Je descends et me dirige vers l'arrière du véhicule.»

C'est alors qu'il tombe sur un objet différent de ceux qu'il a déjà rencontrés.

> *A environ 3 mètres de la camionnette, il y avait un objet de forme ovoïde. La partie inférieure n'était pas aussi ronde que la partie supérieure. Il mesurait 9 mètres de large sur 4,5 de haut* (il arrive que ces vaisseaux plus petits ne dépassent pas 4,5 mètres de large). *Ils ont deux antennes rigides, de 1 mètre de long, orientées vers le bas. Quand ils ont atterri pour m'enlever, ces antennes s'arrêtaient à environ 15 centimètres du sol, ce qui fait que le vaisseau flottait à 1,20 mètre au-dessus du pré.*
>
> *Je comptai trois points lumineux : un à chaque extrémité et un au centre près du sommet. Ces lumières passaient du rouge au jaune, puis au vert, mais à chaque changement, une seule était rouge, jaune ou verte et les couleurs alternaient sans discontinuer.*
>
> *Ce petit vaisseau avait une bulle transparente au sommet, d'environ 1 mètre de haut et de 1,20 mètre de diamètre. Un panneau bascula vers l'avant et des marches apparurent. Deux hommes se tenaient sur les marches et deux autres en retrait. Un des hommes déclara : «Nous allons procéder à votre examen médical.»*
>
> *J'hésitai une minute et leur demandai s'ils étaient certains de ne me faire aucun mal. Ils répondirent par l'affirmative. Je leur demandai alors s'ils me ramèneraient au même endroit et ils m'assurèrent que oui. Comme je n'avais d'autre choix que de partir en courant à travers champ ou de les suivre, je décidai de leur obéir.*
>
> *Je dus me baisser un peu pour entrer dans le vaisseau. Je mesure 1,80 mètre, et la porte faisait 1,70 mètre sur 75 centimètres de large. La cabine dans laquelle je me retrouvais, de 3,50 mètres sur 3, était percée d'une porte*

sans poignée à chaque extrémité. On ne m'invita pas à visiter les autres cabines. Le sol était plat.

Quand j'entrai, les deux hommes me firent signe de m'asseoir dans un fauteuil à bascule fixé au centre. Il y avait quatre autres sièges en face de moi, tout à fait comme des sièges de voiture. Les quatre hommes y prirent place et ils se renversèrent. Leur tête était maintenant à 30 centimètres de la cloison[7].

Puis, la porte se referma avec le bruit d'une portière de voiture[8].

LE DÉCOLLAGE

Une fois tout le monde assis, l'un des hommes appuie sur un bouton qui s'éclaire sur un petit tableau de bord[9]. La lumière baisse, ils sont plongés dans une quasi-obscurité et Watts ressent une légère secousse[10]. Immédiatement après le décollage, il entend un sifflement aigu dont il estimera la durée à une minute et demie.

Quelques secondes plus tard, le vaisseau se mit en marche, et comme je ne m'étais pas assis sur le siège que l'on m'avait indiqué, je fus projeté contre une cloison. Un des hommes pressa un nouveau bouton et le vaisseau ralentit. Puis, ils se levèrent, m'aidèrent à m'installer sur le siège et m'attachèrent avec des ceintures qui me sanglaient au niveau de la poitrine et des cuisses[11].

Le siège d'aspect métallique se révèle très flexible et confortable, s'adaptant au corps de Watts[12].

Au bout de cinq minutes, il commença à faire très froid, ce qui ne semblait pas les affecter. L'un d'eux pressa un autre bouton et quelques minutes plus tard, la température remonta. Il me fallut dix bonnes minutes avant de m'arrêter de grelotter.

Vingt minutes s'écoulèrent entre le décollage et le ralentissement du vaisseau. J'entendis quatre « clics » métalliques, le mur en face de moi glissa sur lui-même et un tunnel voûté apparut, de 1,50 mètre de haut environ.

Aux premiers déclics, les hommes détachèrent leurs ceintures et se levèrent. Celui qui était le plus proche de moi me dit « Allons-y », et il me précéda dans ce passage d'environ 2,50 mètres de long qui conduisait à un autre vaisseau spatial.

DES ARMES ?

Nous émergeâmes dans une pièce. Sur la gauche, il y avait des sortes d'étagères ou de systèmes de rangement qui allaient du sol au plafond. Sur quatre de ces « étagères » étaient exposées une quarantaine d'« armes », qui ressemblaient à des fusils. Mais ils ne mesuraient pas plus de 1 mètre et la crosse 30 centimètres. Je ne distinguai ni chargeur ni gâchette, mais un endroit pour placer la main sur la crosse. Au lieu du chargeur, je vis trois disques ovales de 12 centimètres de circonférence sur 1 centimètre d'épaisseur, espacés de 1 centimètre. Ensuite venait le canon, de 8 centimètres de circonférence. Sur le mur en face de ces armes se tenait un casier dont toutes les cases étaient remplies de disques.

L'EXAMEN

Nous avons tourné à droite et sommes passés par une ouverture qui ne ressemblait pas à une porte. L'homme qui me précédait s'effaça pour me laisser entrer et resta à l'extérieur de la pièce. Deux hommes vinrent à ma rencontre et m'expliquèrent qu'ils faisaient une enquête et me seraient reconnaissants si j'acceptais de me soumettre à des tests. Cette pièce ressemblait à celle que j'avais aperçue le 31 mars, à l'intérieur du vaisseau plus grand.

Je perçus une forte odeur de soufre. Les yeux me brûlaient, ainsi que les poumons. Un gaz s'échappait d'une fente dans le sol. J'avais déjà senti une vague odeur de ce genre dans le petit vaisseau.

Je m'avançai au centre de la pièce où la machine était installée, afin de me déshabiller et me soumettre aux examens. Cette machine mesurait 1,90 mètre de haut sur

1 mètre de large. On me plaça devant la machine, ils tirèrent sur une poignée située à hauteur de ma poitrine et la machine s'éclaira de chaque côté. Les lumières étaient composées de bandes faites d'un matériau translucide et séparées de quelques millimètres. On manipulait un bouton de contrôle sur la gauche à hauteur de ma taille et les deux lumières se rejoignirent.

Des indicateurs et des cadrans que je ne pouvais déchiffrer étaient encastrés dans le plafond. Je voyais l'aiguille indiquer des repères inconnus. Tandis qu'ils réglaient la machine, des aiguilles hypodermiques apparurent et vinrent se poser sur ma peau sans y pénétrer. Je restai immobile devant la machine pendant cinq bonnes minutes, puis, sur leurs indications, je me retournai et ils rapprochèrent les lumières jusqu'à ce qu'elles n'en fassent plus qu'une.

Pendant tout ce temps, la machine transférait des informations à une autre, d'où sortait un rouleau de papier de 50 centimètres de large. Un des deux hommes qui semblait diriger l'opération faisait des allers et retours entre les deux appareils, qu'ils éteignirent cinq minutes plus tard, avant d'étudier le document. Je leur demandai ce qu'ils en pensaient. Le chef me dit simplement : « Vous pesez quatre kilos de trop. »

UNE TENTATIVE DE VÉRIFICATION

On ordonne à Watts de se rhabiller. Les deux êtres se rendent dans une autre pièce où se tiennent leurs quatre camarades et ils s'absorbent dans l'analyse du document. Watts regarde autour de lui et sur la droite, il remarque un siège et un bureau où s'empilent des cartes de 1 m^2 de surface et de 6 centimètres d'épaisseur. Une carte a été sélectionnée et repose contre un mur. « Sur un coin du bureau, raconte Watts, il y avait des feuilles de papier, des crayons et aussi un presse-papiers. »

Comme le fameux abducté brésilien Antonio Villas Boas qui, dix ans auparavant, avait essayé de subtiliser un instrument ressemblant à un réveil, ceci afin d'apporter une preuve à son récit, Watts se sent obligé de confisquer le presse-papiers.

> *Carré, épais de 3 centimètres, il mesurait 8 centimètres sur 5. On aurait dit du métal, mais il était plus léger. Je m'emparai de l'objet et le glissai dans ma poche, sous mon portefeuille. Quelques secondes plus tard, un des hommes me rejoignit et sans un mot, sortit le presse-papiers de ma poche. Je l'attrapai par le bras et il me frappa à la tête. Je perdis connaissance.*

LE RETOUR

En revenant à lui, Watts se retrouve attaché à un siège du petit vaisseau qui s'est remis en marche. Il demande à l'humanoïde le plus proche de lui à quoi va leur servir l'examen médical. «Nous menons une enquête», répond-il d'un ton sans réplique. Quand Watts lui demande dans quel but, il explique qu'ils doivent établir un relevé de toute la Terre et répertorier ses habitants, car les Terriens vont bientôt atteindre la Lune et construire des bases de plus en plus sophistiquées afin de poursuivre leur conquête de l'espace. A ce stade d'évolution des Terriens, les êtres seraient obligés d'intervenir.

> *Ils m'ont dit que sur leur planète, les guerres n'existaient pas et qu'ils mettaient toute leur énergie dans la recherche scientifique. Je lui ai demandé s'ils étaient plus intelligents que nous et il m'a répondu: «Sans aucun doute. Sans compter que j'ai 162 ans et que j'ai déjà vécu trois fois plus longtemps que vous.»*
>
> *Il m'affirma qu'ils venaient de la planète que nous appelons Mars. Puis, alors que le vaisseau se mit à ralentir, ils détachèrent mes sangles; la porte s'ouvrit devant moi et ils me dirent, avant de me libérer, qu'ils me recontacteraient en cas de besoin.*
>
> *Ils m'avaient ramené à l'endroit exact où je m'étais embarqué, près de ma camionnette. Une heure et quart s'était écoulée depuis mon enlèvement*[13].

Pendant ce temps-là, à la ferme, Rosemary se demande où est passé son mari. Elle a aperçu la lumière du vaisseau au loin, et téléphoné au service de police de Wellington. Donald Nunnelly et John Rainey partent à la recherche de Watts, lequel finit par réapparaître à la ferme, trop perturbé pour donner des détails sur l'expérience qu'il vient de vivre. Nunnelly remarque que le visage de Watts est agité de tics et qu'il se masse constamment la nuque[14].

LES ÊTRES

Dans le rapport de Watts, les entités sont décrites avec force détails :

> *Les quatre hommes dans le petit vaisseau étaient vêtus de combinaisons blanches. Leurs chaussures semblaient cousues dans un cuir très souple, comme des mocassins montants, avec des semelles totalement silencieuses, alors que j'entendais chacun de mes pas* [un détail rapporté par plusieurs abductés].
>
> *Les deux hommes qui m'ont fait passer l'examen étaient vêtus d'un costume blanc deux pièces. Le rabat de leur longue veste m'empêchait d'en voir le système de fermeture. De chaque côté du rabat, il y avait des poches, juste en dessous de la taille. Celui qui semblait diriger les opérations portait un insigne sur le col de sa veste.*
>
> *Ces hommes mesuraient environ 1,20 mètre. Leur taille variait de cinq à six centimètres tout au plus, et ils devaient peser entre 55 et 65 kilos. Ils étaient un peu plus larges que nous de poitrine. Leur couleur de peau allait du blanc au gris léger. Ils n'avaient ni cheveux, ni sourcils.*
>
> *Leur visage était différent du nôtre, l'oreille marquée par une fente de 1 centimètre. Leurs yeux s'étiraient jusqu'à la racine des cheveux. Au point le plus large, leurs prunelles ne mesuraient pas plus de 1 centimètre. Leur vision était à la fois frontale et latérale, la pupille de leurs yeux oblongue, et de 2 ou 3 centimètres de long avec 2 centimètres de blanc de chaque côté. Trois des hommes avaient des yeux bruns, un avait les yeux vairons (un vert, un bleu) et le dernier, qui semblait responsable du*

Photogramme extrait d'un film 8 mm pris par George Adamski, en présence de Madeleine Rodeffer et de quelques autres personnes, dans sa maison de Silver Spring, dans le Maryland, le 26 février 1965. Un spécialiste a évalué que l'engin devait mesurer environ 9 mètres de diamètre. *(© Madeleine Rodeffer)*

Le cratère lunaire Schmidt, situé non loin de la mer de la Tranquillité, photographié en mai 1969 par les astronautes d'Apollo X depuis leur module lunaire, sous le commandement de Thomas P. Stafford, à l'aide d'un Hasselblad 500EL/70 mm muni d'un téléobjectif Zeiss Sonnar 250 mm. *(NASA)*

La vallée du Derbyshire où " Joëlle " a assisté à l'atterrissage d'un ovni. *(© Timothy Good)*

Croquis du vaisseau, vu par " Joëlle ". On notera les ressemblances avec les ovnis photographiés par Villa. Ici, les hublots sont ovales, alors qu'ils ont été décrits comme ronds.

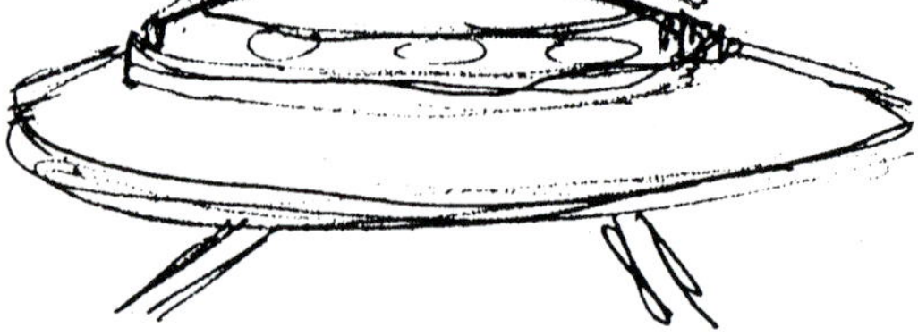

Apolinar (Paul) Villa, le contacté discret, auteur d'une remarquable série de photos en couleur de plusieurs types de vaisseaux, dans les années 60, photographié ici au cours d'un entretien avec l'auteur, en 1976. *(© Timothy Good)*

L'appareil à soufflet Apus à lentille Rokuoh-sha f4.5 75 mm avec lequel Paul Villa a pris toutes ses photos en Kodacolor 120. *(© Timothy Good)*

Sélection de photos prises par Paul Villa, entre 1963 et 1966.

(© UFO International)

Les photos 1 à 6 ont été prises le 16 juin 1963 près de Peralta, à un peu moins de 25 km d'Albuquerque, au Nouveau-Mexique.

1. Un engin survolant le camion de Villa.
2. Selon Villa, l'engin pivotait sur le flanc ; seule la partie inférieure tournait.

3. Aucune branche n'étant visible devant l'engin, certains ont supposé qu'il s'agissait d'un modèle réduit suspendu à un arbre. Villa, au contraire, maintient que les arbres étaient parcourus de vibrations intenses.

4. On peut également penser qu'il s'agit ici d'un modèle réduit, mais certains indices montrent que l'engin est situé loin de l'objectif.

5. L'engin est ici supposé se trouver à environ 400 mètres de l'objectif. Le flou du premier plan indiquerait qu'il ne s'agit pas d'un montage.

6. L'une des plus célèbres photos prises par Villa en 1963 - et sans doute la meilleure. L'engin se trouve à quelques centaines de mètres. Le dôme supérieur pouvait tourner mais restait immobile en vol, alors que la partie inférieure tournait à différentes vitesses.

7, 8. Sur la photo ci-dessus, les branches de l'arbre de droite tremblent violemment. Ces deux photos, ainsi que la suivante, ont été prises le 18 avril 1965, à quelque 30 km au sud d'Albuquerque, près du Rio Grande.

9. Au centre de cette photo, à gauche et au-dessus de l'arrière du camion, on distingue un petit nuage de fumée. Selon Villa, les extraterrestres, pour manifester leurs pouvoirs, frappèrent le sol d'un rayon de lumière qui eut pour effet d'enflammer des buissons. Un examen attentif de la pellicule permet de voir que l'engin se trouve à bonne distance de l'objectif.

Les photos 10 à 16 ont été prises le 19 juin 1966 au Nouveau-Mexique, à 5 km à l'ouest d'Algodones (à 50 km au nord d'Albuquerque).

10. Cet engin appartient à une série de disques téléguidés, dont le diamètre varie entre 1 et 2 mètres. Le trépied d'atterrissage n'était pas téléscopique, mais semblait sortir ou rentrer d'un coup. Les visiteurs ont confié à Villa que l'antenne surmontant le dôme était un dispositif optique rétractable.

11, 12. Ce disque mesure environ 1 mètre de diamètre. Il était accompagné de sphères plus petites. Au lieu d'atterrir directement, il a rebondi à la verticale avant de renouveler sa manœuvre. Les petites sphères, d'environ 8 cm de diamètre, tournaient autour de la plus grande, de 16 cm de diamètre, en station au-dessus du disque.

13. Photo prise vers 11 heures du matin. Le disque mesure environ 1 mètre de diamètre.

14 et **15.** *Ci-dessus et ci-contre, en haut :* Villa déclare que ces deux photographies représentent un disque expérimental d'environ 1 mètre de diamètre, fabriqué par ses soins selon les spécifications reçues de ses hôtes. Il n'aurait pas fabriqué la petite sphère censée assurer la surveillance de ce vol d'essai.

15.

16. Villa affirme que cette photo, prise entre 12 h 45 et 13 heures, montre un vaisseau habité d'environ 3,30 mètres de diamètre, contenant des sondes circulaires téléguidées. Malheureusement, il est impossible de différencier cet appareil des autres.

Portrait de " Xiti ", la jeune femme rencontrée en 1964 par Ludwig Pallmann, en Inde. L'artiste Vera Waleska, sur commande de Pallmann, l'a représentée à la manière des portraitistes français du XVIIe siècle. Selon Pallmann, Xiti avait de très grands yeux, des doigts très effilés et portait, comme ici, une tunique légère de couleur bleue. Autour d'elle sont figurées les plantes soumises à hybridation par les extraterrestres et, en haut à droite, le vaisseau à trois disques vu à la plantation. *(Vera Waleska/Ludwig Pallmann)*

Astronef projetant des faisceaux de lumière, photographié par un médecin resté anonyme, le 23 mars 1974, près de Tavernes, dans le Var, au cours d'une vague d'apparitions en France.

Nous n'avons aucun détail sur cette intéressante photo, probablement authentique, prise par le chercheur californien Gabriel Green à la fin des années 60.

Ci-dessus : Le lac Cartagena, dans le Parc national de Cabo Rojo, à Puerto Rico.
Ci-dessous : Le Parc national El Yunque, à Porto Rico, où, selon plusieurs témoins, des extraterrestres auraient établi leurs bases. *(© Timothy Good)*

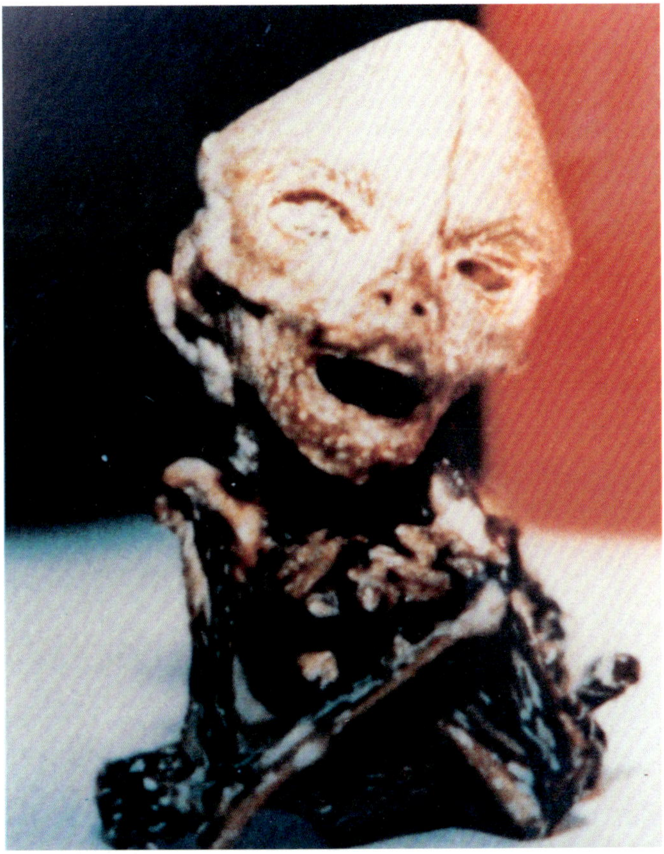

La petite créature tuée par " Chino " Zayas dans une grotte proche de Santiago, à Puerto Rico, en 1979 ou 1980. Pour la réalisation de ces photos, prises par Rafael Baerga un an ou deux après l'incident, la créature a été sortie du bain de formol dans lequel elle séjournait.

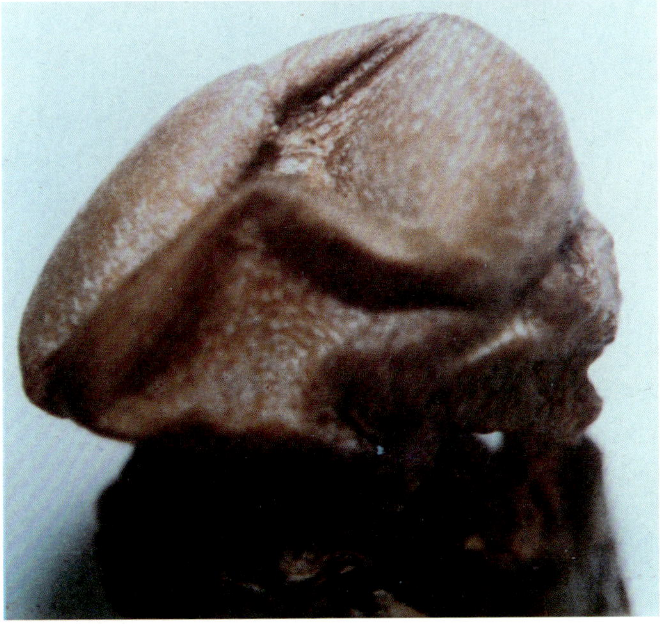

Le crâne de la créature conserve la trace du coup mortel.
(Rafael Baerga)

Ce dessin d'un
" chupacabras ",
dû à Jorge Martín,
est considéré comme l'un
des plus représentatifs de
ces dangereuses créatures,
responsables, selon
témoins, de la mort
de centaines d'animaux,
et apparues à Puerto Rico
à la fin des années 90.
(Jorge Martín)

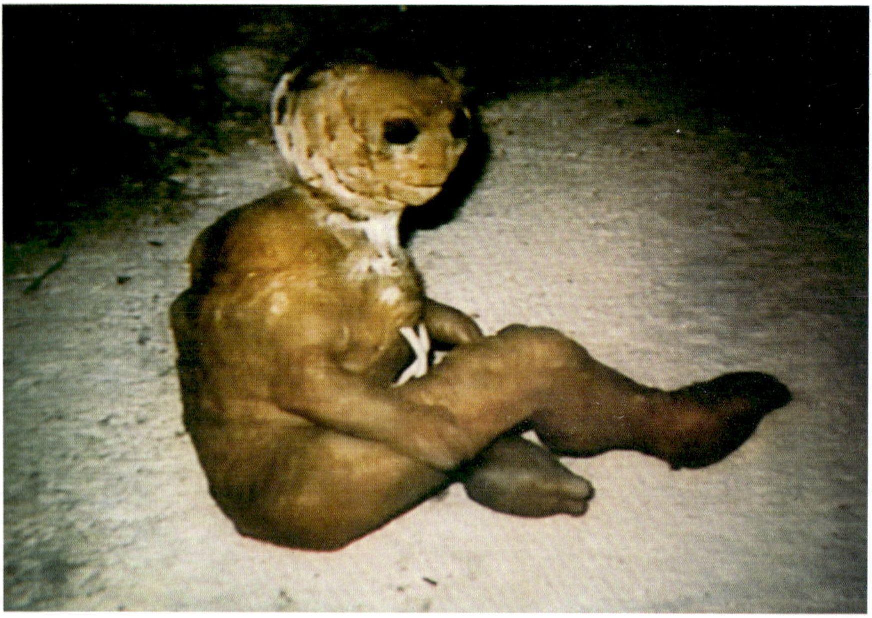

L'un des nombreux Polaroïds réalisés par Filiberto Caponi de la créature rencontrée à plusieurs reprises devant sa maison d'Ascoli Piceno, dans les Abruzzes, en Italie, en 1993. *(© Filiberto Caponi)*

vaisseau, rouge sang. Il arborait aussi une sorte d'instrument attaché à une ceinture blanche, de 10 centimètres de long sur 5 de large, dont je supposai que c'était une arme. Équipée d'une poignée ronde, elle ne ressemblait en rien à un revolver.

Leur nez n'était pas protubérant, il s'agissait plutôt d'une structure osseuse discrète et les deux larges fentes qui leur servaient de narines étaient de la taille d'une petite allumette.

La bouche, fente rectiligne avec des lèvres fines, ne s'animait que quand ils souriaient. Je ne les ai jamais vus la bouche ouverte. Leur conversation s'opérait par télépathie et ils lisaient dans mes pensées. Moi, je leur parlais tout à fait normalement, ce qui ne semblait pas les déranger, et leurs pensées me parvenaient sans aucune difficulté. L'ennui, c'est que je ne captais jamais leur conversation. Seulement les remarques qu'ils m'adressaient[15].

D'AUTRES RENCONTRES

Le 21 mai 1967, vers 22 heures, Carroll Watts ouvre sa porte d'entrée et voit à 1 kilomètre de là le même vaisseau en forme de cigare, éclairé par la lumière.

> *Ma femme et moi l'avons observé pendant une heure et demie,* raconte Watts. *La lumière nous permettait tout juste de distinguer les contours du vaisseau. On a failli aller y jeter un coup d'œil, et puis on y a renoncé parce que nos enfants dormaient déjà et qu'il était trop tard pour les emmener passer la nuit chez mes parents.*

La nuit suivante, Watts remarque un « vaisseau » au-dessus d'un champ à 200 mètres de distance. Il décide donc de le filmer avec une caméra 8 mm. Deux semaines plus tard, il le retrouve de l'autre côté de la route, posé dans un pré, et sort le prendre en photo.

Le 7 juin 1967, à 11 heures, alors qu'il répare une clôture à environ 2 kilomètres au nord-ouest de sa maison de Loco, Watts voit le grand vaisseau arriver par le nord. Il court à sa voiture, attrape son Polaroid et parvient à prendre sept clichés en noir et blanc : « Quand il se dirigea vers moi, le vaisseau était à une hauteur d'environ 90 mètres ; il traça un cercle et disparut. » Des sept photographies, quatre seront assez nettes.

Le 11 juin 1967, vers 15 heures, Watts voit de nouveau le vaisseau, sur les terres de la ferme où il avait rencontré les « Martiens ». Il est en train de planter du coton. Comme la fois précédente, le vaisseau arrive du nord et se dirige vers le sud.

> *Plus tard,* affirmera Watts, *il a fait demi-tour et atterri sur un promontoire au milieu d'un pré. Un des êtres est sorti du vaisseau pour faire quelques pas. Pendant ce temps, j'étais en bas du promontoire et j'ai pu prendre une photo de l'homme avant qu'il ne reparte en courant vers son vaisseau qui a décollé en direction du nord.*

Watts prend plusieurs photos du vaisseau, qui sont assez nettes. La huitième laisse cependant à désirer.

> *C'était une journée très ensoleillée,* expliqua Watts. *L'homme semblait avoir des cheveux, mais sa tête était plongée dans l'ombre, car il se tenait face au soleil. J'étais à 60 mètres de lui quand j'ai pris cette photo. Il est assez large d'épaules pour sa taille et son cou est un peu plus épais que le nôtre*[16].

Mon agrandissement de cette photo, fournie par Rosemary Watts, montre ce que l'on peut interpréter comme une tête et la moitié supérieure du buste d'un être de type indéterminé. Malheureusement, elle est floue.

« On regrette de ne pas l'avoir pris en pied, sans compter que la mise au point est mauvaise, écrivit Mme Watts à Henry Johnson, qui était alors marié à Madeleine Rodeffer, mais c'était la dernière photo de la pellicule et il n'a pas eu le temps de recharger son appareil[17]. » Cependant, la photo présente un intérêt certain et un des clichés du vaisseau en forme de cigare est excellent (voir cahier photo 1, page XIV).

Apprenant que l'armée de l'air subventionne des études sur les ovnis à l'université du Colorado, Watts décide d'informer l'équipe de recherche de ses expériences et de leur montrer ses photographies. Les deux enquêteurs qui viennent l'interviewer sont Robert Loftin, auteur d'un ouvrage pro-ovni[18], et William Courter, un détective privé[19]. D'après Rosemary Watts, tandis que ces deux hommes s'entretiennent avec Watts à son domicile le matin du 26 février 1968, leur chambre d'hôtel à Wellington est cambriolée et des documents importants sur ce dossier disparaissent[20].

La nuit du 26 février, l'histoire de Watts parvient jusqu'à l'agence Associated Press. Watts a décidé de faire une déclaration à la presse. Le lendemain matin, les journaux titrent : « Un fermier parle avec les passagers d'un ovni », « Un fermier fait une excursion avec des extraterrestres et exige une enquête sur son expérience », « Tout le monde serait-il toqué à Loco ? Des citoyens parient sur l'homme qui a été enlevé par un ovni », etc.

L'Associated Press rapporte qu'une série de photos Polaroid a été confiée au docteur J. Allen Hynek, un astronome qui, à l'époque, est conseiller « Blue Book » de l'armée de l'air. Hynek a confié à A.P. qu'un examen préliminaire n'a pas réussi à discréditer le témoignage. « Si c'est une escroquerie, elle est très intelligente, déclare-t-il. Il ne s'agit pas de savoir si cette histoire est absurde, mais si elle est vraie[21]. »

En mars 1968, les originaux des photos Polaroid de Watts sont envoyés par courrier à l'université du Colorado. Plus tard, les tentatives pour les récupérer n'aboutissent pas. Les photos auraient été perdues. Voici ce que pense Tony Kimery :

> *Les seules photos disponibles sont des reproductions en noir et blanc faites par le docteur Condon* [directeur des études sur les ovnis de l'université du Colorado] *et*

envoyées à M. Loftin. Ces copies ont sans doute disparu au cours du cambriolage de la chambre d'hôtel. Loftin possédait des reproductions de trois des photographies qu'il a distribuées aux médias. Ces trois photos sont les seules qui restent de la série originale de sept, et elles sont de qualité médiocre.

Peu de temps après que l'histoire eut été publiée aux États-Unis, Watts déclare à la presse que cette aventure n'est qu'une invention. Il en donne les raisons à Kimery :

J'avais la ferme intention de prouver que mon expérience était véridique et je travaillais depuis plusieurs jours avec l'Associated Press, quand United Press International entendit parler du sujet et le tourna en ridicule. Le soir même, ils publiaient un résumé de mon récit. Les médias ne s'en étaient pas plutôt emparés que je recevais mon premier avertissement : si je m'employais à prouver ce que j'avançais, je le paierais cher. Je déclarai donc qu'il s'agissait d'un canular et tentai d'oublier cette affaire. Moi et ma famille sommes sérieusement menacés et j'ai compris que j'avais mis le doigt dans un engrenage très dangereux.

Le docteur Allen Hynek suggère alors que Watts subisse le test du détecteur de mensonges. Watts accepte. L'examen a lieu en présence de L. R. Wynne, propriétaire de l'Amarillo Security Control Company au Texas. D'après des rapports plusieurs fois différés et finalement publiés dans la presse, Watts n'a pas réussi le test. Mais malgré ces résultats peu encourageants, il affirme que Wynne croit à son histoire. Après la « confession » de Watts, Wynne déclare à des reporters qu'il est convaincu que son histoire a été fabriquée de toutes pièces.

La nuit avant que Watts ne se rende à Amarillo, un correspondant anonyme lui conseille de renoncer à son voyage. Watts ne tient pas compte de cet avertissement. Le lendemain après-midi, alors qu'il roule en direction d'Amarillo, il remarque une Plymouth bleu-vert décapotée garée près de la route. Une jeune femme blonde et séduisante lui fait signe de s'arrêter. Supposant qu'elle a un problème avec sa voiture, Watts s'arrête. Quand il sort de sa camionnette, il reçoit un coup violent sur la nuque. Il tombe à terre, mais parvient à voir ses agresseurs : deux hommes de 1,80 mètre, d'une trentaine d'années et de corpulence moyenne. Quand il revient à lui, il les distingue encore mieux : ils portent des pull-overs à col roulé sous des costumes bien coupés, ils ont le teint mat, l'air « grec » et sont armés, mais leurs armes ne correspondent à aucune marque connue. Leur élocution est parfaitement claire. Les deux hommes déclarent à Watts que s'il réussit au test du détecteur de mensonges, il devra en assumer les conséquences. La jeune femme qui a servi d'appât assiste à la scène en souriant.

Cette nuit-là, une grosse voiture noire passe à petite vitesse devant la résidence des Watts, revient en arrière et ouvre le feu avec un fusil de chasse. D'après un rapport de l'enquêteur Steve McNallen, fondé sur une interview du commissaire Donald Nunnelly, Rosemary Watts a appelé la police, qui est arrivée plus tard sur les lieux. Watts s'était apparemment précipité sur sa carabine M1 et avait tiré en direction des agresseurs, mais personne ne sait si le véhicule ou ses occupants ont été touchés.

Watts et sa famille ne sont pas les seuls résidents de Loco à être menacés. Des enquêteurs apprennent que d'autres personnes qui ont vu des ovnis ont été approchées par des hommes appartenant à une organisation inconnue. On leur a vivement conseillé de se taire pour des raisons de sécurité nationale[22].

SOUTIEN

Au cours d'un certain nombre d'entretiens avec l'Associated Press, le commissaire Donald Nunnelly et des officiers de police de Collingsworth County décrivent Carroll Wayne Watts comme un homme stable, qui se consacre à son travail et à sa famille, va à l'église, n'a pas de dettes, et aucune raison d'inventer une histoire pareille. De plus, Nunnelly affirme qu'il connaît au moins cinquante personnes qui ont vu d'étranges lumières du même type dans cette zone, dont quatre ou cinq qui ont repéré un objet en forme de cigare.

> *C'est le genre de sujet qu'ils n'aborderont qu'autour d'un verre de rouge avec leurs amis les plus proches,* ajoute Nunnelly. *Ils ont peur de finir dans un institut pour malades mentaux. J'ai connu des officiers de police qui se sont impliqués dans des affaires de ce genre et ont perdu leur travail*[23].

Le 11 avril 1967, à 4 heures du matin, le jour où Watts est emmené à bord d'un vaisseau, Mickey Kendricks est réveillé par ce qu'il prend pour une camionnette se rendant au dépôt de marchandises, situé juste derrière chez lui. Mais quand il regarde par sa fenêtre, il distingue un objet en forme de cigare, d'environ 6 à 9 mètres de long, avec des lumières rouges et jaunes.

Le 3 novembre 1967, Hazel McKinney et deux amies se rendent à leur travail à Childress, dans le Texas, quand elles remarquent une énorme lumière très brillante dans un champ derrière la route. Soudain, l'objet, de couleur gris argenté, se retourne et disparaît. « Il était assez gros pour contenir une voiture, précisa McKinney. Il avait la forme d'un cigare et une des extrémités était arrondie. »

Quelque temps après que l'histoire de Watts eut fait les gros titres des journaux, le commissaire Alvin Maddox observe une grande lumière qui flotte dans le ciel, à 200 mètres du sol environ. « Je l'ai suivie avec ma voiture en fonçant à 180 km/h, dit Maddox. 20 kilomètres plus loin, elle a disparu[24]. »

Watts est tellement tourmenté par son expérience qu'il demande une enquête du Congrès. Mais cette réclamation venant à la suite de sa déclaration, elle sera rejetée.

L'histoire de Watts recoupe de façon troublante des cas déjà publiés et aussi des rapports dont on n'a eu connaissance que bien des années plus tard. Avant son aventure, Watts ne s'intéressait pas du tout à ce genre de phénomène, et avant 1967, il n'avait lu aucun livre sur le sujet. Je ne l'ai jamais rencontré, mais j'ai parlé avec sa femme au téléphone quelques années après l'incident. J'eus le sentiment qu'elle était sincère et très tourmentée par cette aventure. Bizarrement, Carroll et Rosemary Watts adopteront une attitude positive à l'égard de ce que l'on retiendra comme l'une des rencontres les plus étranges avec des extraterrestres. Comme le conclut le couple dans son rapport :

> *Ce que vous avez lu est une histoire vraie, et nous avons tenté de la rendre la plus claire et la plus précise possible [...]. Nous avons le sentiment que le public doit être informé de ces événements, afin de bien réagir au cas où il serait confronté à une telle expérience. Il l'acceptera plus volontiers. Nous avons témoigné de notre aventure par écrit à cause du cauchemar que nous avons vécu lors de ces expériences avec les ovnis.*
>
> *En comprenant que ces gens ne nous voulaient aucun mal, notre peur s'est bientôt dissipée et jusqu'à preuve du contraire, nous les considérons comme des amis. Nous surmonterons cette épreuve avec le temps et nous prions pour que les voies du Seigneur s'accomplissent et que tout s'arrange pour le mieux*[25] *[...].*

Malheureusement pour Watts, les choses ne s'arrangèrent pas. Quelques années plus tard, il commença à présenter des troubles du comportement. Son frère confia à l'enquêteur Don Worley que Carroll était maintenant « influencé » par un visiteur. Watts devint paranoïaque et se persuada que certaines personnes en voulaient à sa vie. Pour finir, en proie à une attaque de panique, il tira sur un officier de police et fut condamné. De sa cellule dans une prison d'État du Texas, Watts écrivit un mot à Worley :

> *Cette aventure m'a coûté ma femme et mes enfants, 285 000 dollars, ma liberté et m'a valu des problèmes cardiaques. Quelque chose m'est arrivé que je ne comprenais*

pas. J'en ai parlé, et je regrette maintenant ne pas être mort au cours de cette expérience[26].

Des incidents de ce genre devraient rappeler aux gens que les rencontres avec des extraterrestres n'ont rien de bénin. Les chocs en retour ne sont pas rares.

15

LA PLANTATION

Nous sommes en octobre 1964. Deux passagers s'installent dans un compartiment du train Bombay-Madras. Ludwig F. Pallmann, un homme d'affaires allemand qui fait commerce dans les machines d'industrie agro-alimentaire, jette un coup d'œil à son compagnon. « Cet homme doit être un vestige de l'occupation britannique », songe-t-il en admirant ses vêtements bien coupés et l'autorité naturelle qui se dégage de sa personne. Il est de taille moyenne, très mince, avec de longues jambes.

Pallmann engage la conversation avec lui en anglais et lui offre un verre de whisky. Puis, assis l'un en face de l'autre, ils regardent tranquillement défiler le paysage.

Pallmann observe son compagnon à la dérobée et remarque ses yeux étonnamment expressifs, ses mains aux longs doigts protégés par d'étranges petits étuis. Il a le teint clair, des cheveux châtain et, malgré sa constitution fragile, dégage une force étonnante. Pallmann est fasciné par un détail :

> *Je ne pus m'empêcher de remarquer qu'à chaque fois qu'il inspirait, ses mains se contractaient. Ses inspirations étaient profondes, comme s'il souffrait de troubles respiratoires. Pourtant, il avait l'air en parfaite santé.*

Quand l'étranger s'adresse à lui, Pallmann est stupéfait de constater que sa voix ne semble pas sortir de sa bouche, mais plutôt d'un appareil épinglé à son vêtement. Et bien que son anglais soit impeccable, son débit est légèrement hésitant et le fait buter sur le premier mot de chaque phrase. Ce tic de langage n'est d'ailleurs pas déplaisant.

L'étranger se présente comme étant « Satu Ra ».

A la nuit tombée, le train s'arrête dans une grande gare. Sur le quai se pressent des gens affamés et en haillons, dont une femme très maigre retenant sur sa poitrine un bébé qui semble souffrir de malnutrition. Sans un mot, Satu quitte le compartiment, s'avance vers eux, donne une pièce à la femme et glisse un cachet entre les lèvres de l'enfant. Puis il regagne le compartiment. « Venez avec moi, dit-il tranquillement à Pallmann, nous avons beaucoup à faire. »

Satu le conduit jusqu'au wagon de troisième classe où s'entassent les passagers. Arrivé devant un groupe d'enfants, Satu distribue ses cachets tout en s'adressant à eux dans un dialecte inconnu de Pallmann. Puis, apercevant un vieil homme prostré sur le sol, Satu se met à lui parler avec douceur et lui tend un de ses cachets. Les composants de ce remède semblent avoir un effet miraculeux sur les gens[1].

Arrivé à Madras, Pallmann demande à Satu de quel pays il est originaire.

« Cotosoti, répond son curieux interlocuteur d'un air placide.

– Jamais entendu parler de cette région, réplique Pallmann. Où est-ce ? En Amérique centrale ?

– Pas du tout, mon ami. Cela se situe sur Itibi Ra II.

– Vous vous fichez de moi.

– Je vous assure que non.

– J'ai pourtant beaucoup voyagé de par le monde, mais cela ne me dit pourtant absolument rien. Et où se trouve cet endroit ? »

Satu Ra pointe un doigt vers le ciel, en direction de l'est[2].

« Ce qu'il voulait dire, explique Pallmann, c'est qu'il venait d'un autre monde, d'une autre planète. Je suis un homme très pragmatique et cela dépassait mon entendement, mais j'étais bien obligé de constater que cet homme possédait des facultés remarquables. »

Plus tard, à son hôtel de Madras, un Indien très distingué lui apporte une invitation de la part de M. Satu Ra. Le lendemain matin, Pallmann prend un taxi et se retrouve devant une superbe demeure qui se révèle être une galerie d'art, où réside Satu.

Celui-ci vient à sa rencontre et lui désigne une image de Vishnu : « Regardez, d'étranges vaisseaux cosmiques sont dessinés à l'arrière-plan de la représentation du dieu[3]. C'est la preuve que les générations précédentes ont observé l'atterrissage de vaisseaux venant de l'espace », déclare Satu à un Pallmann perplexe.

Ce dernier se demande si « Itibi Ra » n'est pas un équivalent de la mythique Shangri-La et s'interroge sur les motivations de Satu. Cherche-t-il à lui vendre quelque chose ? Pallmann est très embarrassé. Mais les deux hommes passent un après-midi très agréable et Pallmann ne se prive pas d'observer son hôte :

> *Il avait le type eurasien : la peau légèrement hâlée, de grands yeux noirs, une petite bouche, et la partie inférieure de sa mâchoire semblait légèrement déformée. Et puis il portait au bout des doigts ces petits étuis qui semblaient ne jamais le quitter. Sans compter ce tic de langage et ce gadget électronique qui lui servait à amplifier sa voix.*

Avant de le quitter, Pallmann informe Satu qu'il compte se rendre au Cachemire, à Calcutta et à Bénarès. « Nous nous retrouverons à Bénarès, déclare Satu. – Comment cela ? », interroge Pallmann. Satu lui tend alors une curieuse bague en or sertie d'un morceau de métal aussi brillant qu'un diamant (voir cahier photo 1, page XIII).

« Cela me signalera votre présence à Bénarès », conclut Satu, en ajoutant que cette bague très ancienne « est le symbole d'une religion humaine très proche de la vôtre[4] ».

XITI

Le lendemain soir à Bénarès, Pallmann goûte la fraîcheur du soir dans les jardins de son hôtel, quand le morceau de métal se met à briller. Convaincu qu'il s'agit d'un reflet lumineux, il change de position, mais cela ne sert à rien. La luminosité s'intensifie. Soudain, une image de Satu Ra lui vient à l'esprit. « C'était ridicule, s'excusera presque Pallmann. Mais il m'était impossible de le nier. »

Peu après 21 h 30, la silhouette de Satu, reconnaissable entre toutes, s'approche de Pallmann, qui l'accueille avec chaleur. Ils se lancent dans une longue conversation sur des sujets variés. Satu fait preuve d'un très grand sens de l'humour, et d'une excellente maîtrise de l'espagnol quand Pallmann s'exprime dans cette langue. Bien que la voix de Satu soit tout à fait ordinaire, Pallmann remarque qu'elle a une qualité permettant de pénétrer au cœur des mots et de leur signification :

> *Quand il parlait de la douleur, il m'arrivait de tressaillir. S'il parlait d'amour, j'étais envahi par une sensation très douce. C'était difficile à expliquer. Le gadget donnait une nouvelle dimension, une subtilité inconnue à sa voix. Ce qui me plongea dans un abîme de réflexion.*

Pallmann montre à Satu des photos de temples qu'il a visités au Cachemire, des effigies de dieux, des images de prêtres et de fidèles. « Vous êtes déjà allé dans ces endroits ? demande Pallmann. – Oui, répond Satu d'un air triste. Mais vous savez, mon ami, la religion est aveugle, tout comme l'amour. »

Les deux hommes sont assis sur un banc près de l'entrée principale de l'hôtel, où des employés en uniforme regardent passer des jeunes filles. Une ravissante hôtesse de l'air descend les marches et la réaction des employés amène un sourire sur les lèvres de Satu. «Ce que les hommes ne feraient pas pour une jolie fille, fait-il remarquer. Dans ce domaine-là, nous sommes tous pareils...»

Puis, Satu demande s'il peut inviter sa sœur, Xiti, pour la soirée, et Pallmann acquiesce avec empressement. Il s'attend à voir Satu se diriger vers la réception pour téléphoner, quand il voit ce dernier tomber dans une sorte de transe :

> *L'expression de son visage changea. Sa mâchoire étrange se crispa et ses yeux se dilatèrent, tandis que la lumière semblait quitter ses yeux, comme si on les avait éteints en appuyant sur un bouton à l'arrière de la rétine. Puis, Satu se tourna vers moi, de nouveau lui-même. Je ressentis brusquement le besoin de prendre un verre. J'appelai un serveur et lui commandai deux scotches. A peine le garçon avait-il tourné les talons qu'une femme très séduisante s'avança vers nous. Je m'étonnai de ne pas l'avoir remarquée plus tôt. C'était comme si elle s'était matérialisée sous nos yeux. Les concepts auxquels je suis habitué se dérobaient sous mes pieds. Elle venait d'une zone très éclairée. Et elle n'était pas du genre à passer inaperçue.*

Xiti, car il s'agit bien de la sœur de Satu, se présente pourtant comme une personne bien réelle, et Pallmann se sent irrésistiblement attirée par cette femme. Elle a une démarche glissante qui n'appartient qu'à elle... et à son frère.

> *Ils avaient le même menton, les mêmes yeux fascinants, et ils dégageaient un charme et une autorité inexprimables. Quand Satu me présenta Xiti, elle me regarda droit dans les yeux, mais je ne lisais aucun défi, aucune provocation dans son attitude qui exprimait la franchise et une tranquille assurance. Chacun de ses mouvements était empreint de grâce. Elle était vêtue d'une robe du soir, comme si elle sortait d'une réception habillée, et bien que sa tenue soit exotique à l'extrême, elle n'avait rien d'oriental, à part les sandales dorées qui mettaient en*

valeur de ravissants pieds. Un voile orange posé sur ses cheveux parachevait sa toilette d'un goût parfait.

Bien que Xiti s'exprime normalement, elle emploie la même technique que Satu pour communiquer, mais le mécanisme est dissimulé dans le médaillon qu'elle porte autour du cou.

> *Sa voix sortait du cœur de ce ravissant bijou,* expliqua Pallmann, *et le son était parfaitement synchrone avec le mouvement de ses lèvres. Cela donnait l'impression d'un extraordinaire exploit technique.*

Au cours des conversations qui suivront, Pallmann décide de tenter une expérience. Satu et Xiti parlent couramment l'espagnol. Mais serait-il possible qu'un accent régional les mette en difficulté ? Il alterne donc les accents péruvien et castillan.

> *L'expression de leur visage changea au moment où je changeai d'accent. Je voyais leur surprise se refléter dans leurs yeux. Ils semblaient pris dans une activité mentale engendrée par des impressions sensorielles qui leur causaient un malaise. Et ils revinrent immédiatement à l'anglais. J'avais maintenant la preuve qu'ils n'étaient pas vraiment polyglottes, mais qu'ils se reposaient sur un procédé mécanique... Le gadget de Satu Ra et le médaillon de Xiti*[5].

LES INTOUCHABLES

Le lendemain matin, Pallmann se promène sur les rives du Gange à Bénarès, quand il est inopinément rejoint par Satu Ra. Il ne s'explique pas comment ce dernier l'a retrouvé dans cette foule. Satu le conduit dans la direction du monastère de Ramakrishna.

> *A cause de certains éléments primitifs qui subsistent dans la religion hindouiste,* écrit Pallmann, *je fus surpris de trouver mon ami très à son aise dans la caste des intouchables, la caste la plus pauvre et la plus misérable.*

Bientôt, ils entrent dans le *mahabhinishkamana* (la «voie de la résignation ultime»), le grand espace où les personnes aux portes de la mort, jeunes et vieux, hommes et femmes, sont amenés pour passer de vie à trépas. Satu commence à vaquer à ses occupations habituelles.

> *Je n'avais jamais vu aucun employé d'organisation humanitaire, aucun prêtre ou aucune religieuse se conduire avec autant de douceur et de compassion que Satu Ra,* poursuit Pallmann. *Il se dirigeait droit sur un enfant qui pleurait, accroché au corps de sa mère qui venait de mourir. Puis, avec le plus grand soin, il lavait l'enfant et lui parlait pour le réconforter.*

Peu de temps après, Xiti, vêtue d'un sari vert, les rejoint. Elle aussi s'occupe de ces enfants en détresse. En voyant une petite fille couverte de plaies, Xiti prend un pot contenant un onguent, en enduit ses blessures. L'enfant s'arrête de pleurer et ses lèvres esquissent un sourire. «L'onguent semblait une panacée aussi efficace que les cachets distribués par Satu Ra dans le train», conclut Pallmann[6].

LE MOMENT DE VÉRITÉ

Ce soir-là, Xiti les ayant quittés, Satu Ra arrête un pousse-pousse et annonce à Pallmann qu'ils vont visiter les «Enfants de Dieu», le nom donné au plus humble des crématoriums sur les rives du Gange.

> *Je comptai une quarantaine de feux funéraires, dont certains étaient si proches les uns des autres qu'ils semblaient se toucher,* raconte Pallmann. *Je voyais de petits membres tourmentés sortir de l'orbite des flammes et se briser comme du bois mort dévoré par le feu. Les assistants ramassaient les bras et les jambes tombés à terre et les rejetaient dans la fournaise, comme s'ils alimentaient un feu avec du bois sec. Un spectacle éprouvant [...]. La vie, pour ces enfants, n'avait été qu'une suite de souffrances et de désespoir qui se finissait par cette terrible cérémonie, la nuit, sur les rives d'un fleuve majestueux, en Inde.*

C'est dans cet état d'esprit assez mélancolique que les deux hommes retournent à leur hôtel. Et c'est à ce moment-là que Pallmann accepte de reconnaître l'identité de Satu.

> *Jusqu'à présent, j'avais écouté ce qu'il me racontait d'une oreille distraite. Mais après ce moment de vérité, j'étais prêt à prendre tout ce qu'il me disait pour parole d'évangile. Lui et Xiti m'apparurent comme des témoins exceptionnels. J'ignore quelle alchimie m'amena à ce que j'appelle l'instant de vérité mais dès lors, j'acceptais le fait que Satu Ra et sa sœur Xiti venaient d'une autre planète appelée Itibi Ra II, dont le peuple avait découvert la Terre un peu comme Christophe Colomb l'Amérique : en se jetant délibérément dans l'inconnu*[7].

D'AUTRES DIFFÉRENCES

Quelque chose dans le sourire de Satu Ra dérangeait Pallmann : on ne voyait jamais ses dents. Cela venait-il d'une conformation différente de la mâchoire et du fait que ses lèvres fines et sensibles semblaient les recouvrir entièrement ? La curiosité de Pallmann n'est pas passée inaperçue aux yeux de Satu, qui lui explique qu'après une longue évolution génétique, les hommes et les femmes de sa planète se sont retrouvés sans dents, car ils n'en ont pas vraiment l'utilité. Cependant, sur Terre, ils utilisent un support artificiel qui donne à leurs lèvres un aspect semblable à celui des humains. Un examen plus attentif révèle également à Pallmann que Satu et Xiti ont des langues assez petites.

Pallmann exprime le désir de voir les doigts de son ami, et ce dernier accède volontiers à son souhait. Il ôte les petits étuis, et les différences avec les humains sautent aux yeux de Pallmann.

> *Les doigts de Satu étaient ronds et plats ; comme ils étaient dépourvus d'ongles, on devinait leur extrême sen-*

sibilité. Les mains de Xiti, véritables chefs-d'œuvre de la nature, avaient des doigts pointus, très fins, très longs, complètement différents de ceux de son frère.

Satu et Xiti s'amusent beaucoup de la curiosité effrénée de Pallmann.

Mais leur gentillesse et leur franchise les amenèrent à me parler comme à un véritable ami, et ils m'expliquèrent les raisons de leurs différences. Il semblerait qu'ils soient capables d'analyser les sons, et même d'entendre avec les nerfs de leurs doigts. Et je finis par comprendre qu'ils les utilisaient comme nous notre langue, pour goûter et explorer, surtout quand ils travaillaient à des recherches dans le domaine biologique[8]*...*

L'HISTOIRE DU FLEUVE YAVARI

Ludwig Pallmann ne reverra plus Satu et Xiti en Inde.

A Zurich, il fait examiner la bague par un joaillier, qui lui révèle que le motif précolombien et le travail de l'or sur l'anneau ne ressemblent à rien de ce qu'il connaît. Il lui conseille de porter la bague à un spécialiste.

L'expert en conclut qu'il s'agissait d'un bijou d'une grande valeur, appartenant à une des premières dynasties précolombiennes, affirmera Pallmann. *Ce qui l'intriguait au plus haut point, c'était la «pierre» en métal dont elle était sertie. Pour ma part, je pense qu'elle est d'origine extraterrestre*[9].

Les années passent. Pallmann est très occupé à ouvrir des usines en Argentine, au Mexique, en Colombie et au Pérou. A Iquitos, au Pérou, un guide autrichien qui a roulé sa bosse un peu partout dans le pays lui raconte une histoire très curieuse :

« De l'autre côté de la rivière Yavari, j'ai vu plusieurs explorateurs blancs qui se sont intégrés à la vie des indigènes. Ces gens sont très bizarres, avec des mains si étranges qu'on dirait qu'ils viennent d'une autre planète. »

Pallmann dresse l'oreille.

« Ils racontent un tas de bêtises, continue le guide, mais ce sont des ingénieurs hors pair. Ils ont réparé l'hélice de mon hélicoptère, ce qui m'a permis de rentrer sans encombres à Yavari. Et leurs connaissances médicales sont impressionnantes. »

Pallmann paie un verre au guide pour le faire parler, ce dont l'Autrichien ne se prive pas :

« Un type avec une bouche bizarre, les séquelles d'une fièvre, je suppose, m'a donné un cachet et je me suis tout de suite senti mieux. Puis, il m'a fait boire un jus de fruit au goût étrange. Je leur ai conseillé de retourner à la civilisation, mais ça n'avait pas l'air de les intéresser. Quand j'ai raconté cette histoire aux missionnaires du côté brésilien de la frontière, ils ont refusé de me croire. Ils m'ont dit que la fièvre m'avait fait délirer et qu'aucun homme blanc ne s'aventurerait sur un territoire infesté de cannibales[10]. »

LA VISITE A L'HÔPITAL

Au début de l'année 1967, Pallmann est envoyé à l'hôpital de la Maison française à Lima, pour y subir une opération du rein droit. On lui donne une très belle chambre avec une porte-fenêtre qui ouvre sur un jardin au rez-de-chaussée. Il doit rester trois jours en observation avant de passer sur le billard.

La deuxième nuit, alors qu'il est tourmenté par la douleur, Pallmann tend la main vers la sonnette. « Mes doigts tâtonnants s'égarèrent et s'agrippèrent à une main qui serra la mienne au cœur de la nuit. »

Xiti. Sans un mot, elle lui sourit, lui ôte sa bague et lui donne un de ses cachets miraculeux. La bague sertie de métal s'était mise à briller sans que Pallmann en ait conscience. Une faible lumière éclaire le médaillon de Xiti. Sans un mot, elle caresse du bout des doigts son front enfiévré. La douleur et la fièvre s'apaisent aussitôt et il l'embrasse pour la remercier. Elle restera avec lui toute la nuit.

Au cours de leur conversation, Xiti lui parle d'une infirmière de l'hôpital qu'elle aurait voulu rencontrer, Maria Navidad, mais elle hésite. Quand elle était bébé, cette jeune femme a été secourue par des métisses et par le guide autrichien, près de la ville de Pucallpa, sur le fleuve Ucayali, et élevée par des sœurs catholiques qui dirigeaient l'hôpital. Satu et Xiti connaissaient la mère de Maria, une femme battue qu'ils avaient découverte dans une zone proche de l'endroit où ils avaient atterri pour la première fois. Une fois guérie par ses sauveteurs, explique Xiti, ils l'avaient emmenée sur leur planète. Mais sans doute incapable de s'adapter à cette nouvelle vie, elle était morte peu de temps après son arrivée.

Xiti prédit à Pallmann qu'il sera libéré de la douleur pour une période de six mois. Et il en fut ainsi.

> *Je devins le miraculé de la Maison française. Quand les docteurs vinrent me chercher pour m'opérer, j'avais déjà mangé un solide petit déjeuner, ce qui ne m'était pas arrivé depuis trois semaines. Puis, je m'étais levé pour faire ma toilette, j'avais lu, et j'étais allé déjeuner dans un* chifa, *un petit restaurant chinois près de l'hôpital.*
>
> *Vous auriez dû voir la tête des médecins quand je leur ai annoncé que j'allais leur signer une décharge et reprendre ma liberté. Il suffisait de me regarder pour constater que j'allais beaucoup mieux. Ils insistèrent cependant pour procéder à quelques examens, afin de s'assurer que je n'étais pas menacé par une rechute.*

Pallmann accède volontiers à leur demande. Tous les examens s'avèrent négatifs. Plus tard dans la journée, Pallmann demande à une sœur s'il est possible de rencontrer Maria Navidad. L'entrevue sera brève et poignante. Quand Pallmann lui dit qu'il a entendu parler de ce qui leur est arrivé, à elle et à sa mère, l'infirmière éclate en sanglots. Pallmann ne parvient pas à lui arracher un mot et il se sent honteux de l'avoir tourmentée pour rien[11].

UNE LIAISON AVEC UNE VISITEUSE ?

Le lendemain matin, Pallmann quitte l'hôpital et prend une chambre à l'hôtel Savoy de Lima, car le Crillon, où il doit dans la soirée retrouver Xiti au salon du Sky Room, est complet. L'arrivée de la jeune femme ne passe pas inaperçue.

> *Les gens la remarquèrent aussitôt, à cause du voile bleu qu'elle portait. Et ils sentirent confusément qu'elle était différente de nous. Je ne parle pas seulement des Péruviens cultivés et des Américains de passage. Même les garçons d'étage et les employés de l'hôtel la fixaient d'un air intrigué. Pas du tout gênée, elle promena autour d'elle un regard placide et confiant, et s'assit à ma table.*

Pallmann commande des boissons et le couple passe la nuit ensemble. Les jours suivants, Pallmann en apprendra davantage sur ses amis d'Itibi Ra II. Notamment en ce qui concerne la presque insolente assurance de Xiti : elle est reliée aux perceptions mentales et spirituelles pratiquées par son peuple – dans son langage, Xiti l'appelait *« amat mayna »* ou « science de l'âme ». « Ils étaient capables de lire nos pensées, confirmera Pallmann, et de les influencer si, pour des raisons de sécurité, les circonstances l'exigeaient. »

L'intérêt de Xiti pour la musique est infini. Quand ils passent devant les magasins de disques à Lima, elle adore aller y écouter de la musique colombienne. D'après Pallmann, son visage est alors plongé dans le ravissement.

Pour obtenir de la monnaie locale, Xiti confie à Pallmann plusieurs lingots d'or qu'ils échangent dans une maison spécialisée dans la rue de l'Union. A l'époque, le Pérou et l'Équateur faisaient encore commerce de l'or, et les lingots magnifiquement fondus et sculptés surprennent les spécialistes[12].

DANS LA SOUCOUPE VOLANTE

Pallmann accepte volontiers l'invitation de Xiti à rencontrer son frère à Huancayo, une ville dans les Andes, à environ 210 kilomètres de Lima. Le 17 février 1967, quand il arrive à la gare, Pallmann a du mal à reconnaître Satu Ra :

> *Il était habillé comme un indigène, avec des vêtements en laine brute superposés. On ne le distinguait guère du chauffeur de taxi qui l'escortait pour nous aider à porter nos bagages particulièrement volumineux, car Xiti avait amené de pleines valises de disques, de livres, de graines et Dieu sait quoi encore.*

A quelque distance de Huancayo, ils demandent au chauffeur de taxi de les laisser en pleine campagne. C'est en regardant un coucher de soleil sur un lac paisible que Pallmann assure avoir vu sa première soucoupe volante. Il s'en souvient comme d'une vision impressionnante :

> *On a tellement écrit sur les ovnis qu'on devrait être préparés à cette confrontation, mais je vous assure qu'il n'y a pas un scientifique sur un million qui serait capable d'expliquer les sentiments qui m'ont alors assailli. La soucoupe volante glissa au-dessus du lac pour rejoindre l'endroit exact où nous attendions, au milieu d'un vacarme particulièrement pénible. Tandis que la soucoupe s'immobilisait, une trappe s'ouvrit et le bruit reprit un niveau tolérable. Comme un géant recroqueville son doigt, un mécanisme parfaitement huilé s'empara de nous et nous déposa dans un « hall d'accueil antiseptique ».*
>
> *Aussitôt, je fus plongé dans une structure cellulaire inconnue, biologique et végétale, décorée de symboles et de motifs ravissants. On aurait dit du polyéthylène, en plus doux. Le sol présentait une surface plus résistante qui miroitait sous la lumière tamisée. Dans le plancher étaient incrustés des milliards de nerfs et de vaisseaux sanguins... A l'intérieur du vaisseau, on percevait un discret bourdonnement*[13].

Ensuite, Pallmann est déshabillé pour prendre un bain, dans lequel il s'endort. Il se réveille dans un lit suspendu comme un hamac, mais relié à des «veines» et à des «vaisseaux».

J'appris plus tard que cela faisait partie d'un système médical informatisé, les examens médicaux au cours du sommeil étant considérés comme un traitement de préservation de la vie.

Xiti, qui n'a apparemment pas dormi, amène à Pallmann une sorte de kimono. Mais le déjeuner n'est pas à son goût.

Je trouvai des plantes d'aspect gélatineux impossibles à avaler, et je goûtai dans le désordre à toutes sortes de mets renfermés dans de petits pots. Mon comportement anarchique déclencha l'hilarité de mes hôtes. La femme d'un des astronautes me fit une démonstration de leurs rituels culinaires, mais je restai néanmoins sur ma faim.

L'ŒIL

Pallmann est surpris de constater que son environnement ne comporte ni portes, ni verrous, ni clés, ni pièces dans le sens où nous l'entendons habituellement (plus tard, il fera cependant allusion à des espaces réservés à l'intimité). On ne lui indique pas de toilettes. Tout, même la cellule de commandement, appelée *yano*, ou «œil», fait partie de la structure biologique du vaisseau.

Il n'y avait pas de ligne droite et les formes circulaires n'étaient pas vraiment rondes. L'œil du vaisseau faisait partie intégrante de ce corps. Cette unité centrale se mêlait à toutes les activités, elle fonctionnait comme une sorte de mémoire activée... J'eus l'occasion d'expérimenter de quelle façon ce cerveau de la soucoupe appartenait à un système géant de cerveaux-générateurs cosmiques. Cette unité géante n'était qu'une minuscule partie de l'ordinateur de la grande mémoire de la planète-mère.

LA PLANÈTE-MÈRE

Pallmann est encouragé par ses hôtes à poser des questions et à donner ses impressions. D'un poste d'observation, on lui montre l'image de la planète-mère, dans un système solaire localisé vers le centre de la galaxie. On lui explique les techniques de transport, le traitement de la nourriture.

> *J'ai écouté un concert et pénétré à l'intérieur de leurs maisons comme si j'y étais, ils m'ont même présenté à leurs amis. Tout le monde semblait content dans cette société utopique. Les jeunes et les vieux étaient souriants, visiblement en pleine forme et heureux de vivre. Dans les centres de santé sous le contrôle de l'«œil», les malades prenaient leur mal en patience dans le calme et la sérénité. Personne ne s'énervait, personne n'était pressé.*
>
> *La plupart de leurs maisons étaient construites le long des rivières et près des lacs. Leur architecture ne ressemblait à rien de ce que j'avais vu sur la Terre, excepté dans les expositions futuristes. Ils aimaient beaucoup les couleurs primaires...*

LA PLANÈTE USINE

Ce qui intrigue le plus Pallmann concernant Itibi Ra II, c'est qu'elle est constituée de deux petites planètes satellites. Une de ces planètes bat comme un cœur biologique artificiel puisant l'énergie dans la planète-mère, tandis que l'autre satellite fonctionne comme une usine. Les Itibirayens séparent tout ce qui est artificiel et mécanique de leur environnement quotidien.

> *Par l'œil générateur, je pouvais contempler le cœur de cette planète usine, pareille à une pieuvre ouverte. Le nombre impressionnant de tentacules correspondait aux canaux et aux câbles captant les sources d'énergie. [...] C'est grâce à l'Usine que mes amis s'alimentaient en énergie pour les transports cosmiques, la recherche, le*

conditionnement climatique. Grâce à ces immenses réserves provenant de la Nature elle-même, ils avaient vaincu les ouragans, les tremblements de terre, les inondations, les cyclones[14].

LA PLANTATION AMAZONIENNE

D'après Satu, les visiteurs extraterrestres ont découvert la Terre il y a des milliers d'années. Mais les Itibirayens n'y avaient pas mis les pieds avant 1946, qui correspond à l'époque où ils établirent plusieurs plantations en Amérique du Sud pour l'hybridation et les recherches. La plantation que Pallmann assure avoir visitée se trouve au sud-est d'Iquitos, près de la frontière qui sépare le Brésil et le Pérou, entre le fleuve Mirim et le fleuve Yavari.

> *Le lendemain de mon arrivée,* écrit-il, *je pus observer la zone environnante depuis ma position près de l'œil générateur. A cause d'une quarantaine à laquelle j'étais soumis pour des raisons que j'ignorais, je ne fus pas autorisé durant tout le matin à sortir du vaisseau pour rencontrer d'autres membres de l'équipe. Je me demandais bien pourquoi les Itibirayens, de tous les magnifiques paysages de la Terre, avaient choisi cet enfer vert oublié de Dieu et des hommes pour y faire de la recherche. «La race humaine ne vous fait quand même pas peur au point de choisir le pire endroit de notre planète?» demandai-je à Satu Ra. «Le climat y est parfait», répliqua Satu en riant.*

Une partie du programme mené par les Itibirayens comprenait la récolte, l'étude et l'hybridation de plantes et de fruits variés dont ils avaient besoin pour se nourrir.

> *J'ai découvert que les Itibirayens souffrent physiquement s'ils ne sont pas suffisamment approvisionnés en saveurs nouvelles. Bien sûr, il existe d'autres raisons qui expliquent que ces gens d'un autre monde se lancent dans ces explorations harassantes. Ce qui les motive, c'est*

le désir de rester en forme, actifs, supérieurs. N'est-ce pas ce qui a poussé les Terriens à atterrir sur la Lune et à se préparer à poser le pied sur Mars et Vénus ?

Afin de faire pousser de nouveaux fruits et de nouvelles plantes aux saveurs variées, nos amis ont amené avec eux des spécimens de végétation et opèrent de véritables exploits biologiques. Certaines de ces plantes sont croisées avec des plantes totalement différentes des leurs, en provenance de notre planète ou d'ailleurs, afin de leur procurer des sensations nouvelles.

Pendant des centaines de milliers d'années, le peuple de mes amis a évolué d'un régime carné à un régime végétarien. On m'a informé que ce processus d'évolution dans leurs habitudes alimentaires avait réveillé chez eux un curieux trait de caractère... L'amour du «sur-goût».

Par exemple, quand les Itibirayens découvrirent pour la première fois le cachiman, un fruit tropical, ils en consommèrent des quantités astronomiques, raconte Pallmann. *Nous ne serons jamais capables de les comprendre vraiment, car notre palais n'est pas aussi sensible que le leur. Ayant arrêté de manger de la nourriture solide et oublié comment on tue un animal, ils ont acquis un système nerveux différent. Et ils ne connaissent pas la guerre, sauf pour se défendre. Ils sont devenus jardiniers, scientifiques, explorateurs, professeurs, philosophes, théologiens (les «cosmophilosophes»), ou encore biologistes, etc.*

LA COMMUNICATION TÉLÉVISUELLE ET LE SPORT

Au cours du troisième jour à bord du vaisseau à la plantation, Pallmann regarde Xiti parler à ses parents grâce à un système de communication semblable à la télévision. En le touchant, il comprend cependant qu'il est de nature biophysique, tout comme le vaisseau lui-même. La conversation a lieu en itibirayen, que Pallmann décrit comme une mélodie haut perchée, très charmante et avec des tonalités... humoristiques. A un moment donné, Xiti «change de chaîne» pour se brancher sur un événement sportif, laissant à Pallmann la possibilité de constater avec stupéfaction qu'il s'agit d'un des jeux les plus brutaux auxquels il lui ait été donné d'assister.

> *J'ai vu sept mille jeunes gens engagés dans un jeu de ballon géant, où les plus aptes et les plus forts se révélaient aussi être les plus intelligents. Ce substitut de guerre se disputait à l'aide de gadgets informatisés et contrôlés électroniquement, semblables à des ballons multicolores interconnectés qui décident de l'évolution du jeu. Pour moi, cela ressemblait à une partie de foot sur un échiquier géant de 8 km*^{2}*.*
>
> *La brutalité du comportement des joueurs des classes inférieures me surprit. Cela semblait totalement contraire à ce que je connaissais des Itibirayens. J'interrogeai Xiti. Elle m'expliqua que ces rituels les avaient préservés pendant des milliers d'années de la guerre. Ces jeux permettaient de conserver intact l'instinct agressif de leur humanité. Cela les aidait également à rester en forme en s'affrontant de façon sportive et en supportant de dures épreuves*[15].

LA TECHNOLOGIE DE L'ESPACE-TEMPS

Sur les trois vaisseaux de la base de Mirim, un seul possède un équipage. Les deux autres servent à la ravitailler. Contrairement à une croyance erronée, ils ne volent pas, mais sont propulsés par des ondes cosmiques.

> « *Une flotte d'une trentaine de vaisseaux est nécessaire à leur bon fonctionnement à l'intérieur de notre système solaire,* lui révèle Xiti. *Les unités d'énergie, appelées porteurs, suivent les vaisseaux de contrôle et de ravitaillement. La fusion tridimensionnelle des porteurs s'accorde aux conditions cosmiques de la troisième dimension, et cela permet d'atteindre une cible à une vitesse dépassant celle de la lumière.* »

Il y a des centaines de milliers d'années, les Itibirayens furent contraints d'évacuer leur planète d'origine qui se déshydratait. La migration s'organisa en voyages successifs pour transporter les gens, les animaux, les plantes, les machines biologiques, les procédés d'enregistrement, les instruments musicaux et ainsi de suite. Une lourde tâche.

Leur science très avancée leur permit de créer une série de batteries de l'espace captant et filtrant la vie, et réagissant aux forces intercosmiques de la couleur, la lumière, la température, le temps et autres vibrations. C'est à cette époque que les Itibirayens créèrent une fascinante interconnexion de batteries cosmiques, atteignant ainsi un point d'inversion capital. En d'autres termes, au lieu de recevoir des ondes, de les activer et de les retourner, ils étaient capables de se mouvoir avec les ondes de retour activées.

Conscient du manque de clarté de ses explications, Pallmann prend soin d'ajouter dans son journal :

La structure biologique du vaisseau rendait toute reproduction graphique impossible, même pour un technicien très qualifié. Qu'est-ce qui amène nos cerveaux, nos nerfs, à transmettre à nos corps le message de se mettre en action ? Ils ont bien essayé de me l'expliquer, mais je ne comprends déjà pas comment fonctionne un circuit de télévision[16].

UN PARADOXE

Les humains ordinaires ne sont pas encore prêts à se mêler librement aux Itibirayens. Pourtant, les Indiens ont non seulement vécu avec eux, mais ont même été employés pour travailler sur leurs plantations. Et comme l'explique Pallmann :

Ils utilisaient les Indiens pour protéger leurs plantes des insectes qui s'infiltraient dans leurs systèmes de protection. Les Indiens les considéraient comme des Blancs venus d'un endroit éloigné de la Terre. Ils se préoccupaient fort peu de la forme du menton de leurs employeurs. L'idée qu'ils venaient d'une autre planète ne les effleurait même pas. «Au début, m'apprit Satu Ra, les Indiens nous considéraient avec méfiance. Mais dès que Xiti et moi-même commençâmes à soigner leurs blessures et à guérir leurs maladies, ils nous acceptèrent[17]*.»*

Mais un beau jour, j'assistai à l'arrivée d'un groupe d'Indiens descendant d'un vaisseau spatial. Des sauvages, choisis parmi les plus audacieux, en descendaient tout sourire, bientôt suivis d'explorateurs Itibirayens. Ils étaient très excités. Les plus redoutables cannibales de la forêt vierge gloussaient comme des enfants. Cela avait dû être une sacrée excursion.

Les Itibirayens connaissaient ces hommes depuis leur premier atterrissage près de Pucallpa. Je découvris avec stupéfaction que ces Indiens de plus de cinquante ans en paraissaient vingt-cinq. Une nouvelle controverse ! Avaient-ils été utilisés comme cobayes par les Itibirayens ?

LINISLAN

C'est un sujet que Xiti aborde à contrecœur. Elle est plus loquace quand il s'agit d'évoquer les découvertes de son peuple concernant les anciennes civilisations sud-américaines, près de sites marécageux assez dangereux, explorés avec l'aide des Indiens. Enterrées sous une couche de 2 mètres de végétation tropicale, les Itibirayens ont localisé les ruines d'une immense cité perdue qu'ils ont baptisée «Linislan». Là, à l'intérieur d'un temple, ils ont découvert un énorme symbole précolombien prouvant qu'il y a des milliers d'années, d'autres civilisations extraterrestres avaient atterri sur la Terre. Xiti montre à Pallmann un symbole similaire sur un des panneaux de contrôle du vaisseau[18].

UN VOYAGE FRUCTUEUX

Pendant ce temps, à Lima, le travail de Ludwig Pallmann prend un retard considérable. Mais il est tellement fasciné par les Itibirayens que, quand ils l'invitent à les suivre en Colombie, le 20 février 1967, il accepte immédiatement.

Un autre problème le tourmente. Comment Satu, Xiti et leurs semblables s'arrangent-ils pour voyager sans passeport ? La plupart du temps, les Itibirayens utilisent des passeports parfaitement imités, mais dans certains pays, il faut des visas d'entrée qui leur posent des problèmes.

> *Pour le voyage en Colombie, Satu Ra décida de se passer de passeport, de voyager de nuit, et de ne rester qu'un laps de temps très court dans un endroit où les chances de détection étaient tout à fait nulles. Peu de temps après 22 heures, le vaisseau fut propulsé vers la Colombie.*
>
> *Comme pour le premier vol près de Huancayo, la base située près du fleuve Mirim, je ne ressentis rien. Mais la façon dont ils manœuvrèrent la nuit au-dessus du delta marécageux du fleuve Magdalena, au sud de Barranquilla, me laissa plein d'admiration.*
>
> *En quelques secondes, le vaisseau spatial s'était recouvert d'un liquide spécial sortant de ses millions de pores, afin de se camoufler et de se protéger contre les insectes. Cela ne dura pas plus de cinq ou dix minutes.*
>
> *Quand tout fut terminé, nous avons embarqué dans deux bateaux plats propulsés par de petits générateurs silencieux au fond du bateau. Nous avancions à une vitesse d'environ 60 km/h. [...]*

Le groupe atteint Barranquilla et découvre un endroit isolé sur la rive. La plupart des Itibirayens désirent se reposer et explorer le coin, mais Satu invite Pallmann à prendre part à la vie nocture de Barranquilla, la plus grande ville côtière de Colombie. Bien entendu, il est tout de suite attiré par les fruits aux étals des marchands ambulants. Pallmann lui a donné de l'argent péruvien pour en acheter, mais Satu, en échange de quelques pièces de monnaie, se contente d'inspecter les fruits et de les renifler, au grand agacement des vendeurs qui s'imaginent avoir affaire à un étranger excentrique.

Pendant ce temps, Pallmann, privé de « vraie » nourriture depuis plusieurs jours, dévore un poulet grillé devant un Satu carrément dégoûté. «Je savais très bien ce qu'il pensait : que c'était un crime de tuer un oiseau pour le manger. Mais en cet instant, je dois confesser que je me fichais éperdument de la philosophie itibirayenne... »

C'est alors qu'ils sont rejoints par M. Hua, commandant en second du vaisseau de Satu ; le trio se dirige alors vers un autre marché.

Quand il tombe sur des goyaves, Satu demande à Pallmann de lui décrire ce fruit qu'il ne connaît pas. Une fois convaincu qu'il est cultivable, il en achète quelques-unes et se met en quête de plants de goyaviers, mais en vain. Le lendemain, Pallmann retourne à Barranquilla, où on le dirige sur Santa Marta, de l'autre côté de la rivière. Là, sa recherche est finalement couronnée de succès. Il retrouve Satu qui lui a fixé un rendez-vous à la nuit tombée et il lui remet les boutures.

Au cours du voyage, Pallmann s'est acheté un nouvel appareil photo, avec l'intention de prendre des clichés des Itibirayens, de leurs plantations et de leurs vaisseaux :

> *Malheureusement, je ne pus l'utiliser. Comme je le craignais, Satu Ra examina de très près mon appareil. Il me parla d'*amat mayna*, la science de l'âme fondée sur d'anciennes religions. Si mes amis ne croyaient pas à la réincarnation, ils s'opposaient cependant au principe de la photo, à cause de certaines implications symboliques et métaphysiques que je ne suis pas sûr de comprendre. Leurs réticences étaient certainement liées à des problèmes de sécurité, car ils ne se préoccupent pas du tout de leur apparence. Ils sont immunisés contre la vanité et la fierté. J'ai d'ailleurs été frappé de constater que Xiti n'utilisait jamais de miroir.*

Finalement, Satu confisque l'appareil photo, jusqu'à ce que Pallmann retourne à Lima la semaine suivante[19].

DE RETOUR A LA PLANTATION

A la plantation du fleuve Mirim, on montre à Pallmann comment les botanistes Itibirayens procèdent pour leurs expériences et leurs cultures. La plantation est protégée par d'immenses draps verts.

> *Les filtres à air et les humidificateurs avaient été installés à des points stratégiques afin de contrôler les conditions climatiques à l'intérieur du « centre de saveur ». La voie principale dans le complexe de la plantation séparait le centre en deux sections, délimitées par des draps de couleurs vives amarrés à hauteur d'arbre.*
>
> *Devant le laboratoire de recherches biologiques, il y avait des tentes de grande dimension contenant des légumes « cobayes » ramenés d'Itibi Ra II, transplantés et croisés avec des échantillons de végétation terrienne.*
>
> *Le laboratoire de recherche biologique comprenait une série de petits chapiteaux interconnectés. Il était divisé en salles expérimentales, un peu comme des salles d'opération dans un hôpital. On y utilisait les instruments les plus sophistiqués pour disséquer les cellules des plantes : les tiges étaient mises sous surveillance intensive. Ils prenaient des radios de type continu et non pas séquentiel, qui se matérialisaient par un rouleau de film. Les interventions chirurgicales sur les plantes étaient retransmises sur écran, contrôlées et commentées par un groupe de biologistes.*

MARCHE NUPTIALE

Sur Itibi Ra II, les couples tombent amoureux, se marient et ont des enfants tout comme nous, mais les époux se séparent peu de temps après l'entrée des enfants dans un « centre d'éducation », à l'âge de 6 ans environ. Tout d'abord choqué par cette coutume, Pallmann comprend brusquement que si on avait pratiqué la monogamie sur Itibi Ra II, certains mariages auraient duré quatre cents ans ! Et Satu lui fait remarquer que s'il est normal de constater une incompatibilité entre les époux passé ce délai de sept ans, les unions très longues ne sont pas pour autant inhabituelles. Elles se prolongent sans être soumises à aucune cérémonie particulière. Ainsi, le mariage de Satu avec une femme d'une autre planète durait depuis 90 ans[20].

Le 26 février 1967, Satu informe tristement Pallmann que lui et ses compagnons ont reçu l'ordre d'évacuer leurs plantations en Amérique du Sud. Le lendemain, il est ramené en vaisseau spatial, jusqu'au lac péruvien de montagne où il a connu son premier baptême de « soucoupe volante[21] ».

MAUVAISES NOUVELLES

Deux années s'écoulent. Pallmann achète une propriété en pleine nature au Salvador, une demeure construite pour la pêche et la chasse, avec une vue magnifique sur le volcan de San Vicente. Il commence à rédiger un livre décrivant les expériences qu'il aurait vécues avec les Itibirayens.

Le 15 janvier 1969, environ deux semaines après avoir emménagé dans la propriété, la bague que Satu lui a donnée lui brûle le doigt. Il prend son petit bateau à moteur et se dirige vers une plage sablonneuse, près de l'île del Altar. Il remarque que les eaux placides du lac sont parcourues de grands cercles concentriques. Pour lui, il ne pouvait y avoir qu'une seule explication à cela.

> *Non loin de là, mes amis d'Itibi Ra II venaient d'atterrir,* écrit-il. *Quelques instants plus tard, j'aperçus la silhouette de Satu Ra, assis sur un rocher. Il semblait plongé dans une profonde tristesse. Je remarquai qu'il portait des vêtements vert foncé et un gros instrument à sa ceinture, où était fixé un appareil vocal bien plus important que celui auquel il m'avait habitué lors de nos précédentes rencontres. Je lui demandai où était Xiti. « Elle est morte », me répondit-il en itibirayen (« Ximsi Xiti Tasat »), ce qui me laissa paralysé par la douleur*[22].

Apparemment, un malheur a frappé l'expédition, alors qu'elle était en route vers une autre planète. M. Hua est lui aussi décédé, ainsi que bon nombre des membres de l'équipage. Une heure plus tard, après avoir fait ses adieux à Satu, Pallmann, en état de choc, comprend qu'il n'est pas capable de parler à son jardinier ou à sa gouvernante. Il va passer la nuit chez un de ses amis médecin à San Pedro Nonualco. Le lendemain matin, il est réveillé par les crieurs de journaux qui annoncent qu'une soucoupe volante a été repérée au-dessus de San Salvador et des collines de San Jacinto, qui entourent le lac où il vit. Il achète un journal. Un titre barre la première page : « Un ovni survole San Salvador[23]. »

> *D'après les rapports, peu de temps avant la visite de Satu Ra, on a signalé le vaisseau au-dessus de Cerro de San Jacinto, puis de San Marcos. Le vaisseau est resté assez longtemps en position d'observation du côté de San Salvador, s'exposant à la vue de plusieurs centaines de personnes.*

Pallmann raconte qu'un de ses voisins a été témoin de la descente du vaisseau qui est resté suspendu, comme sur un coussin d'air, entre les îles de Los Quemados et de Los Patos, exactement entre sa maison et l'immense lac tropical alimenté par les eaux du fleuve Jiboa.

> *Je n'ai pas entendu dire que quiconque, dans les environs du lac, ait vu le retour du vaisseau, tout comme j'ignore moi-même sur quelle partie du lac Satu Ra, alors aux commandes de son bateau, avait rendez-vous avec les membres de son équipage. Quoi qu'il en soit, un vaisseau de contrôle itibirayen n'est pas éclairé la nuit[24].*

UNE HISTOIRE QUI TOURNE COURT

Le livre de Ludwig Pallmann, intitulé *Cancer Planet Mission* pour la simple raison que les Itibirayens appelaient notre planète la « planète du cancer », a été publié à

Londres en 1970. La promotion du livre a été bien faite, puisque je me souviens qu'un ami avait entendu une interview de l'auteur sur la BBC et lu une critique de son livre dans le *Guardian*. L'ouvrage tomba dans l'oubli et aujourd'hui, il n'est connu que de quelques spécialistes des ovnis.

Quelque temps plus tard, je voulus me rendre à la maison d'édition qui avait publié le livre, pour tenter de retrouver Pallmann. J'appris qu'elle avait fait faillite. Wendelle Stevens, un ancien pilote de l'armée de l'air spécialisé dans la recherche d'anciens combattants disparus, retrouva la trace de Pallmann, sans toutefois parvenir à le rencontrer.

En 1967, Stevens livrait plusieurs avions Beechcraft T-34 à la marine péruvienne. Il s'arrêta pour se ravitailler en fuel à Leticia, un port fluvial sur l'Amazone. Sur un coup de tête, il loua les services d'indigènes pour remonter le fleuve, car il désirait admirer des orchidées très rares qui ne fleurissent que dans la jungle. Devant la végétation luxuriante, il demanda aux Indiens pourquoi ils ne se lançaient pas dans les plantations de certains fruits tropicaux qui poussaient ici en abondance. Les indigènes répondirent qu'il s'agissait d'un projet trop important pour eux. Puis, l'un d'eux fit remarquer qu'il connaissait des « Américains », à trois ou quatre jours de bateau, qui exploitaient la terre. Il ajouta qu'il avait rencontré un Blanc parti à leur recherche il y a quelques mois, un Allemand, et qu'il n'était jamais revenu. Ces Indiens n'avaient jamais vu ces Américains, mais ils en avaient entendu parler par des tribus plus sauvages en amont du fleuve. Les Indiens précisèrent que les Américains se déplaçaient en avion.

En menant une enquête plus poussée à Lima, Stevens tomba sur un article sur un certain « Ludwig F. Pallimann » (*sic*), un commerçant allemand qui vendait, à une chaîne de supermarchés, des produits biologiques et des machines pour traiter et emballer les produits alimentaires, à Lima. Cet homme, rapportait le journal, avait remonté le fleuve en partant d'Iquitos, près de la frontière entre le Pérou et le Brésil. Il recherchait une marante géante pour un certain type d'hybridation garantissant des récoltes plus abondantes. (Nous savons par ailleurs qu'à l'époque, Pallmann faisait effectivement de la recherche pour l'Université agricole de Lima, afin de produire de la nourriture riche en protéines à un prix de revient très bas.) Les Indiens qui avaient accompagné Pallmann dans son expédition lui dirent qu'à trois jours de là, des Américains se livraient aux mêmes activités que lui. Intrigué, Pallmann demanda à poursuivre le voyage. Les Indiens le confièrent aux soins d'une autre tribu.

D'après l'article, arrivés non loin du campement des « Américains », les Indiens refusèrent d'accompagner leur client plus loin, mais acceptèrent de le débarquer sur la rive et lui indiquèrent la bonne direction. Pallmann marcha jusqu'au camp, où des tentes en toile plastifiée avaient été dressées.

Les « Américains » avaient la peau claire, étaient vêtus d'une sorte de toge et parlaient une langue bizarre. Pallmann s'adressa tout d'abord à eux en anglais, puis en espagnol et en allemand, mais sans résultat. Cependant, le français éveilla des réponses limitées. Il fut très bien accueilli et on lui proposa de s'installer sous une tente.

D'après le journal de Lima, Pallmann apprit que ses hôtes, qui affirmaient venir d'une autre planète du nom d'« Itipura », située en dehors de notre système solaire, faisaient des recherches sur des hybridations de plantes qu'ils avaient l'intention de ramener chez eux. Le temps passa et Pallmann se dit que ses associés à Lima allaient s'inquiéter de son absence. Les « Itipurans » lui proposèrent alors de le raccompagner dans un de leurs vaisseaux. Il demanda à ses hôtes de passer par son ranch, en République dominicaine. On l'y transporta en un quart d'heure[25].

Stevens pense qu'au cours de son interview avec le journaliste, Pallmann s'était ingénié à brouiller les pistes.

> *Il avait prétendu être parti d'Iquitos alors qu'on ne pouvait pas rejoindre la plantation depuis Iquitos par le*

fleuve. Quant à traverser la jungle, il ne fallait pas y penser, car elle est impénétrable. D'autre part, il n'avait jamais fait allusion à ses expériences avec les Itibirayens, ni à ce qui se passait à Lima et ailleurs, sans doute pour prévenir toute interférence avec des opérations en cours[26]. *Quand Pallmann disparut, ce n'est pas à sa plantation en République dominicaine qu'on le raccompagna... Pas plus qu'il ne remonta le fleuve depuis Iquitos pour y prendre ses premiers contacts avec des extraterrestres*[27].

En 1968 et 1969, j'ai cherché Ludwig Pallmann dans toute l'Amérique du Sud, et j'ai recommencé en 1971 et en 1972, écrit Stevens dans sa préface à une nouvelle édition du livre, en 1986. *En 1968, il se promenait du côté du Pérou, puis il disparut. En 1977 et en 1978, je n'ai pas eu plus de chance en Allemagne de l'Ouest*[28]. *Bien qu'Allemand de naissance, on pense que Pallmann avait également un passeport britannique. Il se serait réfugié en Angleterre au cours de la Seconde Guerre mondiale, alors qu'il était recherché par la Gestapo*[29]. *Mais mes recherches au Bureau des passeports, à Londres, se sont également soldées par un échec*[30].

Laissons à Pallmann la conclusion de cette extraordinaire histoire :

On jugera sans aucun doute que Cancer Planet Mission *est le produit de mon imagination. Pourtant, une grande partie de ce que je raconte peut être vérifié. Comme je ne tenais pas mon journal au jour le jour et que j'étais très désorienté par ce qui m'arrivait, on relèvera des inexactitudes dans les dates.*

L'important pour moi, c'est d'avoir appris au contact de Satu Ra et de sa sœur qu'aujourd'hui, personne n'a la moindre idée de ce que signifie le mot «paix», la vraie paix, tant leur humanisme modeste et détendu était impressionnant, tant leur bonheur s'inscrivait en parfaite harmonie avec le Temps. Ils semblaient vivre chaque heure, chaque minute au cœur du temps...

16

HISTOIRES BIZARRES

Comme je l'ai signalé dans mes livres précédents, le phénomène des ovnis a longtemps été associé à des mutilations inexpliquées d'animaux, et particulièrement du bétail. D'après le lieutenant-colonel Philip J. Corso, et bien que les premiers rapports publics ne soient sortis qu'en 1967, les mutilations commencèrent au milieu des années 50. De 1954 à 1957, Corso servait dans la « National Security Council's Operations Coordination Board », la branche exécutive de la sécurité nationale la plus sensible du gouvernement des États-Unis.

> *Ceux qui en voulaient aux animaux,* raconte Corso, *semblaient surtout s'intéresser aux organes mammaires, reproducteurs et digestifs, et tout particulièrement à l'utérus des vaches. Dans de nombreux cas, les yeux et la gorge étaient retirés chirurgicalement, par un procédé d'une finesse microscopique qui montrait que l'incision avait été pratiquée avec un instrument utilisant une source de chaleur, car les tissus avaient légèrement noirci en refroidissant*[1]*. Le sang avait même souvent été prélevé sans que les tissus périphériques soient touchés. Aucun de nos instruments médicaux connus ne peut rivaliser avec ceux des visiteurs*[2].

Voici un exemple d'un incident de ce genre. En 1969, Wendelle Stevens livra un avion de transport C-54 à un client, Oscar Bowles, un riche homme d'affaires bolivien, avec lequel Stevens avait déjà traité dans le passé. Le ranch de Bowles se situait à Santa Rosa, où il possédait une usine de traitement de la viande. Au-dessus de sa propriété, à l'ouest, vivait un berger que Bowles connaissait bien. D'après ce dernier, le berger et deux des Indiens qu'il employait étaient en train de surveiller leur troupeau quand un disque silencieux apparut dans le ciel, avant de décrire une large courbe et de s'arrêter à 15 mètres au-dessus d'eux. Des éclairs de lumière blanche jaillirent sous la soucoupe, frappant les moutons. Trente d'entre eux s'écroulèrent. Voici le récit qu'en fit Stevens :

> *Le berger prit un bâton et se mit à courir en le levant en direction de la soucoupe, qui brillait dans le soleil. Il y eut un éclair de lumière violette et l'homme se retrouva quasiment paralysé. Il ne pouvait plus se déplacer qu'avec une extrême lenteur. Ses deux employés étaient frappés de la même torpeur. Les moutons à terre ne bougeaient plus.*
>
> *La soucoupe argentée descendit sans toucher le sol, et une porte dissimulant une passerelle s'ouvrit. Deux êtres apparurent, tout à fait semblables à des hommes.*

Vêtus de combinaisons ajustées d'un blanc brillant et coiffés d'un casque sombre et transparent, les êtres sont équipés de gants blancs et de bottes, et chacun porte ce qui ressemble à un extincteur argenté dans une main, et une canule noire qui s'y rattache par un tuyau blanc de l'autre.

> *Ces deux hommes s'avancèrent au milieu du troupeau et placèrent la canule de l'« extincteur » sur chacun des moutons à terre, sans prêter la moindre attention aux gardiens du troupeau. Ils finirent leur travail en trois ou quatre minutes et retournèrent dans le vaisseau. La passerelle se rétracta tandis que l'engin circulaire, d'une dizaine de mètres de diamètre, s'élevait d'une centaine de mètres. Puis, il y eut un terrible sifflement et la machine disparut dans le ciel.*

Une fois le vaisseau reparti, les bergers retrouvent leur liberté de mouvement et se précipitent vers le troupeau. Les trente-quatre moutons sont morts, saignés à blanc. Quand ils les dépècent, ils découvrent que certains organes, dont le cerveau, les yeux et la rate, sont desséchés et spongieux[3].

UNE ÉTRANGE SOUCOUPE VOLANTE

Le matin du 27 juin 1970, Aristeu Machado, sa femme Maria Nazaré, leur fille aînée de 23 ans, Creuza, leurs quatre petites-filles et João Aguiar, un officier de la police fédérale brésilienne, se détendent sur la véranda de leur maison de l'avenue Niemeyer, qui domine la côte atlantique au sud-ouest de Rio de Janeiro. M. Aguiar croit voir un bateau à moteur soulevant de grandes gerbes d'eau, à 700 mètres du rivage. Il le signale aux autres. A son bord, deux « baigneurs » semblent faire de grands signes. Ils portent des vêtements blancs et « quelque chose sur la tête ».

Les deux personnes semblent travailler sur le pont d'un bateau d'un gris métallique recouvert d'une coupole transparente qui mesure de 4 à 6 mètres de long (voir fig. 19). M. Aguiar court au Mar Hotel, près de chez lui, pour demander du secours à la police du port. Il signale au passage quelques curieux éléments, comme le fait qu'aucun son ne s'échappe du bateau, ou encore qu'il ne tangue pas sur l'eau comme une embarcation ordinaire. M. Aguiar revient chez lui une demi-heure plus tard et, juste après son retour, l'objet s'envole. Le docteur Walter Bühler, un des enquêteurs les plus respectés au Brésil, interviewe les témoins le jour même de l'incident, après avoir été alerté par un reporter du journal *Diário de Noticias*, qui publiera le lendemain un rapport de Bühler :

> *M. Aguiar nous a informés qu'en décollant, la soucoupe ne s'était pas élevée à la verticale, mais avait rasé la surface de la mer sur 300 mètres, fendant l'eau comme un hors-bord. En réalité, ce n'est que quand la machine*

s'éleva au-dessus de l'eau que les témoins réalisèrent qu'il ne s'agissait pas d'un bateau, mais d'un vaisseau spatial.

Quand le disque décolle à environ 600 mètres du rivage, doña Maria Nazaré remarque un objet de forme hexagonale sous l'appareil et plusieurs lumières – verte, jaune pâle, rouge – qui se succèdent toujours dans le même ordre. Alors que le vaisseau semblait d'un gris métallique sur la mer, il devient transparent dans les airs, ce qui lui permet de voir clairement les deux occupants du disque.

Là où la soucoupe s'était posée, doña Maria Nazaré remarque alors un objet blanc, en forme de cerceau, de la

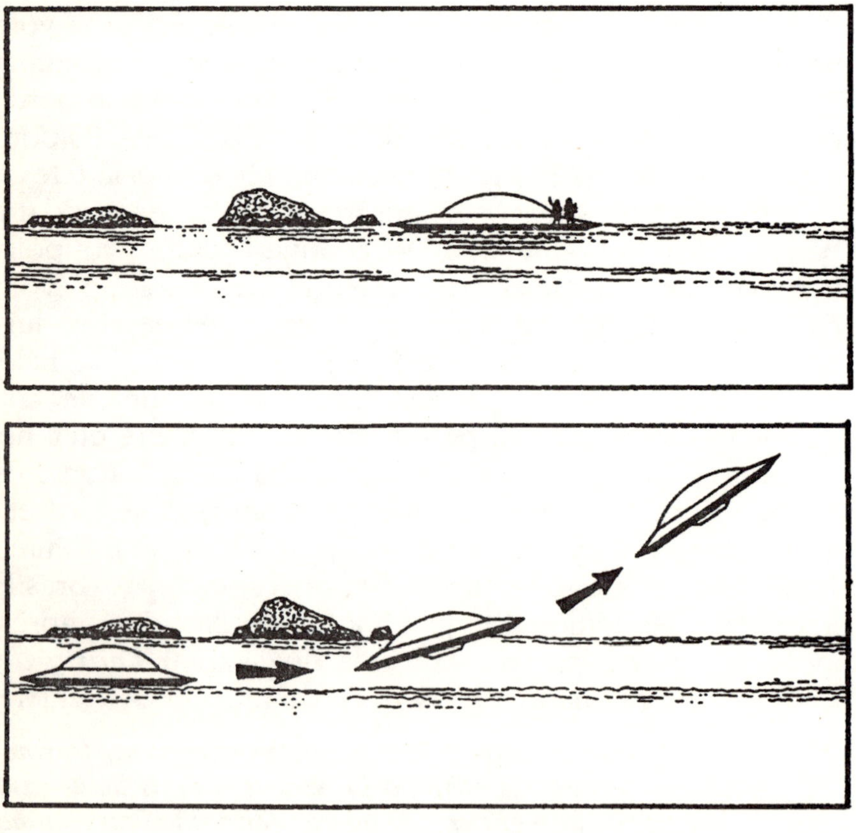

Fig. 18 *(Terence Collins / FSR Publications).*

taille d'une malle ou d'un coffre, qui disparaît sous l'eau. Il réapparaît, et il en sort un objet jaune de forme ovale qui est lentement rejeté vers le rivage. Un objet verdâtre en forme de boudin se sépare plus tard de l'objet jaune, et le suit. Un quart d'heure plus tard, l'objet jaune arrive à environ 120 mètres de la plage, tourne à angle droit, et se dirige vers la plage de Gávea, naviguant à contre-courant. Doña Maria décide de se rendre sur la plage et attire l'attention d'un groupe de garçons sur l'objet. L'un d'eux lance des pierres dans sa direction, mais sans effet particulier. Dix minutes plus tard, il disparaît derrière un promontoire rocheux. Vingt minutes s'écoulent et le « cercle blanc » se dirige lui aussi en direction de la plage de Gávea.

Peu de temps après le décollage du disque, une vedette de Copacabana Fort apparaît sur les lieux, sans doute alertée par le coup de fil de M. Aguiar.

> *Nous ignorons si l'équipage avait observé l'ovni,* raconte le docteur Bühler, *mais on peut supposer qu'ils l'avaient longuement étudié avant d'atteindre la zone d'où il avait décollé, là où le « cercle blanc » flottait toujours à la surface.*
>
> *Arrivés sur le lieu, ils stoppèrent la vedette à 1 kilomètre du rivage. Les témoins virent l'équipage hisser à bord, avec les plus grandes difficultés, un objet rouge cylindrique. [...] Puis, la vedette retourna à grande vitesse d'où elle était venue*[4].

Jamais aucun détail n'a été communiqué concernant l'objet récupéré.

L'ENLÈVEMENT D'UN VEAU

A de rares occasions, on a vu des animaux léviter vers un ovni planant au-dessus du sol avant d'être mutilés. Au cours de l'incident qui suit, il n'y avait aucun ovni à l'horizon, et on ignore ce qu'il est advenu de l'animal. Mais on l'a vu s'élever de façon inexplicable vers le ciel.

Cet événement se serait produit à la fin du mois d'octobre 1970, au ranch de Palma Velha, à 18 kilomètres d'Alegrete, dans le premier district de Rio Grande do Sul, au Brésil.

Vers 16 heures, Pedro Trajano Machado et son fils de 23 ans, Euripides, viennent de se saisir d'une vache pour la soigner. Son veau de vingt kilos se tient près d'elle. Soudain, le troupeau s'affole. La vache entravée se met à meugler en regardant dans la direction de son veau, qui meugle à son tour. Pedro tourne la tête et n'en croit pas ses yeux :

> *L'animal lévitait à environ 1 mètre du sol. [Pedro] cria à son fils de regarder. Le veau commença à marcher dans les airs tout en meuglant. Terrorisé, le troupeau mugit et s'agita dans tous les sens. Le veau se dirigea vers la barrière du champ qui était ouverte, il passa sous les branches d'un arbre et commença à prendre de l'altitude. Il s'était tu. D'après les deux témoins, cette lente ascension verticale dura environ trois ou quatre minutes, et le veau disparut alors qu'il était encore loin d'avoir atteint les nuages.*

On ne retrouva jamais le veau. Une enquête fut menée par le GIPOVNI, un groupe indépendant dirigé par Victor Soares. Les témoins lui semblèrent dignes de foi. Les Machado firent remarquer que certaines nuits, ils avaient vu des lumières rouges aller et venir, des « étoiles » dans le ciel, qui bougeaient, puis s'arrêtaient, effectuant des pirouettes dans les airs, séparément ou par groupes de trois[5].

SUSPENDU DANS LE TEMPS

Parmi les phénomènes inextricablement liés au mystère des ovnis, celui de la distorsion du temps est particulièrement embarrassant. Bien que certains enquêteurs avancent des explications ésotériques pour expliquer la relativité, je crois personnellement que les extraterrestres sont capables de manipuler le temps et l'espace par le biais d'une technologie avancée. Prenons le cas suivant, rapporté par

Gordon Creighton, qui l'a découvert dans un magazine brésilien.

Nelson Vieira Leite, fermier et homme d'affaires important originaire d'Itaperuna dans l'État de Rio de Janeiro, a passé sa journée à travailler sur ses terres, la fazenda Toyota. Nous sommes le 27 mai 1971. Tandis que le soleil se couche, il attend que son cousin Manoel Carlos vienne le chercher. Soudain, M. Leite aperçoit une pâle lumière, laquelle devient de plus en plus aveuglante et vient s'immobiliser juste au-dessus d'un pré. Leite s'avance.

Un objet vert, ressemblant à une assiette à soupe renversée, est suspendu à 1 mètre du sol. Arrivé à 10 mètres de l'objet, Leite se sent comme entravé. Et il a perdu tous ses repères temporels. Il a beau s'efforcer d'avancer, une barrière invisible l'empêche de progresser. Il agite les bras. Le vaisseau émet un bourdonnement, puis n'éclaire plus que le pré alentour.

Derrière lui, M. Leite entend son cousin l'appeler. M. Carlos court vers lui, mais il se retrouve frappé à terre. Comme s'il s'était heurté à une paroi en verre. Carlos demeurera inconscient pendant deux heures.

Leite, terrorisé, fixe maintenant une bande de lumière circulaire tout autour du vaisseau. Il se sent suspendu dans le temps. Selon nos unités de mesure, cela avait duré vingt minutes. Et pour Nelson Neite, vingt années.

> *La lumière du disque devenait maintenant de plus en plus intense et le bourdonnement de plus en plus lancinant. M. Leite se boucha les oreilles. La soucoupe volante décolla lentement à la verticale, puis disparut à une vitesse folle et ne fut bientôt plus qu'une petite étoile dans le ciel.*

Leite parvient enfin à retrouver sa liberté de mouvement. Plus tard, quand Carlos eut repris conscience, ils se mettent à examiner tous deux la zone au-dessus de laquelle flottait le vaisseau. Les longues herbes étaient brûlées.

Cette aventure était certainement en relation avec des extraterrestres ; des gens comme nous, mais un peu différent, confia Nelson Leite au journaliste. *Je n'ai rien vu là qui se situe nécessairement en dehors des limites du rationnel*[6].

DE SINISTRES CRÉATURES DE L'ESPACE

A la fin de l'année 1971, Itaperuna fut le lieu d'une rencontre des plus désagréables.

Le soir du 22 septembre, Paulo Caetano Silveira, un mécanicien, roule sur la route Itaperuna-Carangola. Il rentre chez lui. Soudain, il voit un objet volant à très basse altitude, un disque lumineux qui semble le suivre. Effrayé, il s'arrête à Tombos et prévient la police, qui refuse de le croire. Paulo reprend le volant de sa voiture. L'objet continue de le suivre. Il est maintenant 19 heures.

Peu de temps après avoir quitté la ville de Natividade, Paulo voit ce qu'il prend d'abord pour une vache plantée au milieu de la route. Mais l'objet devient rouge vif, puis vire au blanc éclatant, et il constate qu'il s'agit en fait d'une soucoupe.

C'est alors qu'un rayon lumineux le foudroie et que le moteur de son véhicule cale. Il se retrouve confronté à un vaisseau un peu plus gros qu'une Volkswagen, avec de petites ouvertures, comme un avion. Une porte est ouverte. A son bord se tiennent deux êtres joufflus d'environ 40 à 50 centimètres de haut. Il sent tout son corps, et surtout ses jambes, irrésistiblement attirés vers l'ouverture.

Paulo décrira ces créatures comme des nains à la peau claire, aux yeux bridés et à la tête plate. Ils sont vêtus de combinaisons d'un bleu ciel lumineux, avec de longues manches, de hauts cols, et des « casques romains » surmontés d'une pointe. Ils avancent comme des automates, les membres rigides, et portent des objets qui lancent des rayons rouges et bleus.

La volonté de Paulo est annihilée. Il rassemble toutes ses forces pour tenter de leur résister, mais en vain. Il avance vers les lumières dans un état second. Les créatures viennent à sa rencontre et le tirent en silence vers leur vaisseau. Malgré leur petite taille, ils sont extrêmement robustes. Arrivé devant la porte, Paulo se débat, mais leurs poignes de fer lui meurtrissent les bras. A l'intérieur, il se retrouve dans une cabine de 3 mètres de diamètre et de 2,50 mètres de haut, ébloui par une violente lumière qui le fait cligner des yeux.

Ils sont désormais sept et l'examinent en silence, comme un animal curieux. Il n'entend aucun échange verbal, alors qu'il est pourtant clair qu'ils communiquent entre eux.

Paulo entend alors un vacarme infernal et en déduit que la soucoupe a décollé. Il s'évanouit. Quand il reprend connaissance, il a perdu toute notion du temps, mais il entend un étrange bourdonnement. Il a vaguement conscience qu'on le transporte à l'extérieur et qu'on l'allonge près de sa voiture. Puis, il voit la machine s'élever silencieusement dans les airs et s'immobiliser un bref instant, avant de se propulser dans le ciel à la vitesse de l'éclair.

ÉTAT DE CHOC

Hébété, Paulo se tient sur le bord de la route et attend qu'une voiture s'approche pour lui porter secours. Par un coup de chance inespéré, la première personne à s'arrêter est un médecin, le docteur Cirley Crespo, qui va demander de l'aide à la police d'Itaperuna, à 9 kilomètres de là. Le temps que la police arrive, Paulo a arrêté une autre voiture, conduite par Mário Alves de Brio.

> *J'ai été profondément bouleversé,* racontera ce dernier. *Il s'était visiblement passé quelque chose. [...] Cet homme, totalement désorienté, nécessitait de toute urgence des soins médicaux.*

En arrivant à l'hôpital d'Itaperuna, Paulo est examiné par le docteur Munir Bussad, qui trouve le patient dans un grave état de choc. Son pouls bat la chamade, ses bras sont écorchés et couverts de bleus, ses yeux injectés de sang et sa vision n'est pas revenue à la normale. Le médecin, qui connaissait personnellement Paulo, affirme qu'il ne s'agissait en aucun cas de maladie mentale. «Je sais par expérience que les personnes qui ont connu ce genre de traumatisme ne souffrent pas de désordres psychiques. Ils ne présentent aucun symptôme d'obsession mentale.»

Par la suite, on emmène Paulo au commissariat d'Itaperuna, où il raconte son aventure au préfet de police Jose Luís Maron, et à l'inspecteur Gilberto Gomes.

Quand, cinq jours plus tard, Paulo Caetano Silveira est interviewé par les journalistes, il n'a toujours pas totalement recouvré sa vision, il a du mal à se rappeler exactement ce qui lui est arrivé et il fond régulièrement en larmes. Il dit aux reporters qu'il n'a aucune idée du temps qu'il a passé avec les extraterrestres, mais sa montre indiquait qu'il s'était écoulé un quart d'heure[7].

Trois jours plus tard, Benedito Miranda rapporte avoir lévité de 50 mètres sur l'intervention d'entités similaires, alors qu'il conduisait d'Itaperuna à Catagueses. Bien que dans l'impossibilité de bouger, il s'était mis à hurler qu'on le libère. C'est alors qu'une voiture est arrivée[8].

Comme le montre clairement ce bulletin d'information du 1er octobre, le préfet d'Itaperuna, le frère de Nelson Vieira Leite, était très troublé par les récents événements :

> *Le préfet d'Itaperuna, M. Rubém Vieira Leite, doit envoyer mardi prochain un rapport détaillé à la NASA et au département d'étude des ovnis des forces de l'armée de l'air brésilienne. Il y aborde le sujet sensible des soucoupes volantes, signalées de plus en plus fréquemment par des témoins au cours de ces deux dernières années. Deux personnes, Paulo Caetano Silveira et Benedito Miranda, affirment avoir été capturés et détenus pendant un temps assez court par de «petits êtres». Le préfet va communi-*

quer un récit détaillé de ces événements et demander que l'on prenne un certain nombre de mesures[9].

LE MALAISE DES AUTORITÉS

Dès 1954, un représentant haut placé des forces de l'air du Brésil affirma que les ovnis soulevaient un problème tout à fait sérieux.

> *Il y a eu un accroissement significatif des rencontres d'ovnis depuis les explosions de bombes atomiques,* déclara le colonel Adil Oliveira, chef du service d'information du QG des officiers. *Les forces de l'air du Brésil ont toujours surveillé ce mystère de très près*[10].

Oui, mais que pouvaient bien faire les militaires et les politiciens confrontés aux événements d'Itaperuna ? Vu la nature étrange de ces rencontres et les déductions peu rassurantes qu'elles entraîneraient, n'était-il pas plus simple d'ignorer purement et simplement ces phénomènes ?

> *L'anxiété générale suscitée par ces témoignages,* écrit Gordon Creighton, *peut fournir des arguments à ceux qui sont toujours prêts à accuser le gouvernement de censurer ou de faire disparaître les rapports sur les ovnis*[11].

CURE DE RAJEUNISSEMENT

Ventura Maceiras, un gardien de 73 ans, sirote son *maté* (la boisson nationale argentine non alcoolisée) et écoute la radio près de la baraque de bois où il vit, à Tres Arroyos, dans la province de Buenos Aires. Son chien, sa chatte et ses chatons se tiennent près de lui. Nous sommes le 30 décembre 1972. Soudain, la radio s'arrête d'émettre et il entend un bourdonnement sonore, « comme un essaim de guêpes affolées, mais en plus impressionnant ».

Le bruit s'intensifie. Maceiras lève les yeux et voit une lumière puissante, de plus en plus éblouissante. Une énorme machine, de 20 à 25 mètres de diamètre, « rouge-orange, virant au violet », surgit au-dessus de lui. La partie inférieure de l'objet lance des étincelles à travers des tubes, tandis qu'une énorme roue tourne en permanence autour de ce foyer d'étincelles. La partie supérieure, brillamment illuminée, est coiffée d'une cabine sphérique avec deux hublots. A l'un de ces hublots apparaît un être vêtu d'anneaux cylindriques gris foncé, qui le recouvrent tout entier (à la façon d'un bonhomme Michelin). Il porte un casque, duquel sort un tube relié à une boîte attachée sur son dos.

L'objet oscille vers l'avant dans une pluie d'étincelles, et Maceiras aperçoit le deuxième occupant de la cabine qui regarde par-dessus l'épaule du premier.

> *D'après lui, ils avaient des yeux fixes et bridés qui donnaient une impression de profondeur,* rapporta le principal enquêteur, Pedro Romaniuk, un ancien pilote de ligne chargé d'enquêter sur les accidents d'aviation pour les forces de l'air argentines. *La bouche était marquée par une ligne, et il ne se rappelait pas avoir vu un nez ou des oreilles.*

En plus des hublots, il y avait deux autres ouvertures vitrées sur le côté, séparées par un emblème dont le dessin ressemblait à un hippocampe entouré de signes ou de symboles. A l'intérieur de la cabine, le témoin vit un « long panneau rempli de cadrans et d'instruments ».

> *En même temps que le vaisseau s'inclinait, un puissant faisceau de lumière jaillit de la partie inférieure, aveuglant momentanément le témoin. Cette lumière recouvrit entièrement la chatte. Le vrombissement devenait assourdissant et la couleur de l'objet virait maintenant au bleu-vert. Il s'approcha... et descendit à 6 mètres du sol. Maceiras vit qu'une roue ou un anneau tournait à grande vitesse, dans la cabine supérieure.*

Puis, l'engin disparaît vers le nord-est. Il s'éloigne en volant à basse altitude, sa couleur passant au rouge, puis de nouveau au bleu-vert, laissant derrière lui une odeur de soufre ou d'arnica qui flotte un instant dans l'air. L'incident n'a pas duré plus de trente secondes.

EFFETS SECONDAIRES

Pedro Romaniuk souligne que Ventura Maceiras était un homme simple, quasiment illettré. Il ne possédait pas de télévision et n'allait jamais au cinéma. Ses voisins se portent garants de son honnêteté. Au cours des soixante interrogatoires qui suivirent – menés entre autres par un psychiatre, des ingénieurs, des officiers de police et le secrétaire du bureau de gouvernement local –, il s'en tint à un récit très cohérent et demanda à ce que son histoire ne soit pas divulguée.

Au cours de cet incident, Maceiras ressent des fourmis dans les jambes. Cela dure deux jours. Puis, il a de terribles migraines pendant plus d'une semaine. Le huitième jour, il souffre du dos et de la nuque. Il s'ensuit des symptômes encore plus perturbants, que rapporte Romaniuk :

> *Une semaine après cet épisode, il connut de violents accès de colique, accompagnés de nausées et de vomissements.*
>
> *Le jour de ma première visite, le 16 janvier 1973, Maceiras me confia qu'il perdait ses cheveux. Devant les enquêteurs, il se les arrachait par poignées car, malgré ses 73 ans, il possédait une abondante chevelure.*
>
> *A partir du quatorzième jour, de petites pustules rouges apparurent sur sa nuque. Il se grattait constamment. En l'examinant, je découvris une dizaine de ces pustules purulentes. Puis, le malheureux connut des difficultés de langage, car il avait du mal à bouger la langue. Ses yeux pleuraient constamment et de très fins filaments, de 3 centimètres de long environ, lui sortirent des yeux. Cinq jours après ce dernier phénomène, tous les symptômes avaient disparu.*

Le sommet des arbres qui entouraient le site était complètement brûlé. D'après la commission nationale sur la radioactivité qui n'a pas laissé de rapport écrit, on ne découvrit aucune trace de radioactivité.

Le chien et les chatons étaient en excellente forme, mais la chatte disparut pendant 48 jours et, quand elle réapparut, on pouvait distinguer des marques de brûlure sur son dos.

Malgré les symptômes alarmants ressentis par Maceiras, il se rétablit complètement. Mais l'histoire ne s'arrête pas là. Il découvrit que, pour la première fois de sa vie, il pouvait soulever des poids très lourds[12]. Une nuit de février 1973, Maceiras affirme avoir reçu une nouvelle visite des extraterrestres. Deux d'entre eux ont surgi devant lui, le premier s'est approché en souriant et l'a salué. Il mesurait entre 1,75 et 1,80 mètre, avait de petites oreilles rondes, des yeux bridés, un nez aplati et des cheveux très fins et très courts. La communication s'opéra par télépathie.

De nombreuses informations seront à cette occasion communiquées au témoin. La plus grande partie semble incompréhensible, et même ridicule, mais elle n'en demeure pas moins intéressante. Les visiteurs lui apprennent qu'ils viennent de notre galaxie, et donnent des noms comiques à leurs villes, leur planète et leur empire. Voici quelques extraits de ces communications concernant le mode de propulsion du vaisseau et la finalité des visites des extraterrestres :

> *Leurs technologies sont inconnues des Terriens, qui ne manqueraient pas de s'en servir pour se livrer des guerres impitoyables. Ils se déplacent à des vitesses variables atteignant parfois des proportions inconcevables. Leurs vaisseaux sont moulés à partir d'un minéral inconnu et quasiment indestructible. Rien ne peut les refondre. Ils se projettent dans l'espace sous forme d'énergie, ces énergies sont électromagnétiques et proviennent de l'atmosphère – supérieure et inférieure – de chaque planète.*

Ils nous rendent visite pour nous mettre en garde contre les explosions atomiques, lesquelles risquent d'endommager le Soleil de manière irréversible, et ils prédisent que des mouvements sismiques détruiront bientôt notre planète.

En dehors de la validité douteuse de ces considérations, on ne peut que s'étonner qu'un homme sans la moindre éducation comme Maceiras aborde avec les enquêteurs des sujets et des concepts philosophiques, théologiques et astronomiques. Il lui arriva même de parler couramment une langue inconnue. « Il mentionne des chiffres considérables en miles et en quelques secondes les transpose en kilomètres », commenta Romaniuk.

Ce dernier ajouta qu'il n'avait pas révélé la totalité des informations transmises par le témoin, afin de tenter de les recouper avec d'éventuelles nouvelles sources[13].

Jane Thomas Guma, qui traduisit les rapports de Pedro Romaniuk, estime qu'en comparant les récits de plusieurs contactés considérés comme fous ou peu crédibles, on pourrait établir les points de recoupement et ajouter quelques pièces au puzzle gigantesque auquel nous sommes confrontés[14].

17

ÉTRANGES CRÉATURES

Bien que la plupart des récits, à vrai dire assez rares, qui font état de « petits hommes verts » ou de « petits hommes gris » soient volontiers tournés en ridicule, certains nous semblent réellement mériter notre attention, surtout si le témoin présente toute la fiabilité requise. C'est le cas dans un rapport relatant une bien curieuse histoire, survenue le 10 mai 1978 à Emilcin, un petit village de Pologne situé à 140 kilomètres au sud-est de Varsovie.

Vers 8 heures du matin, un fermier de 71 ans, Jan Wolski, traverse une forêt en charrette, lorsqu'il remarque deux « chasseurs » qui se déplacent curieusement devant lui, par petits bonds successifs, comme des nageurs qui rebondiraient au fond de l'eau. Lorsque Wolski arrive à leur hauteur, ils se mettent à suivre son rythme et à marcher à ses côtés quand, soudain, ils sautent tous deux dans la charrette, de chaque côté du fermier, l'incitant du geste à continuer sa route. Par la suite, les passagers échangent des propos incompréhensibles. Le curieux équipage finit par atteindre une clairière, où l'on aperçoit un grand objet blanchâtre, presque transparent, qui se balance dans les airs à environ 70 mètres du sol, en émettant un léger bourdonnement.

Autant que je puisse en juger, l'objet décrit par Wolski ne ressemble à rien de connu. C'est « une sorte d'autobus avec un toit comme celui d'une grange» d'environ 5 mètres de long sur 3 de large et 2,5 de haut. Dépourvu de hublots, il brille comme un sou neuf.

D'après sa description, de chaque arête dépassent des tiges noires d'environ 30 centimètres de diamètre sur 1,50 mètre de haut, sur lesquelles s'enroule une sorte de spirale (voir fig. 20), comme un tire-bouchon. Ces tiges tournent à une vitesse extraordinaire.

La spirale émet toute une gamme de signaux colorés, et ce sont les tiges, apparemment, qui sont à l'origine du bruit. En s'approchant de l'engin, Wolski remarque que ce bourdonnement s'apparente à celui d'un essaim d'abeilles. L'engin semble moulé d'une seule pièce, sa surface est lisse, dépourvue de joints, de boulons ou de marques quelconques. Une sorte d'ascenseur est suspendu à environ 50 centimètres du sol, fixé au-dessus de l'entrée par quatre câbles.

L'une des créatures prend place sur la plate-forme et fait signe au fermier d'en faire autant. L'ascenseur s'arrête devant l'ouverture et Wolski est invité à entrer.

> *A l'intérieur de l'habitacle,* poursuit le rapport, *dont les cloisons étaient de couleur sombre, se trouvaient deux créatures identiques aux premières. La pièce était rectangulaire, éclairée seulement par la lumière du jour qui pénétrait par la porte ouverte. Les murs, le plafond et le sol étaient d'un noir grisâtre, de la même couleur que les combinaisons de ses occupants. Le plancher brillait «comme s'il était ciré». Les quatre murs, qui semblaient faits de panneaux de verre, étaient flanqués de sièges attachés au sol par deux câbles de couleur noire.*

On ne voyait aucun appareil ni équipement, à l'exception de deux tubes noirs qui couraient d'un angle à l'autre de la cabine, et de deux orifices dans lesquels chaque créature enfonçait chacune leur tour une sorte de tige noire. La hauteur de plafond était d'environ 1,80 mètre. Une dizaine de corbeaux, qui semblaient paralysés, étaient posés, immobiles, les yeux fixes, sur le sol.

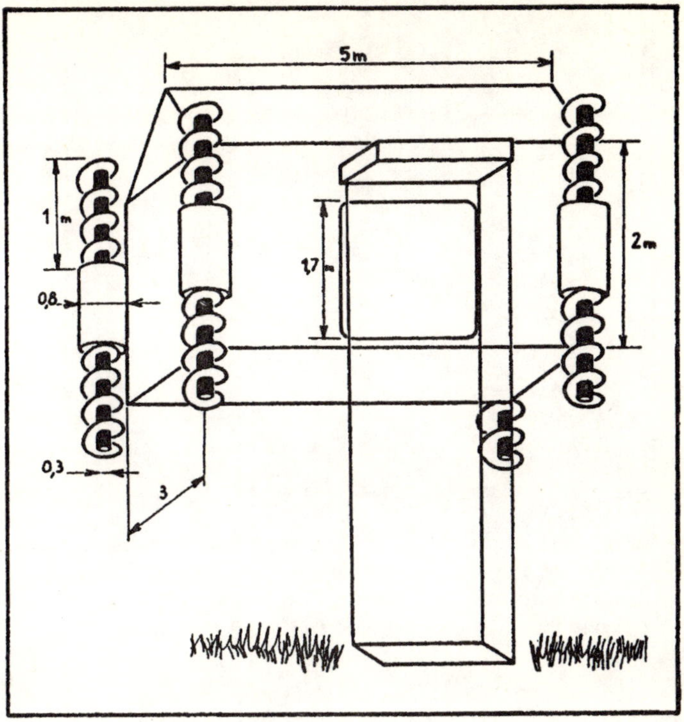

Fig. 19. Croquis de l'étrange appareil
dans lequel fut entraîné Jan Wolski.

LES CRÉATURES

Les quatre créatures, de sexe indéterminé, mesurent entre 1,40 et 1,50 mètre. Leur visage est fin et délicat. Elles sont vêtues de combinaisons moulantes faites d'une sorte de caoutchouc, qui les enveloppent complètement à l'exception du visage, des mains et des pieds, et qui n'ont ni poche, ni attache, ni ceinture. Leurs jambes sont grêles mais, à la façon dont ils avaient bondi sur la charrette, on peut supposer qu'ils s'en servent aussi bien que de leurs bras. Leurs doigts et leurs orteils, reliés par de fines membranes, ressemblent à des palmes de plongeur. Ils ont de grosses têtes, le teint olivâtre et des pommettes saillantes qui leur donnent un air asiatique.

Fig. 20. Interprétation artistique de l'une des créatures rencontrées par Jan Wolski *(WKPiB UFO Klub Mozaika)*.

Leurs yeux en amande, dont le blanc semble absent, sont de couleur sombre. A la place du nez, ils ont une sorte de protubérance fendue de deux ouvertures verticales. La bouche est droite et fine. Ils n'ont pas de lèvres, et leurs dents sont très blanches. Leur visage est dépourvu de pilosité.

Leur sourire a quelque chose d'une grimace. Ils parlent vite, mais avec douceur. Wolski n'éprouve aucune frayeur à leur contact et les quittera presque avec regret.

Au cours des enquêtes qui ont suivi cette rencontre, Wolski est resté persuadé que ces personnages étranges étaient des hommes venus d'un autre endroit de la Terre, des Chinois, peut-être. Il pensait que leur teint gris était dû à un masque, ou à un maquillage spécial[1] !

Les lecteurs intéressés par le sujet savent bien, pourtant, que ces « petits hommes gris » aux yeux en amande, avec une fente à la place de la bouche et des trous en guise de nez, font de fréquentes apparitions dans les récits d'abductés. Si je n'en fais pas plus souvent état dans ce livre, c'est que des histoires de ce genre ne se sont fait jour qu'assez tardivement, à la fin des années 70. Nous ne possédons que quelques témoignages antérieurs à cette date, tel celui de Carroll Watts que nous avons évoqué plus haut, ou le cas fameux de Barney et Betty Hill en 1961 – mais il s'agit d'exceptions.

RENCONTRES EN ITALIE

Giorgio Filiputti, 47 ans, employé des chemins de fer dans la province d'Udine, au nord-est de l'Italie, est occupé à pêcher à Meleria, le 18 septembre 1978 vers 3 heures de l'après-midi, lorsqu'il entend un sifflement strident. Quelques minutes plus tard, il remonte sur la rive et aperçoit, à une vingtaine de mètres de distance, un objet bizarre en forme de disque, posé sur la boue. Il raconte à Antonio Chiumiento :

> *L'engin mesurait 4 ou 5 mètres de diamètre. Il était posé sur trois pieds et était surmonté d'une coupole. Les pieds, hauts d'environ 1,50 mètre, allaient en s'élargissant vers le haut. Ils semblaient constitués de deux tubes coulissants terminés par un disque plat. L'engin ne comportait ni hublot, ni ouverture. Il était fait d'un métal cuivré qui brillait au soleil.*
>
> *Ensuite,* poursuit Filiputti, *j'ai vu quelqu'un surgir de derrière la coupole et marcher vers le bord du disque. Il ressemblait à un Asiatique, mais il mesurait à peine 1,30 mètre. En voyant ce pygmée à la peau jaune, je fus à la fois stupéfait et effrayé. Lui aussi semblait surpris de me voir, et je crois qu'il avait aussi peur que moi.*

En apercevant le pêcheur, le petit homme, en effet, s'arrête quelques secondes, avant de reprendre sa marche. Il se penche et, sans quitter l'intrus du regard, actionne un levier à proximité de la coupole, un gadget « en forme de demi-lune ou de fer à cheval ».

> *Il s'affaira quatre ou cinq minutes en s'assurant que je ne faisais pas un pas de plus dans sa direction. A mon avis,*

il essayait de réparer une quelconque avarie. Il se releva et repartit brusquement, en disparaissant derrière la coupole. De l'endroit où j'étais, je ne pouvais rien voir à l'intérieur.

A peine quelques secondes plus tard, j'entendis un bruit assourdissant, et l'engin s'éleva à la verticale. J'aperçus le dessous de l'engin, au milieu duquel se trouvait une grille en losange. Le train d'atterrissage était déjà rentré. Je vis s'échapper une courte flamme bleue de 60 centimètres, comme celle d'une cuisinière à gaz. L'engin prit de la vitesse et disparut.

Les traces des trois pieds, profondes de 3 centimètres et larges de 50, sont clairement visibles à l'endroit où

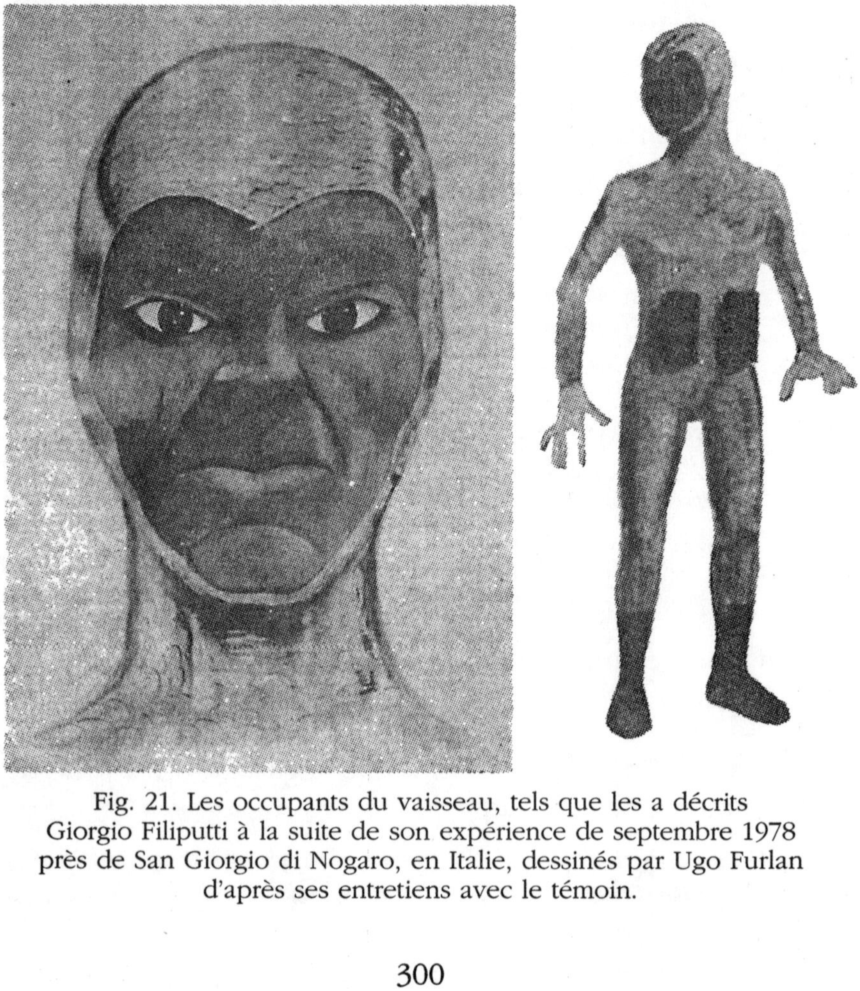

Fig. 21. Les occupants du vaisseau, tels que les a décrits Giorgio Filiputti à la suite de son expérience de septembre 1978 près de San Giorgio di Nogaro, en Italie, dessinés par Ugo Furlan d'après ses entretiens avec le témoin.

l'engin s'est posé[2]. Le témoin se refusera à croire qu'il ait pu rencontrer des extraterrestres. Il reste persuadé que cet engin était un appareil expérimental tenu secret par une puissance étrangère.

GNOMES GROTESQUES

Le 24 novembre 1978, un peu avant midi, Angelo d'Ambros, un habitant de Gallio, au nord-est de l'Italie, coupe du bois pour le feu près de Gastagh. Soudain, il remarque deux effrayantes créatures, comme suspendues à 40 centimètres du sol, qui le regardent fixement.

L'une des deux créatures mesure environ 1,20 mètre, l'autre est plus petite. «Ils étaient très maigres, et leur peau jaunâtre était si tendue qu'on voyait leurs veines saillantes sur les tempes et sur les mains.»

> *Leur crâne était haut et allongé, comme une poire. Ils étaient chauves, avec d'énormes oreilles qui se dressaient en pointe. Ils avaient de grands yeux blancs, très enfoncés et sans paupières, au-dessus d'un nez crochu qui retombait à hauteur de leurs lèvres, et de grandes bouches relevées sur des crocs impressionnants. Une combinaison noire les couvrait des genoux à la tête, ne laissant libres que les mains et les pieds, qui étaient disproportionnés par rapport au reste du corps. Leurs doigts très longs se terminaient par des griffes.*

La plus petite des deux créatures commence à glisser dans les airs en tournant autour d'Ambros, sans bouger ses longues jambes. Le témoin lui demande ce qu'ils lui veulent, mais n'obtient pour toute réponse que des sons inintelligibles. Cependant, leur intention semble très claire : ils sont intéressés par sa hache. S'armant d'une grosse branche, d'Ambros essaie de leur faire peur et les chasse en direction d'une clairière, où leur soucoupe s'était posée.

L'engin est un disque d'environ 4 mètres de largeur sur deux de hauteur en son centre, posé sur quatre pieds d'atterrissage couleur aluminium, qui s'étaient légèrement enfoncés dans le sol. Le dessus, y compris la coupole, est peint de couleurs vives et le dessous est bleu, avec une bande blanche autour de la partie centrale. A un moment, d'Ambros aperçoit la longue main d'une créature refermant une trappe; quelques secondes plus tard, l'engin s'envole dans un «éclair rouge» à une vitesse inimaginable, sans émettre un seul bruit[3].

Ces gnomes griffus ressemblent beaucoup à ceux qui ont pris un malin plaisir à terroriser la famille Sutton dans

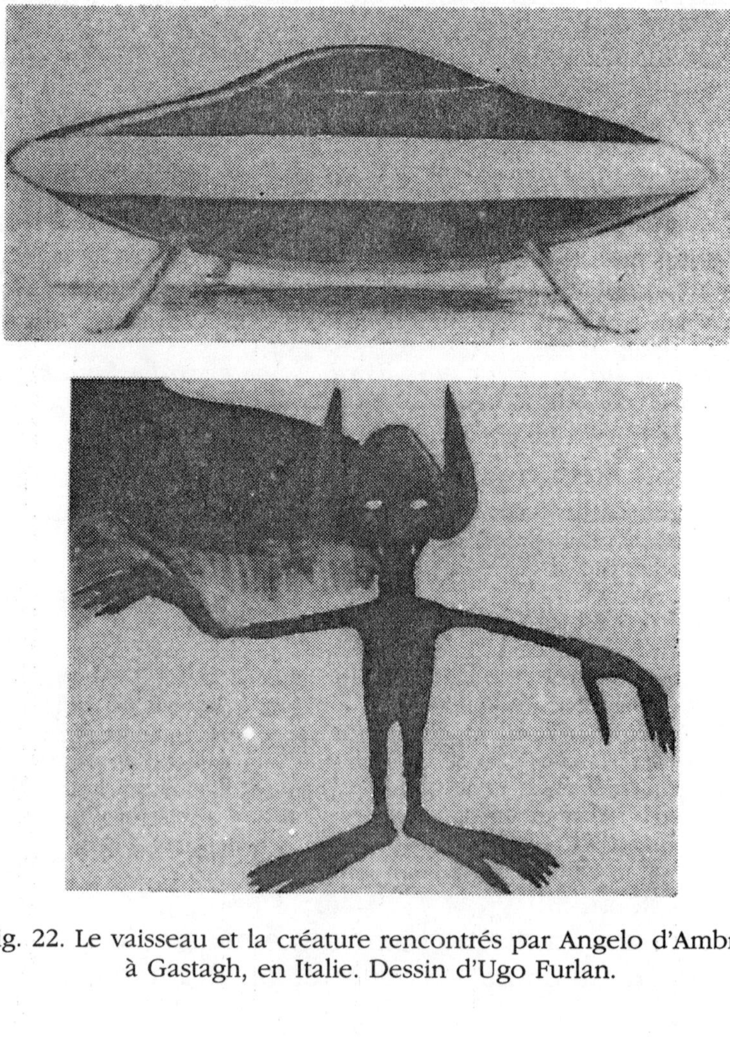

Fig. 22. Le vaisseau et la créature rencontrés par Angelo d'Ambros à Gastagh, en Italie. Dessin d'Ugo Furlan.

le Kentucky en 1955, mais il ne semble pas, cette fois, qu'ils aient été animés de mauvaises intentions.

MISSION D'ÉTUDE

« Oui, c'est vrai, déclara Jesús Antunes Moreira au docteur Walter Bühler, j'ai vraiment vu une soucoupe volante, et j'ai bavardé avec l'équipage. »

Bühler, l'un des ufologues les plus distingués du Brésil (décédé en 1996), écoutait de toutes ses oreilles. Il lui avait fallu beaucoup de temps pour retrouver Moreira qui, au moment de son aventure, le 6 décembre 1978, appartenait à l'équipe de surveillance de l'usine hydroélectrique de Maribonda, à la frontière des États de Minas Gerais et de São Paulo.

> *Il était environ 20 h 30,* raconte Moreira, *et j'étais resté à l'abri dans la cabane des gardes, en haut du barrage, parce qu'il pleuvait à torrents. Brusquement, je remarquai que quelque chose brillait à la surface du plan d'eau. Je sortis et j'aperçus un objet qui flottait dans les airs à 200 mètres de distance.*
>
> *Il volait dans ma direction et je vis que c'était un vaisseau spatial d'environ 5 mètres de large sur 3 de haut, de couleur blanche, qui émettait une lueur diffuse. On aurait dit qu'il allait se poser au sommet du barrage, juste sur la centrale. Il ne faisait pas le moindre bruit.*
>
> *Intrigué, je m'avançai sur le rebord en ciment et le vaisseau passa juste devant moi, pour aller se poser en contrebas. En fait, il n'était pas blanc, mais gris très clair. On pouvait voir une porte de 2 mètres de haut, surmontée d'un hublot, avec une petite plate-forme sur le seuil. J'étais à peine à 6 ou 7 mètres de l'engin. La porte s'ouvrit et trois créatures en sortirent. Ils portaient des bleus de travail étincelants et étaient de très grande taille – au moins 2 mètres. Leurs cheveux longs étaient d'un noir lustré.*

Les visiteurs s'adressent alors au garde dans une langue inconnue. Moreira leur répond qu'il va chercher quelqu'un qui puisse les comprendre.

Je pensais qu'il s'agissait peut-être d'ingénieurs étrangers. Lorsque je m'approchai d'un téléphone qui se trouvait là, ils me firent signe de reculer. A ce moment, j'ai commencé à avoir peur. J'ai mis une main dans ma poche pour sortir mon revolver, mais l'arme s'est enrayée et le coup de semonce n'est pas parti.

L'un d'eux est rentré dans l'engin et en est ressorti avec une sorte de boîte. Je remarquai qu'ils portaient des gants de couleur chair, aussi lumineux que leurs combinaisons. Ils s'adressèrent à moi en portugais, en me disant de rester calme, qu'ils n'avaient pas l'intention de me faire du mal. Lorsque je leur demandai ce qu'ils faisaient là, ils répondirent qu'ils étaient en « mission d'étude ».

Ils ramassèrent quelques pierres à l'aide d'un grappin et les rangèrent dans la boîte. Ensuite, sans manifester aucune émotion particulière, ils rentrèrent dans le vaisseau[4].

Ce n'est pas la première fois qu'il est fait mention d'extraterrestres occupés à prélever des échantillons de roche ou de sol. Ce qui n'a rien de très étonnant. Après tout, la mission des astronautes de la NASA dans le cadre du projet Apollo était exactement de même nature.

ENLÈVEMENT EN ARGENTINE

Le 9 août 1983, vers 19h30, Julio Platner, 34 ans, ouvre la porte de son ranch, à une quinzaine de kilomètres de Winifreda, en Argentine. Il aperçoit alors une vive lumière dans le lointain et monte dans sa camionnette, décidé à voir de quoi il peut bien s'agir. Lorsqu'il sort du véhicule, il voit la lumière braquée sur lui, et se sent soudainement aveuglé et paralysé[5].

> *J'ai eu l'impression qu'un camion me fonçait dessus,* expliqua-t-il le lendemain, encore mal remis de ses émotions. *J'ai voulu lever les bras pour me protéger la figure et, après ça, je ne me suis rendu compte de rien, avant de me réveiller dans une pièce inconnue*[6].

Selon d'autres rapports, Julio a d'abord aperçu des créatures bizarres et s'est retrouvé dans la pièce avec son véhicule[7].

> *J'étais allongé sur une table d'opération, entouré de quatre « personnes », dont l'une me maintenait par les épaules. Devant moi se trouvaient deux autres personnes, un homme et une femme. Je bougeai les lèvres, mais aucun son n'en sortit. Pourtant, ils semblèrent comprendre ma question muette et me « répondirent » mentalement : « N'aie pas peur. Nous ne voulons pas te faire de mal. Ce qui t'arrive est arrivé à beaucoup d'autres avant toi. Tu pourras en parler si tu le souhaites. Certains te croiront, d'autres pas[8]. »*

Puis, à un moment, il sent qu'on le déshabille[9].

> *J'étais envahi d'une douce torpeur,* ajoute-t-il. *La température était agréable et je n'avais pas peur. Je regardai autour de moi, en essayant de mémoriser le plus de détails possible.*

La pièce dans laquelle il se retrouve est sphérique, sans fenêtre, et mesure environ 3 mètres de diamètre. L'éclairage est très intense, mais les sources de lumière demeurent invisibles. La table d'opération et une sorte d'étagère en verre en constituent le seul mobilier. Une vingtaine de minutes plus tard, on lui ordonne de se lever, ce qu'il fait[10].

> *Ils avaient pris toutes mes affaires, mais ils me les ont rendues ensuite. Je ne me rappelle rien d'autre, sinon que je me suis retrouvé allongé sur le toit de ma camionnette, sur la route de Villa Mirasol[11].*

HUMANOÏDES

> *Ils avaient forme humaine,* insiste Platner. *Leur corps était humain, des pieds à la tête. Leurs mains avaient cinq doigts. On aurait dit qu'ils portaient des gants et des bottes. Mais ils ne portaient ni gants, ni bottes. Leur uniforme, c'était leur peau, tendue, sans orifice, sans couture, lisse comme du caoutchouc.*

Leur visage était différent du nôtre ; pas de cheveux, un nez court, une petite bouche et de grandes oreilles. Le trait le plus inhumain, c'était la forme de leurs yeux, ronds et globuleux, dépourvus de cils, avec une sorte de protubérance au milieu. Ils mesuraient entre 1,65 et 1,70 mètre. La « femme » n'était pas très différente des hommes, mais je pense que c'était une femme parce qu'elle avait de la poitrine et qu'elle était plus mince. Ils ne manifestaient aucune émotion, et leur visage restait impassible. On aurait dit des robots.

MME X ET LE SÉDUISANT HUMANOÏDE

Le scénario des enlèvements est tout à fait classique. Des créatures aux yeux exorbités surgissent au milieu de la nuit dans la chambre du témoin et l'entraînent à bord de leur vaisseau. Dans l'anecdote qui suit, quatre êtres étranges ont effectivement fait leur apparition dans une chambre. Mais leur regard était bienveillant, et ils n'ont enlevé personne.

Le 30 avril 1983, Mme X dort tranquillement dans sa chambre, à 20 kilomètres de Sospel, au nord-est de Nice. Il est 2 heures du matin. Elle ouvre les yeux et aperçoit dans le lointain un objet rougeâtre de la taille d'un ballon de football. Elle essaie, en vain, de réveiller son mari qui dort à côté d'elle. La lumière s'éteint. Croyant à un orage, elle passe dans la pièce d'à côté pour regarder par la fenêtre. Lorsqu'elle revient, elle voit en face d'elle quatre êtres presque humains d'environ 1,75 mètre. Ils ont de longs visages très blancs, de longs nez droits, une bouche très fine et des yeux étirés sur les tempes sous des sourcils blonds. Leurs iris sont bleus, mais le plus surprenant reste la position de leurs pupilles, très proches du nez et donnant l'impression qu'ils louchent. Malgré ces détails inhabituels, Mme X les trouve plutôt aimables et séduisants. Elle remarque une autre caractéristique : « Ils avaient des dents, mais pas de sillon entre le nez et la bouche, comme nous en avons tous. »

Fig. 23. Croquis de Mme X représentant un extraterrestre et son vaisseau spatial *(Lumières dans la nuit)*.

Mme X n'a pas peur, mais elle fait une nouvelle tentative pour réveiller son mari. « C'est inutile », dit celui d'entre eux qui semblait être le chef, dans un français sans accent. Les bergers allemands qui, d'ordinaire, se montrent très agressifs avec les étrangers, se sont réfugiés sous le lit. Calmement, Mme X invite ses visiteurs à s'asseoir.

« Savez-vous qui nous sommes ?

– Vous êtes des robots !

– Croyez-vous ? dit le chef en tendant sa main.

– Ainsi, vous êtes des extraterrestres ? », dit-elle, prenant sa main et constatant la douceur de sa peau.

Ils répondent par l'affirmative, mais Mme X éprouve beaucoup de difficulté à penser et à formuler des questions pertinentes. « J'avais l'impression que ma volonté était ralentie », expliqua-t-elle plus tard.

HISTOIRE DE LA TERRE

Puis, les visiteurs se lèvent et déclarent qu'ils veulent lui montrer ce qu'ils savent de l'histoire de la Terre. Ils sortent en sa compagnie. D'autres créatures se trouvent dans la cour. « Nous allons organiser une projection », annoncent-ils.

Un épais brouillard s'est levé, et il fait plutôt froid. Mais Mme X n'en souffre pas. Ses visiteurs, en compagnie de trois de leurs compagnons, lui montrent des images sépia sur une sorte d'écran de 3 mètres de haut. Les « films » retracent l'histoire de notre planète, depuis la préhistoire jusqu'à la Seconde Guerre mondiale, en insistant particulièrement sur les conflits armés. Quand Mme X déclare que la guerre ne l'intéresse pas, ils lui répondent qu'ils ne connaissent les humains que sous ce jour.

LE DÉPART

A la fin de la projection, Mme X rentre à son domicile, suivie par ses visiteurs. Son mari dort toujours et les chiens continuent à se tenir parfaitement tranquilles. Elle pose encore quelques questions à ses visiteurs qui, estimant qu'elle ne comprendrait pas leurs réponses, n'en fournissent pas. Lorsqu'elle leur demande pourquoi aucune femme ne les accompagne, ils répondent que le fait est exceptionnel, mais que les femmes sont aussi nombreuses que les hommes parmi eux. Mme X se sent parfaitement à l'aise avec ses « invités ». Elle propose de leur servir à boire ou à manger, mais ils déclinent l'invitation, en assurant qu'ils reviendront six mois plus tard (une promesse non tenue).

A 4 heures, les visiteurs décident qu'il est temps de partir. « Ils se levèrent et prirent congé de Mme X, qui les accompagna jusqu'à la porte », raconte Tolosano.

Elle aperçoit alors un engin de forme ovale, long d'environ 15 mètres. Elle remarque qu'une lumière diffuse s'échappe d'une porte. Un brouillard tombe brutalement.

Puis, une passerelle descend et les créatures s'y engagent pour monter à bord.

Enfin, le vaisseau s'envole dans un léger sifflement. Mme X retourne se coucher et son cœur se met à battre la chamade, alors qu'elle était restée parfaitement calme devant ses visiteurs[12]. Cette réaction à retardement est fréquente chez un certain nombre de témoins.

Par la suite, Mme X se demande si elle doit prévenir la gendarmerie ou le curé du village, mais elle préfère finalement garder le silence. Elle ne dit rien non plus à son mari, pour ne pas l'inquiéter. Elle finit par raconter son aventure à une amie, qui en parle à son tour à deux ufologues, Marc Tolosano et Claude Dufour, lesquels n'ont pu que constater la cohérence de ce récit. Mme X a vaillamment traversé cette épreuve, mais elle n'en a toujours pas bien compris la raison. « Pourquoi moi ? » ne cesse-t-elle de se demander depuis[13].

Aussi fantaisistes que puissent paraître certains récits, il est important de ne pas les rejeter a priori, sous prétexte que nous n'y retrouvons pas nos idées préconçues sur la question. Malheureusement, c'est ce que font beaucoup d'enquêteurs ou d'auteurs dans ce domaine. On serait surpris de voir le nombre de récits dont personne ne s'est jamais fait l'écho dans les livres ou dans les médias, simplement parce que des témoins pourtant dignes de foi ont fait des rencontres incroyables.

LES CRÉATURES DU KIRGHIZSTAN

« Le phénomène des ovnis est une question importante, et nous devons l'aborder avec sérieux », déclarait Mikhaïl Gorbatchev, ex-président de l'URSS, devant un groupe de mineurs de l'Oural en avril 1990[14].

La même année, l'intérêt de la Russie pour les ovnis connut un certain regain, comme ce fut le cas en 1989, lorsque des témoins aperçurent des visiteurs à Voronej – trois géants et un robot.

Le 18 mai 1990, dans le village de Kairma près de Frounze, capitale du Kirghizstan, un garçon de 10 ans, Dima, se précipite vers sa mère en criant qu'il vient de voir des « créatures de l'espace ». Incrédule, elle sort de la maison et les aperçoit à son tour. Mesurant 1 mètre à peine, ils portent des casques et des combinaisons brillantes avec des bandes sur les manches et les jambes de pantalons.

Leurs mains se terminent par trois doigts crochus. Dima raconte que lorsqu'ils l'ont vu, ils ont sorti une sorte de boîte en même temps que des antennes ont surgi de leur tête. Comme l'avait noté Angelo d'Ambros, ils semblent glisser à quelques centimètres du sol. Dima et sa mère, terrorisés, se réfugient chez un voisin. Mais en quittant leur maison, ils ne perçoivent plus le moindre signe de la part des créatures.

Des phénomènes étranges se produisent les nuits et les jours suivants. Le 29 mai, d'autres témoins les ont vus à 3 kilomètres de l'endroit où les créatures avaient fait leur apparition pour la première fois. Peu avant 9 heures, trois femmes qui travaillent dans un garage entendent un bruit sourd, comme celui d'une corne de brume. Par la fenêtre, Ludmila Sadovskaïa voit une étrange créature qui la fixe de ses yeux brillants. Elle n'a pas de nez, sa peau est verdâtre et une fente remplace la bouche. Les trois jeunes femmes sortent en courant de l'atelier et appellent à l'aide. Deux hommes qui se trouvent sur les lieux déclareront avoir vu au même moment une « soucoupe volante » au-dessus du garage. Les observateurs ont noté que la pression atmosphérique avait subi des modifications importantes[15].

DANS LE CIEL

Des pilotes de l'aviation civile ou militaire, de plus en plus nombreux, font état de rencontres avec des objets volants non identifiés, au risque de compromettre leur réputation de sérieux et parfois de perdre leur emploi.

C'est ainsi que le Mexique, au cours de l'année 1994, a connu une spectaculaire vague d'apparitions, constatées notamment depuis des avions de ligne prêts à atterrir sur l'aéroport international de Mexico.

Jaime Maussan, journaliste à la télévision, rapporte qu'au début du mois d'août 1994, des pilotes de ligne ont été poussés à des manœuvres soudaines pour éviter une collision avec un ovni. Le capitaine Fernando Mesquita, commandant du vol 304 en provenance d'Acapulco, manqua de peu un énorme engin métallique argenté qui surgit d'un nuage avant de passer juste en dessous de l'appareil.

Les pilotes arrivant à Mexico sont gravement préoccupés par le fait que les ordinateurs de bord soient fréquemment perturbés par la proximité d'engins volants non identifiés. Incapables de lire correctement des données essentielles comme la vitesse ou l'altitude, ils sont alors obligés de naviguer à vue. Il semble, par ailleurs, que le gouvernement soit parfaitement au courant[16]...

D'autres régions du Mexique connaissent des événements du même ordre. Selon feu mon ami Hal Starr, qui habitait dans la région d'Alamos, voir un ovni dans les parages était devenu monnaie courante[17]. Y aurait-il une base secrète dans la Sierra Madre ?

LA PYRAMIDE DE PELOTAS

L'aventure la plus insolite est sans doute celle qu'a rapportée Haroldo Westendorff, propriétaire d'une rizière dans l'État brésilien de Rio Grande do Sul et champion d'acrobatie aérienne à ses moments perdus. Le 5 octobre 1996, il quitte l'aéroport de Pelotas, se dirige vers la plage de Laranjal, près du Lagõa de los Patos, et revient vers Pelotas. Il est 10 h 30.

L'attention de Westendorff, qui vole à 180 mètres, est attirée par un énorme engin. L'objet tourne en silence sur son axe, se dirigeant vers la côte atlantique à une vitesse d'environ 100 km/h. Le pilote s'approche pour mieux voir. « Il était vraiment gigantesque », déclarera-t-il un peu

A

B

Fig. 24. L'appareil d'Haroldo Westendorff examinant l'énorme engin diamètre. Un engin en forme de disque en sortit à la verticale (C), mère émit alors des rayons de lumière rouge (D) avant de commencer *(GPCU)*.

C

D

conique, dont la base, selon le pilote, avait une centaine de mètres de changea de cap et disparut à une vitesse phénoménale. Le vaisseau-un mouvement de rotation et de disparaître à son tour à 12 000 km/h

plus tard au GPCU, un groupe de recherche brésilien sur les ovnis[18]. Il a la forme d'une pyramide à huit faces. Sur chaque face se trouvent trois protubérances en ligne, sans doute des hublots (voir fig. 25).

Westendorff constate que la base de l'engin mesure environ 100 mètres de diamètre, sur une cinquantaine de mètres de haut. Il appelle par radio la tour de contrôle de Pelotas, et demande si le personnel est au courant. Airton Mendes da Silva, de service à ce moment-là, se saisit des jumelles et localise l'engin.

Westendorff contacte ensuite le centre radar de Curitiba, qui dépend du CINDACTA, chargé de surveiller l'espace aérien du Brésil. On lui déclare qu'aucun appareil n'est visible dans un rayon de 200 kilomètres autour de l'avion. Le pilote demande l'autorisation de passer sur une fréquence radio spéciale pour faire une description détaillée de ce qu'il voit, mais la permission est refusée. Il décide alors de faire le tour de l'engin. Son téléphone cellulaire sonne à ce moment-là. C'est son fils, qui note dans la voix de son père une grande excitation et passe le récepteur à sa mère. Celle-ci enjoint à son mari d'être prudent. Westendorff décide de faire une deuxième fois le tour de l'engin mystérieux. Il remarque que le dôme supérieur s'est ouvert. Soudain, un disque sort à l'air libre et s'élève verticalement. Puis il s'incline à 45° et file vers l'océan Atlantique à une vitesse phénoménale.

Au moment où Westendorff entame son troisième tour, l'énorme vaisseau se met à tourner sur lui-même, de plus en plus vite. « A cet instant, j'ai eu très peur, dit-il. J'ai cru que ma dernière heure était venue. J'ai pensé que la chose allait exploser, et mon avion avec. » Lorsque l'étrange appareil s'éloigne à toute vitesse et disparaît, Westendorff a de la peine à croire qu'il est encore vivant et que son avion est intact.

> *Je suis tout à fait sûr de ce que j'avance, parce que j'étais à peine à 40 mètres de l'engin. Personne ne me fera dire le contraire. Et je suis absolument certain que ce que j'ai vu ne pouvait venir que d'une autre planète*[19].

18

BASES SECRÈTES DANS LE MONDE

Depuis une quarantaine d'années, on assiste à Porto Rico à une multitude de rencontres avec des êtres ou des «animaux» appartenant à des espèces inconnues. On a beaucoup parlé, notamment, de créatures démoniaques appelées *chupacabras* (égorgeurs de chèvres), responsables de la mort étrange de centaines de têtes de bétail et d'animaux domestiques. Depuis des années, les apparitions d'ovnis sont accompagnées, en certaines occasions, par des récits qui font mention de ces «vampires» nouvelle manière, avides de sucer le sang des vaches ou des moutons avant d'abandonner leurs dépouilles.

Zulma Ramírez de Pérez, dont la famille possède des terres à Cabo Rojo, au sud-ouest de Porto Rico – endroit d'où proviennent un grand nombre de rapports et où, suppose-t-on, pourrait se trouver une base secrète –, raconte que, depuis 1956, des membres de sa famille voient régulièrement un engin en forme de disque surmonté d'un dôme pénétrer dans les eaux du lac Cartagena ou en sortir. «On aperçoit très nettement des silhouettes à l'intérieur du dôme», dit-elle à Jorge Martín, célèbre ufologue local. «Certaines fois, nous les avons appelés, et ils se sont arrêtés juste en face de nous.»

Une nuit de 1964, Quinn, le frère de Zulma, leur demande en criant de dévoiler leur véritable identité. Un peu plus tard, il part dans sa jeep, impatient de voir ce qui se passe sur le lac. En sortant du véhicule, il aperçoit deux créatures qui se dirigent vers lui. Martín se souvient de ses premières impressions :

> *C'était des hommes de race blanche, de très grande taille, avec des cheveux longs. Ils portaient des combinaisons argentées très ajustées. « Leurs traits étaient fins et délicats, presque féminins », m'avouera-t-il plus tard. Il était un peu nerveux et leur demanda de ne pas s'approcher plus près. Ils répondirent par de gentils sourires et repartirent vers le lac. Je sais qu'il a rencontré ces êtres plusieurs fois ensuite. Très souvent, il partait en direction du lac, et il ne racontait rien de ce qu'il avait fait. Mais je savais qu'il était en compagnie de ses « amis », comme il les appelait*[1].

Des extraterrestres « presque humains » ont été vus plus récemment. Jorge Martín me racontait qu'un soir de 1987, Ligia Medina était en train de pêcher avec son petit-fils près de Puerto Real, dans le même secteur, lorsqu'un immense engin en forme de disque surgit des nuages. Le vaisseau semblait transparent, si bien qu'elle pouvait voir des silhouettes qui s'activaient à l'intérieur (un récit qui ressemble beaucoup à celui de Lucy McGinnis). Le petit-fils pleurait, terrorisé. Elle le rassura, disant que, s'ils tenaient à emmener quelqu'un, elle partirait seule avec eux. Mais le vaisseau disparut comme il était venu[2].

TREMBLEMENT DE TERRE

Le 30 mai 1987, des habitants de la région du lac Cartagena aperçoivent une étrange « boule de feu » descendre vers le lac dans un bourdonnement assourdissant. Vers 2 heures du matin, selon plusieurs témoins, un disque brillant se balance pendant un bon moment au-dessus du lac. Le jour suivant, dans l'après-midi, le sud-ouest de l'île est ébranlé par une violente secousse sismique, accompagnée d'un grand bruit, comme une explosion souterraine.

L'épicentre du séisme, d'abord localisé entre les villes de Lajas et de Cabo Rojo, se situe en réalité au large des côtes ouest de Porto Rico.

Le soir du 1er juin 1987, un immense vaisseau de forme cylindrique, terminé à chaque extrémité par une sphère, est aperçu par de nombreux témoins près de Betances.

> *Il était vraiment énorme, c'était inimaginable,* raconte Rosa Acosta. *Cette chose est descendue du ciel et est restée comme suspendue dans les airs au-dessus du lac Cartagena. Un quart d'heure plus tard, elle est repartie en direction du sud, derrière la Sierra Bermeja.*

Après l'explosion, plusieurs fissures, desquelles sortait une épaisse fumée bleue, sont apparues en différents endroits de Lajas, de Cabo Rojo et des environs du lac. Un cordon de soldats a été installé autour du secteur, et des hommes en treillis ou en civil se sont succédé sur les lieux pour prélever des échantillons d'eau, de boue, de terre et de végétation[3].

A la fin de l'année 1988, des témoins ont vu à deux reprises des avions de la marine américaine disparaître à proximité d'objets triangulaires, peut-être même y être engloutis. L'un de ces incidents s'est produit à proximité immédiate du lac[4]. Les habitants de la région, depuis cette date, sont persuadés qu'une base secrète est installée non loin de là.

De nombreux pêcheurs, également, ont déclaré avoir vu des ovnis au large des côtes.

> *Il se passe quelque chose d'anormal par ici,* raconte Aristides Median. *Un jour, j'étais en train de pêcher près de Cayo Margarita, et deux engins sont passés sous mon bateau en dégageant une lumière bleue. Une autre fois, je les ai vus émerger et s'envoler à toute vitesse, puis revenir et plonger de nouveau au même endroit*[5].

Je me suis rendu plusieurs fois à Porto Rico, en 1990, 1991 et, à trois reprises, en 1997, pour enquêter personnellement sur un bien étrange phénomène. Malheureusement, mes investigations n'ont jamais réellement abouti. Un jour, cependant, un événement bizarre s'est produit dans un secteur que j'avais visité la veille avec Jorge Martín, exactement douze heures auparavant – douze heures trop tôt, suis-je tenté de dire. A l'aube du 31 août 1990, plusieurs témoins ont vu cinq créatures bizarres, ressemblant de façon frappante à celles qu'on avait aperçues trois mois plus tôt dans le Kirghizstan, sur une route qui conduisait au lac Cartagena.

L'un des témoins, Miguel Figueroa, tente de les poursuivre en voiture. Alors qu'ils se retournent, leurs yeux projettent dans sa direction un faisceau de lumière aveuglante. Il raconte à Jorge Martín :

> *J'ai entendu ou senti quelque chose qui m'interdisait de faire un pas de plus. Ils étaient très maigres, avec de grosses têtes en forme de poire surmontées de grandes oreilles pointues. Ils n'avaient pratiquement pas de nez, et une fente remplaçait leur bouche. Leurs bras démesurés étaient terminés par des mains à trois doigts. Je ne sais pas s'ils portaient des vêtements, en tout cas j'ai eu l'impression qu'ils étaient nus. Ils étaient d'un gris verdâtre...*

Ensuite, les créatures disparaissent en direction du lac. Le jour suivant, Figueroa reçoit un coup de téléphone inquiétant (alors que son numéro était sur liste rouge) d'un homme à l'accent américain.

> *Il m'ordonna de ne rien raconter à personne sur ce que j'avais vu. Je suis certain que je n'ai pas rêvé, et que ces êtres doivent vivre quelque part dans le coin, sûrement dans une base souterraine*[6].

Il semble qu'une tribu assez semblable possède une base non loin de là, dans une réserve naturelle qu'on appelle généralement *El Yunque*, du nom de la montagne qui surplombe le parc. De nombreux témoins ont vu dans ces parages de petits êtres bizarres aux grands yeux noirs. Personne, toutefois, n'a jamais rien remarqué au sujet des oreilles pointues, et ces créatures n'avaient pas trois doigts, mais quatre.

Un soir de février 1991, l'ex-officier de police Luís Torres et sa femme, en compagnie de deux collègues et de leurs épouses, eurent la surprise de voir deux de ces petits hommes descendre la route 191, près de l'office du tourisme, et s'approcher d'eux. Ils s'exprimaient dans un « charabia incompréhensible ». « On aurait dit un disque qui ne serait pas passé à la bonne vitesse », précisa Torres à Magdalena Del Amo-Freixedo. Les créatures, de petits hommes à tête d'œuf avec une peau « d'un vert grisâtre », les croisèrent sans leur jeter un regard.

> *Pourtant, ils ne pouvaient pas ne pas nous avoir vus. Une trentaine de mètres plus bas, ils ont fait demi-tour et sont repassés devant nous. Nous avons essayé de les suivre.*
>
> *J'ai sorti mon revolver, pas pour leur faire du mal, mais pour leur montrer que nous étions armés, afin qu'ils ne tentent rien de leur côté. Ils ne se sont pas retournés, mais on aurait dit qu'ils le savaient. Ils ont pressé le pas et, brusquement, ils ont obliqué vers la gauche du sentier et ils ont disparu dans les fourrés.*

Margarita Torres était sous le charme. Elle aurait aimé les ramener avec elle, « ils étaient bizarres, mais en même temps tellement adorables, on aurait dit des poupées jumelles[7] ».

Le 13 août de la même année, aux premières heures du jour, la señorita Marisol Camacho, qui habitait près du lac Cartagena, aperçoit sur son balcon deux créatures en tous points semblables aux précédentes, occupées à inspecter les plantes de ses jardinières à l'aide de leurs quatre doigts osseux.

> *Curieusement, je ne pouvais pas faire un mouvement,* raconte Marisol à Jorge Martín. *Ils ont pris quelques*

feuilles avant de partir, en marmonnant dans une langue bizarre. Ils sont revenus quinze jours après, mais quand ils m'ont vue, ils se sont enfuis. Ces gens habitent au milieu de nous, c'est sûr. Il faudra bien finir par s'en rendre compte[8].

C'est aussi en 1991 qu'Ulises Pérez a rencontré une créature analogue (à ceci près qu'elle avait la peau très blanche constellée de taches roses), dans un canal d'irrigation conduisant au lac Cartagena. Lorsque Pérez tenta de s'approcher, la créature plongea dans les eaux du canal[9]. Les doigts palmés dont font état plusieurs témoins confirmeraient la nature amphibie de ces êtres venus d'ailleurs.

LA BASE DE SANTIAGO

Un autre secteur de Porto Rico qui connaît une activité inhabituelle est la région de Salinas, notamment à proximité d'une base locale de l'armée américaine. Un soir d'octobre 1987, par exemple, plusieurs témoins ont vu un engin en forme de boomerang survoler la base, ensuite de quoi toute la zone s'est trouvée privée d'électricité. En d'autres occasions, ce sont des triangles volants qui ont été aperçus. Jorge Martín, dont je connais personnellement la grande honnêteté intellectuelle, a vu de ses yeux un disque étrange survoler la base un après-midi de janvier 1993. Il était accompagné de trois ufologues américains et de leurs épouses. « Nous sommes tous témoins, raconte Jorge. C'était un objet rond avec un fond plat et un dôme sur le dessus. »

Déjà, au cours de l'été 1979, José Luís Rodriguez et son cousin déclarent avoir vu des disques volants qui semblaient tout droit sortir du sol, près de la base de Santiago. Les jeunes gens, qui se promenaient à cheval, se trouvaient précisément au nord-est de la base, entre Rio Juan Mountain et un tronçon de l'ancienne route n° 1, près du champ de manœuvres militaires. L'incident se produisit vers 14 heures.

> *Nous avons entendu un grand bruit et, soudain, nous avons vu la terre s'ouvrir devant nous,* raconte Rodriguez à Jorge Martín. *Une partie du sol s'est soulevée, les rochers, les buissons, la végétation et tout le reste. Le terrain semblait normal, mais en fait, il était constitué de sortes de plaques. Les plaques étaient soutenues par des vérins hydrauliques et, sur le côté, pendaient des filets de camouflage recouverts de feuillages.*

Les parois métalliques s'enfonçaient profondément dans le sol. Tandis que les plaques de camouflage se soulevaient, les témoins purent apercevoir des ouvertures rectangulaires d'environ 25 mètres de large. Deux ovnis circulaires de 20 mètres de diamètre en sortirent lentement.

Ce que les jeunes gens aperçurent sur le fond plat des engins était inimaginable : le sigle URSS, ou UPSS[10]. On peut donc en déduire qu'il s'agirait d'une réalisation des Soviétiques, ou des Américains, ou des deux, inspirée par la technologie des extraterrestres. Les témoins virent une jeep s'approcher d'eux et, certains d'avoir été repérés, éperonnèrent leur monture sans demander leur reste[11].

LA CRÉATURE DE SANTIAGO

En 1979 ou 1980, une créature semblable, bien qu'un peu plus petite, à celles qui ont été vues en grand nombre à Porto Rico, aurait été tuée par un jeune garçon, José Luís « Chino » Zayas, dans une caverne proche du camp de la Garde nationale, à Santiago. « Nous ne savons pas s'il s'agit d'une créature venue d'ailleurs, précise Jorge Martín. Ce qui est certain, c'est qu'il se passait des choses bizarres dans cette caverne[12]. »

> *C'était la première fois que j'entendais parler de ça,* explique à Martín le sergent Benjamín Morales, de la police de Salinas, qui poursuit : *Chino se promenait avec*

un copain quand ils ont vu un groupe de petites créatures bizarres. L'une d'elles a attaqué Chino, lui a attrapé la jambe et l'a griffé. Le garçon a pris peur, il a saisi un bâton, il a frappé et estourbi la créature. Je l'ai vue peu de temps après, quand Osvald Santiago l'a apportée au poste. Cette chose appartenait à une espèce inconnue (voir cahier photo 2, page XV), *ce n'était pas un être humain, ni un animal. Je suis dans la police depuis vingt-quatre ans, et je peux dire que je n'ai jamais rien vu de pareil. J'ai un diplôme d'infirmier, et j'affirme que ceux qui prétendent que c'est un singe ou un fœtus sont des menteurs.*

Selon Elizabeth Zayas, la sœur de Chino, les pieds de la créature étaient très particuliers et ressemblaient un peu à des palmes, ce qui rappelle les extraterrestres décrits par Jan Wolski. « En tout cas, une chose est sûre, ajoute-t-elle, ce n'était ni un singe, ni un bébé[13]. »

Calixto Pérez, professeur de chimie à l'université de Porto Rico, a lui aussi examiné la créature. « A mon avis, c'est un être venu d'ailleurs. Sa tête était beaucoup trop grosse pour son corps, et ses yeux beaucoup trop grands[14]. »

« Ensuite, des hommes sont venus, raconte Elizabeth. Ils ont dit qu'ils étaient de la NASA. Ils ont trouvé la jarre où était la créature, et l'ont emportée. »

LA CHASSE AUX *CHUPACABRAS*

Les mutilations d'animaux se sont multipliées à Porto Rico à la fin de l'année 1994. Ces accidents sont attribués aux *chupacabras*, monstres égorgeurs de chèvres, que Jorge Martín appelle des « entités biologiques anormales ». Les bêtes égorgées présentent sur le cou ou sur la mâchoire inférieure plusieurs trous circulaires formant le plus souvent un triangle, et assez profonds pour atteindre le cerveau, ce qui provoque une mort instantanée. « Quel que soit l'objet utilisé pour percer ces trous, il mesure au minimum 8 ou 10 centimètres de long », précise Martín.

Les victimes sont littéralement vidées de leur sang. Selon la plupart des témoignages, les *chupacabras* tiennent plus ou moins du dinosaure miniature. Ce sont des créatures bipèdes, dotées d'une queue et de membres antérieurs très courts, terminés par des sortes de mains à trois doigts.

Ils ont les yeux rouges, deux trous à la place du nez, une bouche fendue garnie de longs crocs qui descendent sous la mâchoire. Ils sont couverts d'une épaisse fourrure, en général noire, mais qui a la propriété de changer de couleur[15].

On dit aussi que ces créatures sont capables de voler. Un témoin, Daniel Pérez, qui habite au nord du secteur d'El Yunque, raconte qu'un matin, vers 6h45, il a entendu un fort bourdonnement.

> *« J'ai vu une créature descendre du ciel en volant,* explique-t-il à Martín, *et se poser sur un gros rocher à environ 5 mètres de l'endroit où je me trouvais. »*
>
> *Le monstre, debout sur ses pattes arrière, mesure 1,50 mètre. Ses pattes avant sont très courtes. Il a sur le dos des sortes de nageoires qui bougent sans arrêt. Elles mesurent 20 centimètres de long, et elles ondulent de telle façon qu'on dirait une chevelure*[16].

En janvier 1997, Jorge Martín et sa femme, Marleen, m'ont emmené à Canóvanas, où j'ai pu interroger plusieurs personnes qui, comme Daniel Pérez, avaient vu des *chupacabras* en plein jour. Madelyn Tolentino et sa mère nous ont montré l'endroit où elles avaient rencontré l'une de ces créatures un après-midi d'août 1995.

Jorge, de son côté, a recueilli un grand nombre de témoignages sur le sujet. Un certain nombre de *chupacabras* ont d'ailleurs été capturés, vivants ou morts. Dans la nuit du 6 au 7 novembre, un spécimen vivant aurait été envoyé aux États-Unis pour enquête. Un civil dont je tairai le nom et qui travaille à la base de San Juan a vu un spécimen mort, conservé dans la glace à l'intérieur d'une cage grillagée.

En voyant cette vilaine créature, il a fait remarquer aux gardes qu'elle ressemblait aux chupacabras. *Les gardes se sont fâchés, ils lui ont dit que c'était un singe. Ils ont ajouté qu'il ferait mieux de se taire s'il ne voulait pas perdre son boulot*[17].

L'existence des *chupacabras* est prise très au sérieux par les autorités. Le 5 novembre 1995, les députés José Nuñez Gonzáles et Juan López ont présenté une résolution devant l'Assemblée, au cours de sa 12e réunion plénière. Cette résolution prévoit qu'une enquête soit ouverte sur cet étrange phénomène, afin que la vérité soit faite, et que les dommages subis par les éleveurs du fait de ces prétendus *chupacabras* puissent être pris en compte[18].

Une telle démarche n'est pas un cas isolé. En 1991, le colonel José Nolla, directeur de l'Agence de la Défense civile à Porto Rico, a témoigné sous serment devant le Sénat que lui-même et l'Agence avaient organisé des recherches secrètes sur les phénomènes extraterrestres et les mutilations d'animaux dont étaient victimes les éleveurs de la région[19]. Dans une interview accordée à *Noti-Uno*, diffusée le jour de Noël 1995, Fernando Toledo, président de l'Association agricole de Porto Rico, a exprimé sa conviction que les *chupacabras* n'appartiennent pas à une race terrestre. A son avis, puisqu'il est prouvé que ce ne sont pas des singes, « ce sont forcément des monstres extraterrestres[20] ».

BÉTAIL MUTILÉ

Le 12 janvier 1997, un ancien officier de police connu sous le pseudonyme de Piedro Viera roule sur la route n° 30, entre Caguas et Humacao, qui longe la réserve naturelle d'El Yunque. Il voit soudain une vive lumière en provenance de la montagne, immédiatement suivie d'un engin en forme de soucoupe renversée qui vole dans sa direction.

Je me suis arrêté sur le bord de la route, près d'un pâturage où se trouvaient quelques vaches. Le vaisseau devait bien mesurer 50 mètres de diamètre. A un moment, un cône de lumière bleue en est sorti et a englouti deux vaches. Puis il a lentement repris sa route vers Humacao.

Viera décide alors de suivre la soucoupe au volant de son camion, quand une 4x4 noire s'interpose et lui interdit le passage. Deux hommes en treillis noir en sortent et lui ordonnent d'arrêter son moteur et de rester sur place une dizaine de minutes.

« Pourquoi ? demande Viera.

– Restez où vous êtes et laissez-nous faire notre travail. »

Puis, les deux hommes remontent dans leur véhicule et s'éloignent. Un quart d'heure plus tard, Viera reprend sa route. Quelques mètres plus loin, il voit une vache couchée sur le bas-côté.

On l'avait sûrement jetée de très haut, expliqua-t-il, *elle avait les pattes salement cassées. Elle avait aussi cinq incisions sur le flanc, et un trou sur la croupe. Mais on ne voyait pas une goutte de sang.*

Viera m'a vraiment impressionné par son honnêteté. Avant même la publication de son récit par Jorge Martín, il avait régulièrement reçu des menaces par téléphone, qu'il pensait provenir des fédéraux[21].

VISITE D'UNE BASE EXTRATERRESTRE

Une nuit de juin 1988, Carlos Manuel Mercado, à l'en croire, aurait reçu la visite de trois petits hommes de l'espace dans sa maison de Cabo Rojo, et ceux-ci l'auraient emmené à bord d'une soucoupe volante dans une base secrète de la Sierra Bermeja, près du lac Cartagena.

Très fidèles au portrait qui est habituellement fait des petits hommes gris, ceux-ci avaient en outre sur le visage d'étranges bosses. Lorsqu'ils lui « parlaient », leurs lèvres restaient immobiles. Ils portaient des combinaisons moulantes de couleur sable. Mercado fut ensuite emmené hors de chez lui, jusqu'à un terrain découvert où attendait un vaisseau, dans lequel les «visiteurs» l'invitèrent à entrer. A l'intérieur se trouvaient des hommes un peu plus grands, de sa taille (environ 1,70 mètre), vêtus d'une longue toge blanche, qui affirmèrent qu'aucun mal ne lui serait fait[22].

> *Lorsque le vaisseau s'approcha du mont El Cayúl,* me raconta Mercado, *j'ai vu une vive lumière, le flanc de la montagne s'est ouvert, et nous avons pénétré à l'intérieur, dans une caverne très éclairée. Tout le monde est sorti du vaisseau, et on m'a donné des lunettes spéciales. Les parois semblaient tapissées d'aluminium. Je vis des sortes de baraquements où des centaines de petits hommes s'activaient à construire toutes sortes d'appareils. On voyait toutes sortes d'engins, en forme de soucoupe, de boomerang ou de triangle*[23].

L'un des chefs demanda alors à Mercado de témoigner de ce qu'il avait vu, et de dire aux humains qu'une coopération serait bénéfique à tous.

> «*Pourquoi moi?* demanda Mercado. *Je suis un homme ordinaire, personne ne me croira. – C'est sans importance. On t'écoutera, comme on sera bien obligé d'écouter tous ceux qui seront appelés à témoigner. Un jour, les gens "éduqués", comme tu les appelles, s'apercevront que les "gens simples" disent la vérité*[24].»
>
> «*Vous êtes sûr que ce n'était pas un rêve?* ai-je demandé un peu plus tard à Mercado. *– Je me suis posé la même question, mais, en fait, je suis certain que tout est arrivé comme je l'ai dit. Ils sont toujours là, j'en suis sûr, il se passe tant de choses qu'on ne peut pas expliquer autrement*[25].»

Jorge Martín, pour sa part, connaît au moins une autre personne dans la même région – un officier supérieur en exercice – qui confirme le témoignage de Mercado. Pour ma part, je me suis rendu sur place et, à mon grand désappointement, je n'ai rien vu, sinon des paysages magnifiques. Si des extraterrestres ont choisi de vivre sur Terre, je comprends tout à fait qu'ils aient choisi pareil endroit !

LES EXTRATERRESTRES SE CONNAISSENT-ILS ?

Il apparaît à la lecture de ces rapports qu'il existe un lien entre les créatures les plus bizarres et les êtres quasi humains. J'ai dit à plusieurs reprises dans ce livre ma conviction que les espèces extraterrestres étaient beaucoup plus variées qu'on ne le croit généralement. La plupart des témoignages indiquent que ces différentes espèces opèrent indépendamment les unes des autres, mais en de rares occasions, certaines personnes ont assisté à la rencontre de deux espèces différentes, collaborant aux mêmes tâches. L'exemple le plus célèbre est celui de Travis Walton qui, en présence de six de ses camarades, a été « assommé » par un faisceau de lumière projeté par un vaisseau inconnu, en novembre 1975 à Heber, en Arizona. En quelque sorte téléporté par le faisceau, il a été conduit à bord, où il est resté cinq jours.

A son réveil, Walton se retrouva confronté à trois humanoïdes de petite taille (un peu moins de 1,50 mètre), vêtus de blouses et dotés d'une peau d'un blanc crayeux et de très grosses têtes chauves. Au contraire des classiques « petits hommes gris », qui ont de grands yeux noirs sans iris ni pupille, ces créatures avaient des yeux marron avec des iris deux fois plus grands que la normale, le blanc de l'œil étant pratiquement absent. A un autre endroit du vaisseau, il rencontra trois hommes et une femme qui semblaient presque humains, à ceci près que leurs yeux avaient « quelque chose de bizarre », que Walton ne parvint pas à définir, comme il le raconte dans son livre[26]. Les petits hommes étaient-ils des êtres d'une autre race ou, comme j'ai tendance à le croire, des robots biologiques ? « Qui aidait qui ? s'interroge Walton. Je n'ai rien vu qui puisse me permettre de trouver la solution de ce problème. En fait, je n'ai jamais rencontré les deux sortes de créatures ensemble en même temps. » Ces dernières auraient peut-être pu éclaircir le mystère, mais les questions de Walton sont restées sans réponse.

La grande variété d'espèces dont il a été question dans le présent ouvrage – et on aurait pu sans peine en évoquer nombre d'autres – laisse supposer qu'une douzaine d'entre elles au moins fréquentent assidûment ou occasionnellement la Terre. Ce qui ne signifie pas qu'elles proviennent toutes de planètes différentes. Les hommes et tant d'espèces animales ne cohabitent-ils pas sur notre planète ? Pourquoi n'en serait-il pas de même ailleurs ?

De plus, certaines populations sont donc probablement indépendantes de toute planète. Mais on peut se demander si d'autres n'ont pas élu domicile sur Terre. Des récits concernant des tribus comme celles du mont Shasta, au chapitre 2, donnent à réfléchir.

Il est à peu près certain, par ailleurs, que certains visiteurs ont établi des bases secrètes souterraines ou sous-marines sur notre planète. Herbert Schirmer, le policier abducté dans le Nebraska en 1967, a été avisé par ses ravisseurs qu'ils possédaient plusieurs bases sur Vénus, sur Jupiter – et sur la Terre.

> *Il existe plusieurs bases de ce genre aux États-Unis,* révèle-t-il, *dont une, très vaste, au large des côtes de Floride. On en trouve une autre près du cercle polaire et une au large de l'Argentine*[27]*. Et toutes sont soit souterraines, soit sous-marines.*

Quant aux intentions des extraterrestres, je n'ai pas de réponse à proposer à titre personnel. Schirmer affirme qu'ils ont l'habitude de collecter régulièrement des échantillons végétaux, animaux – et humains. Il ajoute que des cobayes humains sont utilisés dans le cadre d'une opération appelée « programme d'analyse alimentaire », mais ne précise pas si des habitants de la Terre sont enlevés à cette fin[28].

Il se pourrait fort bien que des extraterrestres s'intéressent à nous parce qu'ils sont inquiets de notre propension à accumuler les risques – essais nucléaires, guerre chimique ou biologique, surpopulation, pollution, déforestation, perturbations de l'équilibre géologique ou du rayonnement solaire, etc. Il est possible qu'ils se sentent investis de la mission de nous protéger contre nous-mêmes, surtout si leur propre intérêt en dépend. Les plus intelligents d'entre eux comprennent bien qu'il est inutile de se montrer au grand jour, sachant que nous sommes incapables, dans l'état actuel des choses, d'assimiler un tel choc culturel.

La débordante activité dont semblent faire preuve les visiteurs qui ont élu domicile à Porto Rico, l'île enchantée, est sans doute le reflet en miniature de ce qui se passe sur la Terre, cette « île enchantée » de l'océan galactique.

Ils sont parmi nous, faisant fi de nos concepts humains d'espace et de temps. Certaines créatures sont animées d'intentions amicales, d'autres pas. Quoi qu'il en soit, le contact est établi. Mais nous ne sommes pas les maîtres du jeu.

Notes

DÉDICACE

1. *Flying Saucer Review*, FSR Publications LTD, PO Box 162, High Wycombe, Bucks. HP13 5DZ, Grande-Bretagne.

AVANT-PROPOS

1. Whitley Strieber, *Transformation : The Breakthrough*, Century, Londres, 1988, p. 254.
2. Whitley Strieber, *The Communion Letter*, été 1991.
3. Budd Hopkins, *Witnessed : The True Story of the Brooklyn Bridge UFO Abductions*, Pocket Books, Simon & Schuster, New York, 1996, p. 398, et Bloomsbury, Londres, 1997.
4. *UFO Investigator, National Investigations Committee on Aerial Phenomena*, Washington, DC, vol 1., n° 1, juillet 1957.
5. Timothy Good, *Beyond Top Secret : The Worlwide UFO Security Threat*, Sidgwick & Jackson, Londres, 1996, p. 539.
6. B. Hopkins, *op. cit.* L'auteur ne cite pas le nom de Pérez de Cuellar, qu'il appelle le « troisième homme », mais il a admis le fait en privé.
7. Sir Peter Horsley, *Sounds From Another Room : Memories of Planets, Princes and the Paranormal*, Leo Cooper, Londres, 1997.
8. Fiona Barton, « Close encounter in a Chelsea flat », in *Mail on Sunday*, Londres, 10 août 1997.
9. Docteur Thomas Stuttaford, « Air Marshal's flight of fancy », in *The Times*, 14 août 1997.
10. Elizabeth Klarer, *Beyond the Light Barrier*, Howard Timmins, Cape Town, 1980.
11. Arthur C. Clarke, « Why E.T. will never call home », in *The Times*, Londres, 5 août 1997.

12. Lettres d'Arthur C. Clarke à l'auteur, 29 août et 2 octobre 1997.

13. Capt. James McAndrew, *The Roswell Report : Case Closed*, Superintendent of Documents, US Governement Printing Office, Mail Stop SSOP, Washington DC 20402-9328, juin 1997.

14. Gerald K. Haines, « CIA's Role in the Study of UFOs, 1947-1990 », in *Studies in Intelligence*, Central Intelligence Agency, printemps 1997.

15. *New York Times*, 3 août 1997.

16. Colonel Philip J. Corso, William J. Birnes, *The Day After Roswell*, Pocket Books, New York et Londres, 1997, p. 129.

CHAPITRE 1

1. Gerry A. Casey, « UFO : The Time for Telling Has Come », in *Western Flyer*, Tacoma, Washington, 7 juillet 1989.

2. Interviews du commandant Boris Surikov par Lawrence Moore et Livia Russell, Moscou, février 1994.

3. Dans son livre *Ultra Top-Secret : ces ovnis qui font peur* (Axis Mundi, avenue Calizzi, 20220 Ile-Rousse, 1990, pp. 369-370), Jean Sider désigne sous le pseudonyme de S. Théau ce témoin qui ne souhaitait pas que son identité soit connue. Après la mort du témoin, en 1994, Sider nous a confié le véritable nom de S. Théau : Daniel Léger.

4. Ralph et Judy Blum, *Beyond Earth : Man's Contact with UFOs*, Corgi Books, Londres, 1974, p. 67.

5. Wernher von Braun et Frederick I. Ordway III, *History of Rocketry and Space Travel*, Thomas Nelson & Sons, Londres, 1966, pp. 104-105.

6. Lettre de Bill Steele à l'auteur, 19 août 1992.

7. F. Lagarde, « Atterrissage en France en 1944 », in *Lumières dans la nuit*, n° 118, juin 1972.

8. Leonard H. Stringfield, *UFO Crash / Retrievals : The Inner Sanctum*, Rapport VI, Stringfield, juillet 1991, pp. 69-71.

9. L. H. Stringfield, *UFO Crash / Retrievals : Search for Proof in a Hall of Mirrors*, Rapport VIII, février 1994, pp. 5-6.

10. J. Sider, *Ultra Top-Secret : ces ovnis qui font peur, op. cit.*, pp. 370-379.

11. Hermann Oberth, « They Come from Outer Space », in *Flying Saucer Review*, vol. 1, n° 2, mai-juin 1955, pp. 12-15.

12. Brian Ford, *German Secret Weapons : Blueprint for Mars*, Ballantine Books, New York, 1969.

13. Ronald D. Humble, « The German Secret Weapon / UFO Connection », in *UFO*, vol. 10, n° 4, 1995, pp. 21-25.

14. Desmond Leslie et George Adamski, *Flying Saucers Have Landed*, Werner Laurie, Londres, 1953, pp. 195-196.

15. J. Sider, *Ultra Top-Secret : ces ovnis qui font peur, op. cit.*
16. *UFO-Nachrichten*, Wiesbaden, Allemagne, janvier 1961.

CHAPITRE 2

1. Wishar S. Cervé, *Lemuria : The Lost Continent of the Pacific*, The Rosicrucian Press, San Jose, Californie, 1980, pp. 250-252.
2. *Ibid.*, pp. 256-257.
3. *Ibid.*, pp. 259-261.
4. Carl Sagan, *The Cosmic Connection : An Extraterrestrial Perspective*, Coronet Books, Londres, 1975, pp. 151-152.
5. Docteur Berthold Schwarz, entretien avec Albert Coe, Philadelphie, 8 mai 1977.
6. Albert Coe, *The Shocking Truth,* The Book Fund, Beverly, New Jersey, 1969. Les citations présentées dans ce chapitre sont extraites de ce livre.
7. John Brebt Musgrave, « Saskatchewan, 1933 : UFO Stops for "Repairs" », in *Flying Saucer Review*, vol. 22, n° 6, novembre-décembre 1976, pp. 16-17.
8. Voir T. Good, *Beyond Top Secret : The Worlwide UFO Security Threat, op. cit.*
9. Vicente-Juan Ballester Olmos, « Survey of Iberian Landings : A Preliminary Catalogue of 100 Cases », in *Flying Saucer Review*, numéro spécial, n° 4, août 1971, p. 46.

CHAPITRE 3

1. Felipe Machado Carríon, « La mort horrible de João Prestes à Araçariguama », in *Phénomènes spatiaux*, n° 30, décembre 1971, repris in *Flying Saucer Review*, vol. 19, n° 2, mars-avril 1973, pp. 14-15.
2. *Notícias Populares*, 23 octobre 1972.
3. Voir T. Good, *Beyond Top Secret : The Worldwide UFO Security Threat, op. cit.*
4. Allan W. Edwards, « An Angel Unawares ? », in *Flying Saucer Review*, vol. 7, n° 1, janvier-février 1961, pp. 7-10.
5. Coral et Jim Lorenzen, « The Spacemen Threw Stones : Another Contact Story from Brazil », in *The APRO Bulletin*, mai 1961. Repris in *Flying Saucer Review*, vol. 7, n° 6, novembre-décembre 1961. L'histoire d'Higgins est parue une première fois dans *Diário da Tarde*, Curitiba, Brésil, le 8 août 1947.

CHAPITRE 4

1. Philip J. Klass, *UFOs Explained*, Random House, New York, 1974, pp. 248-249.

2. Daniel W. Fry, *Steps to the Stars*, CSA, Lakemont, Géorgie, 1965.

3. D. W. Fry, *The White Sands Incident*, New Age, Los Angeles, 1954.

4. Robert B. McLaughlin, « How Scientists Tracked a Flying Saucer », in *True*, mars 1950.

5. *Flying Saucer Review*, vol. 5, n° 5, septembre-octobre 1959, p. 10.

6. Israël Norkin, *Saucer Diary*, Pageant Press, New York, 1957, p. 26.

7. Entretiens avec l'auteur, Tonopah, Arizona, 24-27 août 1976.

CHAPITRE 5

1. Antonio Giudici, « The Case of Bruno Facchini », traduit par Gordon Creighton, in *Flying Saucer Review*, vol. 20, n° 6, novembre-décembre 1974, pp. 30-31.

2. Ezio Bernardini, « A Classic Case from 1950 », traduit par Gordon Creighton, in *Flying Saucer Review*, vol. 32, n° 4, juin 1987, pp. 12-13.

3. *Ibid.*

4. L. H. Stringfield, *Situation Red, The UFO Siege !*, Doubleday, Garden City, New York, 1977, pp. 80-83.

5. Coral E. Lorenzen, *The Great Flying Saucer Hoax : The UFO Facts and Their Interpretation*, William-Frederick, New York, 1962, pp. 54-56.

6. T. Good, *Beyond Top Secret : The Worldwide UFO Security Threat*, *op. cit.*, p. 511.

7. Virgilio Sanchez-Ocejo et Wendelle C. Stevens, *UFO Contact from Undersea*, UFO Photo Archives, 3224 S. Winona Circle, Tucson, Arizona 85730, 1982, pp. 165-166.

8. Philip J. Corso et William J. Birnes, *The Day After Roswell*, *op. cit.*, p. 54.

9. Jimmy Guieu, *Les Soucoupes volantes viennent d'un autre monde*, Fleuve noir, Paris, 1954, pp. 230-233.

10. Donald E. Keyhoe, *Flying Saucers : Top Secret*, G. P. Putnam's Sons, New York, 1960, pp. 15-20.

11. *UFO Investigator*, National Investigations Committee on Aerial Phenomena, septembre 1970, p. 3.

12. William E. Jones et Irena Scott, « US Navy Support of UFO Research », in *MORA* (Mid-Ohio Research Associates), 5837 Karric Square Drive, Box 162, Dublin, Ohio 43017.

13. Juan José Benítez, «The Ufonaut's Plea for Water», traduit de l'espagnol par Gordon Creighton, in *Flying Saucer Review*, vol. 24, n° 2, mars-avril 1977, pp. 3-6.

14. Jerome C. Clark, *The UFO Encyclopedia*, vol. 3, Omnigraphics, Penebscot Building, Detroit, Michigan 48226, 1996, pp. 168-177.

15. Joël Mesnard, «The French Abduction File» (traduit en anglais par Claudia Yapp), in *MUFON UFO Journal*, n° 309, janvier 1994, pp. 5-7.

16. Rose C., *Rencontre avec les extraterrestres*, éditions du Rocher, 1979.

CHAPITRE 6

1. Hans C. Petersen, *Report from Europe*, SUFOI (Scandinavian Ufo Information), Jylland, Danemark, 1964, p. 91.

2. Mémorandum adressé au directeur du FBI par un agent spécial en mission à San Diego, 28 janvier 1953.

3. Lou Zinsstag et Timothy Good, *George Adamski : The Untold Story*, Ceti Publications, Beckenham, Kent, Royaume-Uni, 1983 (épuisé).

4. Coral E. Lorenzen, «Looking back – at Adamski», *The APRO Bulletin*, vol. 31, n° 6, 1984, pp. 1-3.

5. Mémorandum du FBI, 28 janvier 1953.

6. D. Leslie et G. Adamski, *Flying Saucers Have Landed*, *op. cit.*, p. 171.

7. *Ibid.*, pp. 187-189.

8. Entretien avec l'auteur, Escondido, Californie, 20 novembre 1979.

9. D. Leslie et G. Adamski, *Flying Saucers Have Landed*, *op. cit.*, pp. 192-193.

10. Entretien avec l'auteur, Escondido, Californie, 20 novembre 1979.

11. D. Leslie et G. Adamski, *Flying Saucers Have Landed*, *op. cit.*, pp. 193-197.

12. *Ibid.*, pp. 197-203.

13. L. Zinsstag et T. Good, *George Adamski : The Untold Story*, *op. cit.*, pp. 6-7.

14. Antonio Ribera, «The Soria Abduction», Parties I, II et III, in *Flying Saucer Review*, vol. 30, n° 3, 4 et 5, 1985.

15. D. Leslie et G. Adamski, *Flying Saucers Have Landed*, *op. cit.*, pp. 205-210.

16. *Ibid.*, pp. 210-213.

17. *Ibid.*, face à la page 192.

18. Marcel F. Homet, *Sons of the Sun*, Neville Spearman, Londres, 1963, p. 185.

19. D. Leslie et G. Adamski, *Flying Saucers Have Landed, op. cit.*, pp. 217-218.

20. Mémorandum du FBI, 28 janvier 1953.

21. Mémorandum adressé au directeur du FBI par un agent spécial en mission à San Diego, 15 décembre 1953.

22. « Desmond Leslie Answers David Wightman », in *Flying Saucer Review*, vol. 6, n° 5, 1960, pp. 3-5.

23. Réunion au « Veterans' Administration Building », Quontset T-26 (ville non citée), 1er juin 1953, in Leslie et Adamski, *op. cit.*, p. 229.

24. *Nexus*, vol. 2, n° 1, janvier 1955, p. 13.

25. G. Adamski, *Inside the Space Ships*, Arco Spearman, Londres, 1956, pp. 33-40.

26. D. Leslie, « Commentary on George Adamski », in *Flying Saucers Have Landed*, Desmond Leslie et George Adamski, nouvelle édition, Neville Spearman, Londres, 1970, p. 245.

27. G. Adamski, *Flying Saucers Farewell*, Abelard-Schuman, Londres, p. 39.

28. Enregistrement d'une conversation entre George Adamski et le capitaine Edward Ruppelt, Palomar Terraces, 9 avril 1955.

29. « Anchor », *Transvaal Episode*, The Essene Press, Corpus Christi, Texas, 1958, p. 37.

30. G. Adamski, *Inside the Space Ships, op. cit.*, pp. 48-67.

CHAPITRE 7

1. G. Adamski, *Inside the Space Ships, op. cit.*, p. 67.

2. John Glenn, « My Day of Miracles », *The Astronauts Book*, Panther Books, Londres, 1966.

3. Vladimir Komarov, Konstantin Feoktistov et Boris Yegorov, « 24 Hours in Space », *The Astronauts Book.*

4. Entretien avec l'auteur, Londres, 24 novembre 1996.

5. G. Adamski, *Inside the Space Ships, op. cit.*, pp. 71-72.

6. *Ibid.*, pp. 82-83.

7. *Ibid.*, p. 136.

8. *Ibid.*, pp. 143-144.

9. John Noble Wilford, *We Reach the Moon*, Bantam, New York, 1969, p. 23.

10. G. Adamski, *Inside the Space Ships, op. cit.*, pp. 203-205.

11. D. Leslie et G. Adamski, *Flying Saucers Have Landed, op. cit.*, pp. 260-261.

12. G. Adamski, *Flying Saucers Farewell, op. cit.*, pp. 156-157.

13. UPI (United Press International), Houston, 16 octobre 1971.

14. John W.R. Taylor, *Aircraft Seventy*, Ian Allan, Shepperton, Middlesex, 1970.

15. G. Adamski, *Flying Saucers Farewell*, *op. cit.*, pp. 151-156.
16. Entretien avec l'auteur, Ontario, Californie, 19 novembre 1979.
17. Hans C. Petersen, *op. cit.*, pp. 131-132.
18. Lettre de George Adamski à ses collaborateurs, 5 avril 1960.
19. Lettre adressée à l'auteur par Monsignor G. Coppa, Secrétariat du Vatican, 14 mai 1977.
20. L. Zinsstag et T. Good, *George Adamski : The Untold Story*, *op. cit.*, p. 63.
21. Jacques Vallée, *Messengers of Deception : UFO Contacts and Cults*, And/Or Press, Berkeley, Californie, 1979, p. 203.
22. L. Zinsstag et T. Good, *op. cit.*, p. 25.
23. Hans C. Petersen, *op. cit.*, p. 104.
24. Lettre de Lucy McGinnis au major Donald Keyhoe, 20 juillet 1959.
25. L. Zinsstag et T. Good, *op. cit.*, pp. 95-96.
26. T. Good, *Beyond Top Secret : The Worldwide UFO Security Threat*, *op. cit.*, pp. 320-326.
27. L. Zinsstag et T. Good, *op. cit.*, p. 95-97.
28. Rapport de George Adamski à ses collaborateurs, 31 mars 1961.
29. L. Zinsstag et T. Good, *op. cit.*, pp. 67-71.
30. John A. Keel, *Operation Trojan Horse*, Souvenir Press, Londres, 1971, p. 213.
31. L. Zinsstag et T. Good, *op. cit.*, p. 72-75.
32. *Ibid.*, p. 191.
33. Lettre de Carol A. Honey, publiée dans *Fate*, vol. 32, n° 3 (?), février 1979, pp. 113-115.
34. G. Adamski, *Pioneers of Space : A Trip to the Moon, Mars and Venus*, Leonard-Freefield Company, Los Angeles, 1949, p. 14.
35. Entretien avec l'auteur, Escondido, Californie, 20 novembre 1979.
36. D. Leslie, « Commentary on George Adamski », in *Flying Saucers Have Landed*, édition révisée, *op. cit.*
37. Entretien avec l'auteur, 19 novembre 1979.
38. Paramahansa Yogananda, *Autobiography of a Yogi*, Self-Realization Fellowship, Los Angeles, 1946 ; nouvelle édition révisée, 1951.
39. D. Leslie, *op. cit.*, p. 250.
40. G. Adamski, *Inside the Space Ships*, *op. cit.*, p. 56.

CHAPITRE 8

1. T. Good, *Beyond Top Secret : The Worlwide UFO Security Threat*, *op. cit.*, p. 337.
2. *Ibid.*, p. 339.

3. Bob Gribble, « Looking back », in *MUFON UFO Journal*, n° 242, juin 1988, p. 20.

4. Joël Mesnard, « Le "vaisseau d'acier" du Bois-de-Champ », in *Lumières dans la nuit*, n° 275-276, mai-juin 1987.

5. H. Percy Wilkins, *Mysteries of Time and Space*, Frederick Muller, Londres, 1955, pp. 40-41.

6. Frank Edwards, *Flying Saucers – Serious Business*, Lyle Stuart, New York, 1966, p. 47.

7. H. Percy Wilkins, *op. cit.*, p. 44.

8. F. Edwards, *op. cit.*, pp. 56-57.

9. Donald E. Keyhoe, *Aliens from Space : The Real Story of Unidentified Flying Objects*, Panther, St. Albans, Herts, 1975, p. 35.

10. Gordon D. Thayer, « Optical and Radar Analyses of Field Cases », in *Scientific Study of Unidentified Flying Objects,* sous la direction d'Edward U. Condon, Bantam, New York, 1969, p. 161.

11. D. Keyhoe, *op. cit.*, p. 35.

12. Neil Thomas, « Close encounter with outer space : Jessica Roestenburg, face to face with aliens », in *Staffordshire Newsletter*, Stafford, 30 août 1996.

13. Communications avec l'auteur.

14. Coral E. Lorenzen, *The Great Flying Saucer Hoax : The UFO Facts and Their Interpretation,* William-Frederick, New York, 1962, pp. 52-54.

15. *Ibid.*, pp. 51-52.

16. *Ibid.*, pp. 50-52.

17. *New York Times*, 16 décembre 1954, pp. 1, 24 et 26.

18. C. Lorenzen, *op. cit.*, pp. 53-54.

19. J. Cresson, « Atterrissage spectaculaire à Dinan », in *Lumières dans la nuit*, n° 106, juin 1970.

20. Jennifer P. Brown, « World won't let community forget Kelly space creatures », in *Kentucky New Era*, Hopkinsville, Kentucky, 30 octobre 1995.

21. Jerome Clark, *The UFO Encyclopedia*, vol. II, Omnigraphics, Penebscot Building, Detroit, Michigan 48226, 1992, pp. 214-215.

22. Voir T. Good, *op. cit.*, p. 336-337. Rapport cité par le capitaine Edward J. Ruppelt in *The Report on Unidentified Flying Objects*, Doubleday, New York, 1956, pp. 2-5.

23. Donald J. Carpenter, « Unidentified Flying Objects », in *Introductory Space Science*, vol. II, Department of Physics, United States Air Force Academy, 1968, pp. 462-463.

CHAPITRE 9

1. Howard Menger, *From Outer Space to You*, Saucerian Books, Clarksburg, West Virginia, 1959, p. 26.
2. *Ibid.*, pp. 26-28.
3. *Ibid.*, pp. 31-34.
4. Lettre d'Howard Menger à l'auteur, 14 septembre 1997.
5. H. Menger, *op. cit.*, pp. 35-38.
6. *Ibid.*, pp. 40-48.
7. *Ibid.*, pp. 50-53.
8. *Ibid.*, pp. 55-56, 59.
9. *Ibid.*, pp. 82-84.
10. *Ibid.*, pp. 89-91.
11. *Ibid.*, pp. 145-147.
12. H. et Connie Menger, *The High Bridge Incident*, PO Box 1405, Vero Beach, Florida 32961, 1991 (version mise à jour).
13. H. Menger, *op. cit.*, pp. 104-105.
14. Entretien avec l'auteur, Vero Beach, Floride, 27 octobre 1978.
15. Peter A. Jordan, « The Enigma of Howard Menger », *UFO Update*, n° 11, été 1981, in *Beyond Reality Magazine*, PO Box 428, Nanuet, New York 10954, p. 46.
16. Paris Flammonde, *The Age of Flying Saucers*, Hawthorn, New York, 1971, p. 157.
17. Entretien avec l'auteur, 27/28 octobre 1978.
18. Dont l'essentiel avait déjà été rapporté dans un livre presque entièrement fictionnel : Maria Baxter, *My Saturnian Lover*, Vantage, New York, 1958.
19. Entretien avec l'auteur, 28 octobre 1978.
20. Ellen Crystall, *Silent Invasion : The Shocking Discoveries of a UFO Researcher*, Paragon House, New York, 1991, pp. 119-120.
21. P. A. Jordan, *op. cit.*, p. 48.

CHAPITRE 10

1. *Diário de Córdoba,* 1er mai 1957, repris en anglais dans une traduction de Gordon Creighton in *Flying Saucer Review*, vol. 11, n° 1, janvier-février 1965, pp. 19-20.
2. Charles Bowen, « A South American Trio », in *Flying Saucer Review*, vol. 11, n° 1, janvier-février 1965, p. 20.
3. C. E. Lorenzen, *The Great Flying Saucer Hoax : The UFO Facts and Their Interpretation*, *op. cit.*, pp. 146-147.
4. *Ibid.*, pp. 147-148.

5. Olavo T. Fontes, *The APRO Bulletin*, septembre 1957, in Jules Lemaître, « A Strange Story from Brazil », in *Flying Saucer Review*, vol. 6, n° 1, janvier-février 1960, pp. 9-11.

6. C. E. Lorenzen, *op. cit.*, pp. 150-153.

7. P. Horsley, *Sounds From Another Room : Memories of Planes, Princes and the Paranormal*, Leo Cooper, Londres, 1997, pp. 180-196.

8. Entretien avec l'auteur, Hampshire, 21 septembre 1997.

9. P. Horsley, *op. cit.*, p. 201.

10. Thomas Stuttaford, « Air marshal's flight of fancy », in *The Times*, 14 août 1997.

11. Entretien avec l'auteur, Hampshire, 21 septembre 1997.

CHAPITRE 11

1. Héctor Antonio Picco, « Trip on board a UFO », in *Crónica*, Buenos Aires, 14 décembre 1995.

2. H. A. Picco, « UFO base in the Gulf of Mexico », in *Crónica*, Buenos Aires, 15 décembre 1995.

3. F. Frohse, M. Brödel et L. Schlossberg, *Atlas of Human Anatomy*, 5e éd., Barnes & Noble, New York, 1959, p. 150.

4. H. A. Picco, *op. cit.*

5. H. A. Picco, « God, UFOs and the Absolute Energy », in *Crónica*, 16 décembre 1995.

6. Gordon Creighton, « The Italian Scene, Part 4 », in *Flying Saucer Review*, vol. 9, n° 4, juillet-août 1963, pp. 10-11.

7. *Ibid.*, pp. 11-12.

8. Charles Bowen (sous la direction de), « Sindbad the Sailor », in *Flying Saucer Review Case Histories*, supplément n° 14, avril 1973, pp. 14-15.

9. Ceccarelli Silvano, « Mario Zuccalà's Strange Encounter », in *Flying Saucer Review*, vol. 8, n° 4, juillet-août 1962, pp. 5-6.

10. Entretien avec l'auteur, 9 février 1997.

CHAPITRE 12

1. Lettre de sir Mark Thomson à l'auteur, 31 janvier 1995.

2. Entretien avec l'auteur, 14 février 1997.

3. Ivan T. Sanderson, *Invisible Residents : A Disquisition upon Certain Matters Maritime, and the Possibility of Intelligent Life Under the Waters of the Earth*, The World Publishing Company, New York, 1970, pp. 20-22.

4. Jacques Vallée, *Forbidden Science : Journals 1957-1969*, North Atlantic Books, Berkeley, Californie, 1992, p. 309.

5. Charles Arthur, « Vital ingredients of life are discovered in Jupiter's moons », in *The Independent*, Londres, 3 avril 1997.

6. Lettre de J.D. Frodsham, alors professeur de langue anglaise et de littérature comparée à l'Université Murdoch, Australie, à John Lear, 13 décembre 1989.

7. William E. Burrows, *Deep Black : The Secrets of Space Espionage*, Bantam Press, Londres, 1988, p. 190.

8. John Pilger, *A Secret Country*, Vintage, Londres, 1992, p. 199.

9. Lettre de George Adamski à Emma Martinelli, 30 septembre 1951.

10. *Ibid.*, 24 novembre 1951.

11. *Ibid.*, 16 janvier 1952.

12. *Ibid.*

CHAPITRE 13

1. Ted Bloecher, « UFO Landing and Repair by Crew : Part I », in *Flying Saucer Review*, vol. 20, n° 2, mars-avril 1974, pp. 21-26.

2. T. Bloecher, « UFO Landing and Repair by Crew : Part II », in *Flying Saucer Review*, vol. 20, n° 3, décembre 1974, pp. 24-27.

3. Berthold Eric Schwarz, « New Berlin UFO Landing and Repair by Crew », in *Flying Saucer Review*, vol. 21, n°s 3 et 4, 1975, pp. 22-28.

4. H. Julien, « A 1967 Landing in Madagascar », in *Flying Saucer Review*, vol. 23, n° 1, janvier-février 1977, pp. 29-30.

5. Leonard G. Cramp, *UFOs and Anti-Gravity : Piece for a Jig-Saw*, Adventures Unlimited Press, One Adventure Place, Kempton, Illinois 60646, 1996.

6. Eric Norman, *Gods, Demons and UFOs*, Lancer Books, New York, 1970, pp. 169-193.

7. Judy et Ralph Blum, *Beyond Earth : Man's Contact With UFOs*, Corgi Books, Londres, 1974, p. 117.

8. E. Norman, *op. cit.*

9. Jader U. Pereira, « The Remarkable Landing at Lagõa Negra », in *Flying Saucer Review Case Histories*, supplément n° 5, 1971, pp. 3-4.

10. *Ibid.*, p. 3.

CHAPITRE 14

1. Document dactylographié, Carroll et Rosemary Watts (non daté).

2. Tony L. Kimery, « Carroll Wayne Watts – Contactee, Hoaxer or Innocent Bystander ? », in *Official UFO*, vol. 1, n° 11, octobre 1976, Countrywide Publications, New York, p. 36.

3. Watts & Watts, *op. cit.*

4. Kimery, *op. cit.*, p. 36.

5. Watts & Watts, *op. cit.*
6. Kimery, *op. cit.*, p. 36.
7. Watts & Watts, *op. cit.*
8. Kimery, *op. cit.*, p. 36.
9. Watts & Watts, *op. cit.*
10. Kimery, *op. cit.*, p. 36.
11. Watts & Watts, *op. cit.*
12. Kimery, *op. cit.*, p. 36.
13. Watts & Watts, *op. cit.*
14. Kimery, *op. cit.*, p. 37.
15. Watts & Watts, *op. cit.*
16. *Ibid.*
17. Lettre de Rosemary Watts à Henry Johnson, non datée (début des années 70).
18. Robert Loftin, *Identified Flying Saucers*, David McKay Company, New York, 1968.
19. Kimery, *op. cit.*, p. 37.
20. Lettre non datée de Rosemary Watts à Henry Johnson.
21. Associated Press, Loco, Texas, 26 février 1968.
22. Kimery, *op. cit.*, pp. 37 et 64.
23. Associated Press, Loco, Texas, 26 février 1968.
24. Kimery, *op. cit.*, pp. 33 et 36.
25. Watts & Watts, *op. cit.*
26. Don Worley, « Some Denizens of the "Black Nether-World" and their Abductee Victims », in *Flying Saucer Review*, vol. 42, n° 2, été 1997, p. 10.

CHAPITRE 15

1. Ludwig F. Pallmann, *Cancer Planet Mission*, The Foster Press, Londres, 1970, pp. 13-20.
2. *Ibid.*, pp. 21-22.
3. Les lecteurs intéressés par la littérature védique sur le sujet pourront consulter *Alien Identities*, de Richard L. Thompson, Govardhan Hill Publishing, 1993, PO Box 1920, Alachua, Florida 32615.
4. Pallmann, *op. cit.*, p. 23-29.
5. *Ibid.*, pp. 30-37.
6. *Ibid.*, pp. 40-42.
7. *Ibid.*, pp. 44-46.
8. *Ibid.*, pp. 46-47.
9. *Ibid.*, pp. 49-50.
10. *Ibid.*, pp. 63-64.
11. *Ibid.*, pp. 72-78.

12. *Ibid.*, pp. 79-82.
13. *Ibid.*, pp. 83-87.
14. *Ibid.*, pp. 88-93.
15. *Ibid.*, pp. 97-100.
16. *Ibid.*, pp. 102-106.
17. *Ibid.*, pp. 111-112.
18. *Ibid.*, pp. 116-119.
19. *Ibid.*, pp. 120-129.
20. *Ibid.*, pp. 175-177.
21. *Ibid.*, pp. 141, 144.
22. *Ibid.*, pp. 158-165.
23. *El Diãrio de Hoy*, Central American Press, San Salvador, 16 janvier 1969. ces titres sont reproduits dans *Cancer Planet Mission*, *op. cit.*
24. Pallmann, *op. cit.*, p. 166-169.
25. Ludwig F. Pallmann et Wendelle C. Stevens, *UFO Contact from Itibi Ra : Cancer Planet Mission*, UFO Photo Archives, PO Box 17206, Tucson, Arizona 85710, 1986, pp. 3-5.
26. *Ibid.*, p. 17.
27. *Ibid.*, p. 16.
28. *Ibid.*
29. Pallmann, *op. cit.*, p. 5.
30. *Ibid.*, p. 156.

CHAPITRE 16

1. Col. Philip J. Corso et William J. Birnes, *The Day After Roswell*, Pocket Books, New York et Londres, 1997, pp. 182-183.
2. *Ibid.*, p. 181.
3. L. F. Pallmann et W. C. Stevens, *op. cit.*, pp. 6-8.
4. Docteur Walter Bühler, « UFO on the Sea Near Rio », traduit par Gordon Creighton, in *Flying Saucer Review*, vol. 17, n° 3, mai-juin 1971, pp. 3-7.
5. W. Bühler, « More Teleportations and Levitations », traduit par G. Creighton, in *Flying Saucer Review*, vol. 19, n° 1, janvier-février 1973, pp. 28-29.
6. G. Creighton, « Itaperuna Again », in *Flying Saucer Review*, vol. 18, n° 2, mars-avril 1972, pp. 13-14; traduit de *Domingo Ilustrado*, Rio de Janeiro, 17 octobre 1971.
7. G. Creighton, « Uproar in Brazil » in *Flying Saucer Review*, vol. 17, n° 6, pp. 24-27 (extraits de divers journaux brésiliens, notamment *O Dia*, Rio de Janeiro, 10 octobre 1971).
8. *Ibid.*, p. 26.

9. *Ibid.*, p. 28, 1er octobre 1971.

10. *O Cruzeiro*, numéro spécial, 1954, traduit par G. Creighton in *Flying Saucer Review*, vol. 17, n° 3, mai-juin 1971.

11. G. Creighton, « Uproar in Brazil », p. 24.

12. Pedro Romaniuk, « Rejuvenation Follows Close Encounter with UFO », traduit par Jane Thomas, in *Flying Saucer Review*, vol. 19, n° 4, juillet-août 1973, pp. 10-14.

13. Pedro Romaniuk, « The Extraordinary Case of Rejuvenation », traduit par G. Creighton, in *Flying Saucer Review*, vol. 19, n° 5, septembre-octobre 1973, pp. 14-15.

14. Jane Thomas, « The Contactee of Tres Arroyos : Some Thoughts », in *Flying Saucer Review*, vol. 19, n° 5, septembre-octobre 1973, p. 16.

CHAPITRE 17

1. « A Close Encounter with "Greenish-Faced" Creatures in Poland in 1978 », in *Flying Saucer Review*, vol. 36, n° 1, mars-avril 1991, pp 1-7.

2. Antonio Chiumiento, « The Little Oriental Airman : Another Remarkable CE-III Case in Italy », in *Flying Saucer Review*, vol. 28, n° 5, septembre-octobre 1982, pp. 3-8.

3. A. Chiumiento, « An Encounter with "Rat-Faces" in Italy », in *Flying Saucer Review*, vol. 28, n° 6, novembre-décembre 1982, pp. 14-19, 25.

4. Walter Bühler, « Conversation with Entities at Maribonda », traduit par G. Creighton, in *Flying Saucer Review*, vol. 25, n° 3, mai-juin 1979, pp. 18-19.

5. *Diário Popular*, La Plata-Buenos Aires, 12 août 1983 ; *Tiempo Argentina*, Buenos Aires, 13 août 1983, traduit par Jane Thomas, in *Flying Saucer Review*, vol. 29, n° 2, décembre 1983, pp. 9-10.

6. *La Reforma*, Buenos Aires, 12 août 1983.

7. *Diário Popular/Tiempo Argentina.*

8. *La Reforma.*

9. *Diário Popular/Tiempo Argentina.*

10. *La Reforma.*

11. *Diário Popular/Tiempo Argentina.*

12. Marc Tolosano, « They Say They Know All Our Languages ! A CE-IV Case at Sospel, South-Eastern France (1983) », in *Flying Saucer Review*, vol. 35, n° 2, juin 1990, pp. 23-24, d'après *Lumières dans la nuit*, n° 299, septembre-octobre 1989.

13. *Ibid.*

14. *Soviet Youth*, Moscou, 4 mai 1990.

15. Nicolai Lebedev, «The Soviet Scene 1990», *The UFO Report 1992*, sous la direction de Timothy Good, Sidgwick & Jackson, Londres, 1991, pp. 65-68.

16. *Voyagers of the Sixth Sun* (cassette vidéo), Genesis III, Box 25962, Munds Park, Arizona 86017, 1996.

17. Lettre de Hal Starr à l'auteur, 1er février 1997.

18. GPCU (Grupo de Pesquisas Científico-Ufológicas), Rua Barão de Azevedo Machado n° 51/301, CEP 96020-150, Pelotas, RS, Brazil.

19. Michael Wysmierski, «The Lagõa de los Patos Incident», in *The Brasilian UFO Report*, vol. 2, n° 9, mars-avril 1997, pp. 3-9.

CHAPITRE 18

1. Jorge Martín, «Is There an Alien Base in Porto Rico?», in *Alien Update*, sous la direction de Timothy Good, Arrow, Londres, 1993, pp. 16-17.

2. Entretien avec l'auteur, San Juan, 5 septembre 1997.

3. J. Martín, *op. cit.*, pp. 10-11, 14-18.

4. T. Good, *Alien Liaison : The Ultimate Secret*, Century, Londres, 1991, pp. 5-7.

5. J. Martín, «US Jets Abducted by UFOs in Porto Rico», in *The UFO Report 1991*, sous la direction de T. Good, Sidgwick & Jackson, Londres, 1990, p. 201.

6. J. Martín, «Porto Rico's Astounding UFO Situation», in *The UFO Report 1992*, sous la direction de T. Good, Sidgwick & Jackson, Londres, 1991, pp. 106-109.

7. Magdalena Del Amo-Freixedo, «Porto Rico : An Area of Extraterrestrial Experimentation?», in *Flying Saucer Review*, vol. 39, n° 1, printemps 1994, pp. 8-9, d'après *Espacio y Tiempo*, n° 17, juillet 1992, Madrid.

8. J. Martín, «Is There an Alien Base in Porto Rico?», *op. cit.*, pp. 24-25.

9. *Ibid.*, pp. 25-26.

10. J. Martín, «A Flying Saucer Base in the Santiago Base, Salinas, Porto Rico?», in *Evidencia OVNI*, n° 8, 1996, pp. 26-32.

11. *Ibid.*, p. 8.

12. Entretien avec l'auteur, San Juan, 5 septembre 1997.

13. J. Martín, «At Last! The Truth About the Salinas "ET Corpse"», in *Evidencia OVNI*, n° 11, 1995, pp. 16-25.

14. J. Martín, «Reported Discovery of Alien (?) Corpse in Porto Rico, Part I», in *Flying Saucer Review*, vol. 42, n° 1, printemps 1997, pp. 15-19, d'après *Evidencia OVNI*, n° 3, 1994.

15. J. Martín, « The Chupacabras Phenomenon », in *UFO Magazine* (Royaume-Uni), mars-avril 1996, pp. 20-23.

16. Scott Corrales, *The Chupacabras Diaries : An Unofficial Chronicle of Porto Rico's Paranormal Predator*, Samizdat Press, PO Box 228, Derrick City, Pennsylvania 16727-0228, 1996, pp. 26-27.

17. Entretien avec l'auteur, San Juan, 5 septembre 1997.

18. J. Martín, « The Chupacabras Phenomenon », *op. cit.*, p. 23.

19. J. Martín, « Is There an Alien Base in Porto Rico ? », *op. cit.*, p. 31.

20. S. Corrales, *op. cit.*, p. 68.

21. Entretien avec l'auteur, Caguas, 28 novembre 1997.

22. J. Martín, « Is There an Alien Base in Porto Rico ? », *op. cit.*, pp. 27-31.

23. Entretien avec l'auteur, Cabo Royo, 2 septembre 1997.

24. J. Martín, « Is There an Alien Base in Porto Rico ? », *op. cit.*

25. Entretien avec l'auteur, 2 septembre 1997.

26. Travis Walton, *Fire in the Sky : The Walton Experience*, Marlowe & Co., New York, 1996, pp. 103, 171.

27. R. et J. Blum, *Beyond Earth : Man's Contact with UFOs*, *op. cit.*, p. 115.

28. E. Norman, *Gods, Demons and UFOs*, *op. cit.*, pp. 185-186.

Remerciements

Il serait bien difficile de citer ici tous ceux qui m'ont aidé, directement ou indirectement, à mener à bien cet ouvrage. Je voudrais toutefois remercier les personnes et les organisations dont les noms suivent :

La Fondation George-Adamski ; Walter Andrus et le *Mutual UFO Network* ; Rafael Baerga ; Leslie Banks, DFC, AFC ; Margaret Barling ; Juan José Benítez ; Ted Bloecher ; Ralph et Judy Blum ; Jonathan Caplan QC ; Filiberto Caponi ; Gerry Casey et le *Western Flyer* (Tacoma, État de Washington) ; Ronald Caswell ; la CIA ; Paul Cerny ; Antonio Chiumiento ; Jerome Clark et le J. Allen Hynek Center for UFO Studies ; sir Arthur C. Clarke ; Terence Collins ; Stephen Darbishire ; *Domenica del Corriere* ; Britt et Lee Elders ; Lucius Farish et le *UFO Newsclipping Service* ; le FBI ; Ugo Furlan ; Bruno Ghibaudi ; Daniel Rebisso Giese ; Horacio Gonzales ; le Centre d'information sur les ovnis de Göteborg, Suède ; Charles Gourain ; Antonio Giudici ; Jane Thomas Guma ; Bill Gunston, OBE ; James Harder ; Carol Honey ; William E. Jones ; Peter Jordan ; Tony Kimery ; Kevin McNeil ; Carlos Manuel Mercado ; Lawrence Moore et la Central Independant Television ; James W. Moseley ; la NASA ; Héctor Antonio Picco et *Crónica* (Buenos Aires) ; *Norddeutscher Rundfunk* ; le capitaine de frégate de l'US Navy Rolan D. Powell, (officier retraité) ; The Public Record Office ; Madeleine Rodeffer ; Pedro Romaniuk ; Herbert Schirmer ; docteur Berthold E. Schwarz ; docteur Irena Scott ; William T. Sherwood ; Warren Smith ; docteur Leo Sprinkle ; le général de corps aérien de l'armée de l'air des États-Unis Thomas P. Stafford (officier retraité) ; Ray Stanford ; Hal Starr ; Bill Steele ; le général de l'armée de l'air soviétique Boris Surikov (officier retraité) ; Neil Thomas et la

Staffordshire Newsletter ; Donald R. Todd ; Marc Tolosano ; les départements des armées de l'air, de terre et de la marine des États-Unis d'Amérique ; docteur Jacques Vallée ; Walter N. Webb ; Don Worley ; le Club de Wroclaw (Pologne) pour l'étude et la recherche sur les ovnis.

Je suis tout particulièrement redevable à :

Warren Aston, pour sa documentation concernant le cas d'Ugo Wartena ; Jeannie Belleau, pour nos impressionnantes balades à travers le Nouveau-Mexique en 1997 ; Mark Ian Birdsall, pour les documents rassemblés à l'occasion de son prochain livre, *Flying Saucers of the Third Reich*, et pour son rapport sur le cas Jan Siedlecki ; Mark Booth, responsable de la publication de mon livre chez Century, pour son indéfectible soutien ; le lieutenant-colonel Philip Corso, de l'US Army (retraité), William J. Birnes et Pocket Books (Simon & Schuster) pour les extraits de *The Day After Roswell* ; Gordon Creighton, à qui je dédie le présent ouvrage, pour m'avoir donné accès à l'imposante documentation de *Flying Saucer Review*, dont il est le rédacteur en chef ; Frédérique, pour ses conseils relatifs au récit de sa mère, Joëlle, concernant sa rencontre ; Rachael Healey et son équipe d'attachées de presse chez Century, qui ont assuré avec brio la promotion de mon livre ; sir Peter Horsley et son éditeur, Leo Cooper, pour m'avoir autorisé à reproduire de larges extraits de son autobiographie, *Sounds From Another Room* ; Desmond Leslie, pour m'avoir ouvert les dossiers qui l'ont conduit à écrire *Flying Saucers Have Landed* (en collaboration avec George Adamski), et pour d'inoubliables séjours à Castle Leslie ; Andrew Lownie, mon agent, pour son amitié, son soutien et ses conseils avisés ; Jorge Martín et sa femme Marleen, pour les informations extraites de leur revue *Evidencia OVNI* et bien d'autres, et pour m'avoir conduit à travers Porto Rico à la rencontre de nombreux témoins. Leur courage et leur dévouement, même dans les pires circonstances, sont admirables ; Howard Menger et sa femme Connie, pour les documents rassemblés pour leurs livres, en particulier *From Outer Space to You* ; Joël Mesnard, rédacteur en chef de *Lumières dans la nuit*, pour ses articles et ses dessins ; Carlos L. Moreno, pour ses traductions, pour m'avoir servi d'interprète, et m'avoir donné les moyens de me rendre à Porto Rico ; Ludwig

F. Pallmann, où qu'il se trouve, pour l'histoire de ses merveilleuses rencontres avec des extraterrestres ; Sue Phillpott, pour son excellent travail de relecture ; Bob Pratt, pour m'avoir fourni des extraits de son livre, *UFO Danger Zone* ; Walter Rizzi, pour son récit et pour ses dessins relatifs à sa rencontre ; Liz Rowlinson, assistante de Mark Booth chez Century, pour sa patience et son professionnalisme ; Jane Selley, pour son excellent travail de préparation de copie ; Graham Sheppard, pour sa transcription des bandes relatives à une rencontre au-dessus du Nouveau-Mexique, et pour ses avis techniques sur les anecdotes aériennes ; Jean Sider, pour m'avoir permis d'utiliser des passages de son livre *Ultra Top-Secret*, et pour ses conseils ; Neville Spearman, éditeur de *Flying Saucers Have Landed* (Leslie & Adamski) et de *Inside the Space Ships* (Adamski), qui m'a autorisé à reproduire de larges extraits de ces deux ouvrages ; le lieutenant-colonel Wendelle C. Stevens, de l'armée de l'air des États-Unis (retraité), pour les témoignages tirés de ses livres ; Mrs Leonard Stringfield, qui m'a longuement parlé des documents rassemblés par son défunt mari ; sir Mark Thomson, pour sa contribution et son aide, notamment pour le financement d'un vol de reconnaissance à Duce, Nouveau-Mexique ; Dorothy Walter, pour l'aide qu'elle a bien voulu m'apporter en matière de saisie et de traduction ; Carroll et Rosemary Watts, où qu'ils soient, pour leur témoignage et pour les photos concernant les expériences de Carroll ; Haroldo Westendorff, Michael Wysmierski du *Brazilian UFO Report* et le GPCU (Grupo de Pesquisas Científico-Ufológicas) pour leur témoignage et pour les documents relatifs aux expériences de Carroll et à l'incident de Lagõa de los Patos.

Ma reconnaissance va aussi à tous ceux que je n'ai pas nommés, et qui m'ont offert leur collaboration, ou simplement le précieux soutien de leur présence à mes côtés.

Table

Cet ouvrage composé
par D.V. Arts Graphiques à Chartres
a été achevé d'imprimer sur presse Cameron
dans les ateliers de Brodard et Taupin
à La Flèche (Sarthe)
en avril 1999
pour le compte de la S.A.R.L. Presses du Châtelet.

Imprimé en France
N° d'édition : 53 – N° d'impression : 1124W
Dépôt légal : avril 1999